2019年11月6日，在贵州省荔波县召开的全国林草科技扶贫工作现场会上，国家林业和草原局党组成员、副局长彭有冬（前排中）与最美林草科技推广员、林草乡土专家代表合影

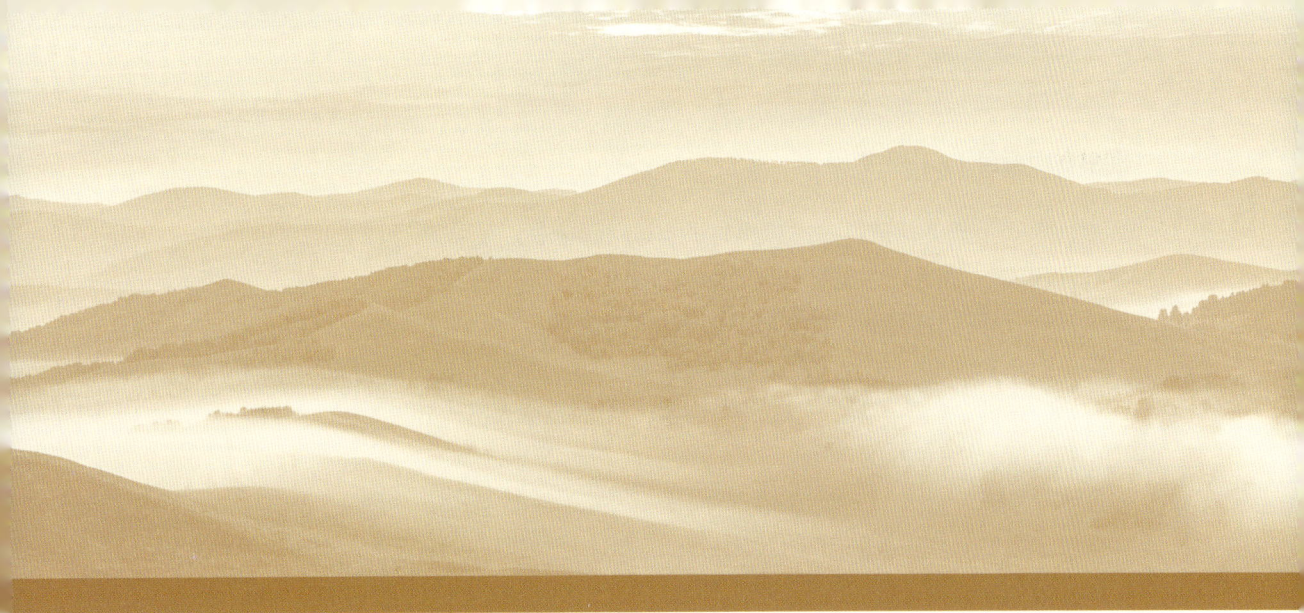

逐梦山水间

最美林草科技推广员先进事迹

国家林业和草原局科学技术司◎编

中国林业出版社
China Forestry Publishing House

图书在版编目（CIP）数据

逐梦山水间：最美林草科技推广员先进事迹 / 国家林业和草原局科学技术司编 . -- 北京：中国林业出版社 ,2021.10

ISBN 978-7-5219-1323-1

Ⅰ . ①逐… Ⅱ . ①国… Ⅲ . ①农业科技推广 - 专业技术人员 - 先进事迹 - 中国 Ⅳ . ① K826.3

中国版本图书馆 CIP 数据核字 (2021) 第 169664 号

责任编辑 何鹏 徐梦欣

出版发行 中国林业出版社

（100009 北京西城区德内大街刘海胡同 7 号）

网　　址 http://www.forestry.gov.cn/lycb.html

电　　话 （010）83143542

印　　刷 北京博海升彩色印刷有限公司

版　　次 2021 年 10 月第 1 版

印　　次 2021 年 10 月第 1 次

开　　本 787mm × 1092mm 1/16

印　　张 18

字　　数 319 千字

定　　价 98.00 元

逐梦山水间

最美林草科技推广员先进事迹

逐梦山水间

最美林草科技推广员先进事迹

序 言

国家林业和草原局科学技术司约我为《逐梦山水间——最美林草科技推广员先进事迹》作序，读完此书，感受到林草人的大爱，他们把论文写在了林海草原，踏遍青山，无怨无悔，书写着习近平新时代中国特色社会主义思想的绿色篇章，在国家减贫事业和生态文明建设中发挥了重要的作用，借此向广大林草科技推广工作者致以崇高的敬意！

广大林草科技推广人员不忘初心、牢记使命，把科技成果推广到千家万户，做给林农看、带着林农干、帮着林农赚，一项项先进、适用的林草技术开花结果，原本不赚钱的油茶苗、小坚果、小木耳成为帮助林农脱贫致富的大产业，彰显了林草科技的魅力，平凡的科技工作者做出了不平凡的事业，探索出一条科技兴林、以林富民的乡村振兴之路。

广大林草科技人员关注民生，情系苍生，将真挚的情和炽热的爱融入了林海草原，他们以自己的执着和忠诚，把崇高的人生追求镌刻在衷爱的林草事业上，诠释了共产党员的政治底色和林草专家的责任道义。我是一名农业技术推广员，2015年响应党的号召在云南省澜沧县蒿子坝村驻村扶贫，我把实验室搬到田间地头，在村里建立科技小院，和当地村民同吃同住同劳动，就想让百姓收入多一些，日子过得好一些，就想把农业科技成果传遍村寨，和千千万万林草科技推广员一样，胸怀一颗为民服务的心，不断努力前行。

把论文写在祖国的大地上，这是农林科技工作者应尽的本分。我们脚踏实地，扎根大地，聚焦国家的需求，农民的需要，我们的科研成果在千家万户农民家里开花结果，比给多高荣誉、拿多少奖金、发表多少论文都高兴。我们是党和人民培养出来的专家，要用我们的科研成果让山里的群众和全国人民一起共同富裕起来。驻村扶贫这些年来，我深切地体会到，把科技论文写在大地上，要比写在纸上难得多。在我们心中、在群众心中，期盼更多科技成果漫山遍野飘香在祖国的大地上。科技帮扶工作的实践生动地证明，科技的力量是巨大的，科技工作者在乡村振兴工作中将大有可为。

“十四五”是巩固脱贫攻坚成果、深入实施乡村振兴战略的重要时期，林草科技成果要更快更广地转化为现实生产力，驱动林草事业高质量发展。国家林草局科技司组织编写了此书，选出活跃在祖国各地林草生产一线的 50 名林草科技推广员，他们在林草领域作出了突出贡献，取得了骄人的成绩，他们的感人事迹和崇高精神激励着林草科技工作者，以更大的热情、更高的干劲投身林草事业，培养林草乡土人才，加快生态产业提质增效，为乡村振兴、生态文明建设和美丽中国作出新的更大贡献。

中国工程院院士　朱有勇

2021 年 8 月

前 言

习近平总书记指出，科技成果只有同国家需要、人民要求、市场需求相结合，完成从科学研究、实验开发、推广应用的三级跳，才能真正实现创新价值、实现创新驱动发展。

做好科技成果推广转化工作是完成科学研究、实验开发、推广应用三级跳的最后一跳，是实现科技成果转化为现实生产力的必经之路，是实施创新驱动发展战略的重要任务。长期以来，各级党委和政府高度重视林草科技推广工作，采取有力措施切实加强对林草科技推广工作的领导和支持，构建了一定规模的林草科技推广体系，至今已建成省、地、县三级林草科技推广机构2200多家，林草科技推广员队伍达2.8万余人。广大林草科技推广工作者坚决贯彻党和国家方针政策，坚持国家利益和人民利益至上，继承和发扬老一辈科学家胸怀祖国、服务人民的优秀品质，主动肩负起科技扶贫和乡村振兴的历史重任，以传播林草先进技术、提升林草事业发展质量、增进人民群众福祉为己任，数十年如一日，扎根基层一线，不忘初心、追逐梦想，砥砺前行、不负青春，用智慧和毅力、心血和汗水书写了光辉业绩，作出了积极贡献，涌现出一大批可歌可泣的先进典型和感人事迹。

为深入挖掘广大林草科技推广工作者的先进事迹，充分发挥典型示范引领作用，有力调动大家的积极性主动性创造性，增强荣誉感责任感使命感归属感，2018年以来，国家林草局科技司连续组织开展了寻找“最美林草科技推广员”活动，从全国近3万名林草科技推广员队伍中遴选出第一批200名最美林草科技推广员。他们中有瞄准林农实际需要，长期从事科研创新和成果转化，把“成果写在大地上”的知名专家；有年近花甲仍不知疲倦，一辈子埋头苦干带动一方百姓致富的“老推广”；有科班出身，带着满腔热情投身基层，立志报国的青年才俊；有带着任务和使命开展结对帮扶，为林农排忧解难的党员干部；有长期扎根基层，不断摸索改进技术，辐射带动百姓致富的乡土专家；有干起工作来不要命，刮风下雨挡不住，轻伤不下火线的“拼命三郎”；有不畏雪域高原极端条件，誓要将不可能变为可能的高原勇士；还有积极探索兴林富民模式，让林农的一亩山生出万元钱的巾帼英雄……他们把“点绿成金”的精湛技术刻画在青山绿水之间，把“奉献为民”的崇高追求融入到祖国的林草事业当中，创造出了无愧于时代、无愧于人民、无愧于历史的丰功伟绩。他们是新时代林草事业的实干家，是林农增收致富的引路人，是全体林草工作者的优秀代表和鲜活缩影。

值此中国共产党成立100周年之际，国家林草局科技司根据各地各单位推荐意见，从这200名最美林草科技推广员中进一步遴选出50名先进典型，将他们的事迹汇编成《逐梦山水间——最美林草科技推广员先进事迹》一书，以期讲好新时代最美林草科技推广员的故事，深入宣传他们的业绩和精神，更加有力地激发起全体林草科技推广员以及所有林草科技工作者奋力推进乡村振兴的磅礴力量。

一代人有一代人的使命，一个职业有一个职业的职责，一支队伍有一支队伍的担当。把科研成果落实到田间地头，让科研成果造福于亿万林农，是时代赋予我国林草科技推广工作者的历史使命和神圣职责。希望广大林草科技推广工作者以“最美林草科技推广员”为榜样，不断加强学习、钻研业务，提升能力、努力工作，勇立潮头、锐意进取，全力做好林草科技推广等各项工作，为提升林农科技素质和能力，助力乡村振兴作出新的更大贡献。

本书的编撰得到各地林草部门及有关专家的大力支持，特别是长期奋战在科技推广一线、荣获中共中央宣传部“时代楷模”称号的中国工程院院士朱有勇先生专门作序，在此一并致谢！

本书编写组

2021年8月

目 录

最美林草科技推广员

孟丙南

男，汉族，1980 年 8 月出生，中共党员，博士，高级工程师，现任北京市林业工作总站（北京市林业科技推广站）资源管护科科长。曾获国家林业和草原局“最美林草科技推广员”、北京市农业技术推广奖等荣誉和奖项。先后参与国家、省市级林果科技推广项目 10 余项，选育核桃、枣优良品种 2 个，参与制定《园林绿化废弃物资源化利用规范（DB11/T 1512—2018）》等行业和地方标准 3 项，推广‘京香 1 号’‘京枣 311’等林果优良品种 10 余个，参与建立了各类林业科技示范林 2 万亩，组织培训林农 2000 余人次。

用科技赋能首都绿水青山

——记北京市林业工作总站（北京市林业科技推广站）资源管护科科长孟丙南

在首都建设国际一流和谐宜居之都的伟大进程中，高水平的生态建设至关重要，而科技作为第一生产力，成为首都园林绿化事业的不竭动力。作为一名首都林业科技推广工作者，80后的孟丙南足迹踏遍北京的绿水青山、乡村原野，把行业新科技带到田间地头，为京郊大地持续注入绿色动能。

开拓创新，用科技服务重点工程

党的十八大以来，北京生态建设进入“快车道”。2012年启动建设的平原造林工程为京华大地带来浩瀚的林海，成为首都划时代的生态工程，这其中科技的推动作用功不可没。

在工程初期，新栽下的树苗还不够繁茂，林木郁闭度较低，广阔林下空间亟待开发利用。

为了确定林下合适的植物栽培品种，孟丙南实地调研造林地块，逐片勘察林地条件，加班查阅资料，与当地技术人员沟通，经过对比、筛选，最终确定了20多种适宜的地被植物。

在延庆蔡家河周边的林海中，3000亩生态经济型地被植物栽植示范区种下了黄灿灿的万寿菊。孟丙南算了笔账，万寿菊每亩可采收菊花2000公斤，每公斤销售价按1元计算，每亩可获得毛收入2000元，这还只是直接的经济效益，而栽植地被植物带来的减少裸露土地、降低扬尘和改良土壤等生态价值更是不可估量。

在科技的助力下，全市确定了近自然经营和多功能经营的森林经营理念，孟丙南组织林业科技人员建设了大兴区榆垡平原造林区500亩多功能经营示范区、通州区西集镇平原造林区1000余亩森林经营示范区等多个市级示范区。如何做好示范区，前无任何参考，一切都须从零开始。从立项、调研到建设、验收，孟丙南和同事们看图纸、审方案、跑工地、验树苗，事无巨细、亲力亲为。榆垡示范区前期调查时，因为路途遥远，他和北京林业大学的老师和学生团队每天6

点多就从城里驾车赶到大兴最南边的榆垡示范区现场。为了赶时间，午餐每人一根火腿两个面包。他笑着说，自己仿佛回到了大学外业实习时的状态。有了详实的第一手数据，孟丙南心里有了底儿，他和团队制定了详细的建设方案，为了保证建设质量，他在地里一盯就是一天，从疏伐林木的标准、强度，补（移）植林木的种类、规格，到本杰士堆的样式和大小等，他都要与现场技术施工人员一一确认。一个夏天下来，孟丙南的肤色深了好几个“色号”，他却开心地说这是他的“健康色”。

功夫不负有心人，目前，示范区的林子林分结构更加合理、植物品种更加丰富，向“复层、异龄、混交、多功能”平原生态林发展目标不断迈进，成为平原生态林高质量养护的生动实践。孟丙南重视成果总结，参与完成了《平原生态林养护经营技术规范（2020年修订）》，推进了平原生态林养护管理的科学化、规范化。

履职尽责，全身心投入林业科技推广

孟丙南始终将促进林业科技成果转化作为第一职责，为的就是让科技发展的成果不断在首都生态建设中“落地开花”。

孟丙南（前）调查北京市核桃种质资源（摄影：马庆国）

2013年，他在走访调查中发现北京种植的枣树品种虽然很多，但存在裂果、易染枣疯病、品种结构不合理等问题。科研人员的“倔强”让他眼里揉不得沙子。

他申报并主持了“枣优良种质资源收集、评价与新品种选育”科技研究项目，对丰台区枣新优品种示范基地200余种枣优良种质资源的生物特性、果实品质进行了科学评估。

为做好物候期评价，他经常一大清早赶到基地，逐株观察记录每个品种的物候特征，这样走一圈下来要三四个小时。第二年，他将初步优选的10余个优良枣种质资源，在门头沟区斋堂镇建设了示范园50亩，为进一步的研究推广奠定了基础。有付出才有回报，他参与选育的‘京枣311’于2015年12月通过了北京市林木良种审定委员会审定。

为全面掌握北京市核桃遗传资源分布及利用状况，2015年至2017年，他作为主要负责人参与了国家林业局的“北京市核桃遗传资源调查编目”项目。

他深知遗传资源调查是一项基础性工作，对发掘当地的优异种质资源具有重大意义。这项工作对专业知识要求高、时间紧、工作量大，队伍人手又捉襟见肘。但既然重任在肩，再难啃的骨头也要啃下来。他和项目组人员克服种种困难，实地走访调查了门头沟、房山、平谷等8个远郊区的30个乡（镇）、117个村。

为了赶在合适的物候期对核桃树进行调查，他们经常天还没亮就踏上下乡调查的路，太阳落山才能回到驻地，而晚上还要整理当天的数据和采集的标本。有一次在单位他碰到同事，同事问他“怎么半个多月没见你，你请假了吗？”他说一直在做核桃资源调查。同事追问“咱们又不是科研单位，你们为这个项目这么拼值得吗？”他嘴上没说话，心里却很坚定：自己虽做的不是科研工作，单位和领导将这个项目交给自己，只要能尽职尽责地把项目完成，哪怕是选出一个优异的核桃种质资源，保护好一棵核桃树，也是值得的！

最终，项目调查了核桃农家资源420余份，采集图片6300多张，测定各类指标数据6700多个，形成了《北京市核桃遗传资源调查编目目录报告》。项目结题验收时，国家林业局项目负责同志和验收专家都给予项目很高的评价。

他还与同事们推广应用了‘京香1号’‘京香3号’‘京枣311’，崂峪薹草、植物生长调节剂、智能控制式堆肥装置等新品种、新技术10余项，参与编发《核桃周年管理历》《核桃遗传资源调查技术手册》《平原造林区地被植物栽培管理技术》等实用技术手册3000余册。

踏实为民，科技助力“授人以渔”

孟丙南是个农民的孩子，他深知广大京郊农民是林业工作的“先锋队”，需要用最先进的科技成果提高“战斗力”。他在工作时坚持把广大林果农的利益放在第一位，积极发挥自身专业优势，坚持科技服务基层林果农，努力提高林果农种植技术水平和收益。

林果乡土专家是北京市林业的一张名片，也是打通科技惠民“最后一公里”的创新型林果科技推广队伍的重要组成部分。

孟丙南在负责乡土专家工作期间，为做好每一次培训，从老师选择到培训材料，从课堂内容讲授到现场实操，都会提前与专家老师沟通交流，认真筹划准备。

有一次，他负责组织一场核桃栽培管理的技术培训。他觉得现有的培训资料还有不足。于是，抓紧时间做了一次果农需求调查，了解大家最急需的内容和最薄弱的环节，在查阅大量资料基础上，结合实际编写了《核桃栽培管理培训教材》。他还对培训流程进行了人性化设计，加强学员与专家交流互动，并通过发放奖品形式鼓励大家参与互动，增强了培训效果。

为了充分发挥好乡土专家的作用，举办培训时，孟丙南尽可能让当地的乡土专家走上讲堂，而现场培训则走进乡土专家的示范园。此外，他提出了乡土专家服务周边低收入户的理念，既充分利用了乡土专家的技术特长，又发挥了其了解民情民意的优势。这种模式推广后，受到了广大低收入户和乡土专家的欢迎。

2015 年来，孟丙南还参与了“北京杨柳飞絮治理试验示范项目”“北京城市污水处理厂污泥与园林绿化剩余物协同利用关键技术研究与示范”“生态廊道生物多样性保护与提升关键技术研究与示范”等市重点科研示范项目，坚持用科技成果夯实首都园林绿化发展根基，而他的工作也得到领导同事和广大京郊乡亲们的一致认可。

作为一名园林绿化科技推广人员，孟丙南常说，科技是最前沿的，但应用起来是最“接地气儿”的，虽然不像植树工程那样“立地成林”、立竿见影，但却一砖一瓦地夯实了首都园林绿化事业的“四梁八柱”。他坚信只有扎根基层，才能做好科研成果与园林绿化应用的“纽带桥梁”。不忘初心、不负韶华，在首都园林绿化高质量发展新时代，孟丙南整装再出发！

（撰稿：李　娜　唐红英）

最美林草科技推广员

周晓杰

女，汉族，1981年3月出生，中共党员，硕士，高级工程师、高级技师，现任北京京彩弘景园林工程有限公司副总经理。曾获国家林业和草原局“最美林草科技推广员”“林草乡土专家”，“北京市技术能手”“北京园林绿化大工匠”以及北京市职业技能大赛林木种苗工竞赛第一名等荣誉和奖项。先后发明了“一种树木茎干防寒防日灼的保护套”、“一种大规格苗木的双容器育苗结构”等5项国家实用新型，参与编制了北京市地方标准《园林绿化用植物材料木本苗（DB11/T 211—2017）》《节水型苗圃建设规范（DB11/T 1499—2017）》《园林绿化用地土壤质量提升技术规程（DB11/T 1604—2018）》《规模化苗圃生产与管理规范（DB11/T 1800—2020）》4项，引种驯化新优彩色苗木80余种约20万株。

为让京城绿常在

——记北京京彩弘景园林工程有限公司副总经理周晓杰

走进通州区漷县镇京彩燕园苗圃，3 万余株元宝枫、银杏、栾树、白蜡、油松等苗木如士兵一样比肩而立，一列列整齐栽植在 600 余亩的苗圃内。见到周晓杰时，她正在现场亲自指挥工人吊装即将移栽的一株株染井吉野樱花。起土、吊装、运输……她目不转睛、小心翼翼、不时提醒，生怕苗木磕破一点皮、折断一条枝。这些染井吉野樱花将会被移栽到城市绿心森林公园的樱花庭院，装点副中心的靓丽景观。多年来周晓杰也往返于实验室和苗圃间，行走在祖国各地的森林山野，用自己的专业技能为北京增彩延绿，装点首都的每一个春夏秋冬。

扎实工作、锐意创新，服务首都园林绿化高质量发展

生产研发不是纸上谈兵，成果效益源于扎根基层。初入园林行业的周晓杰对北京当地苗圃和苗木资源不了解，就利用节假日时间，到北京的各大苗圃、公园和植物园，走进各条街道去实地调研。大多数苗圃都建在偏远的市郊，单程时间往往都在 3 小时以上，周晓杰带着水和面包，坐着公交车早出晚归，用脚步丈量各种类型苗圃的面积，记录品种、规格、数量、种植株行距等信息，了解北京不同区域植物的四季生长状况。她经常独自行走在田间野地，陪伴她的经常是日落日升、村庄犬吠、林间蝉鸣。也正是这段经历为她的林木种苗技术研发、新品种苗木引种驯化、良种繁育等技能打下良好基础，从业以来，她引进驯化新优彩色苗木 80 余种约 20 万株，参与了 4 项北京市地方标准编制。2016 年，周晓杰与团队共同完成了国家林业局和国家标准化管理委员会批准的“国家圃林一体化绿色生产标准化示范区”建设项目，获得第九批“国家农业标准化示范区”称号，公司于 2018 年被评为“国家林业标准化示范企业”。

冬春交替的北方天气，对容器苗木的生长是严峻的考验。北京的春天风大、天干、湿度低，昼夜温差又大，白天温度零上、晚上温度零下，这“一化一冻”容易

使很多在萌动期的苗木出现生理性干旱。周晓杰根据实际情况，在 2018 年推出了“大规格苗木双容器育苗技术”，相当于以“盆套盆”的形式将苗木固定在地下，既能为容器内基质保温、锁住水分，还能保护苗木的根系。移栽之时，用于固定的大盆留在原地，随时可以栽进新苗，小盆随苗木运走，保护根系，如同将螺丝拔离螺母一样，十分方便。这项技术不仅破解了反季节苗木的供应难题，更大大提高了工程用苗成活率及景观效果，很快应用到北京城市副中心的园林绿化建设中。

无论是革新的新技术，还是研发的新成果，周晓杰都在低碳环保上下功夫。在“大规格苗木双容器育苗技术”上，容器苗所使用的外盆材料已经更新到第三代，里盆已经更新到第五代。“外盆从原来的塑料材质升级成了如今竹材料的竹缠绕复合管，单件产品的成本也由原来的 1350 元大大节省到了现在的 750 元，还能起到减少碳排放、增加生物资源利用的效果。”

精细化管理让600株嫁接新品种成活率超95%

2015 年，北京园林绿化增彩延绿科技创新工程启动。工程计划利用 2015 年到 2022 年 8 年的时间，在北京推广 80 多个植物新品种，建设若干个示范区，构建完善的以研发引领的增彩延绿产业化体系，解决首都园林绿化色彩少、绿期短的问题，推进园林绿化景观质量提升。周晓杰和首都园林人有了新的任务和使命：努力将北京建设成“三季有彩、四季常绿”的宜居之都。

为了让北京的四季绿意常在，周晓杰开始了新品种‘京彩常绿一号’的研发、嫁接、育苗工作。经过思考、比对、筛选，周晓杰和团队决定将筛选的丝棉木优株为砧木和筛选的胶东卫矛优株（常绿阔叶树）进行嫁接。丝棉木主干直、树冠大、抗病虫害能力强，胶东卫矛的叶子属于常绿阔叶，抗寒性好，叶龄长达 13 个月以上。为了测试新品种的抗寒、抗病虫害等能力，周晓杰在河北迁安进行了 3 年的极端天气测试，取得了良好的效果。

技术成熟后，周晓杰和团队于 2020 年 3 月克服疫情阻碍，让近 600 株‘京彩常绿一号’坐上了通往北京的货车。新产品的诞生不是简单的组合（嫁接），细节、效率、难度都远超人想象，用于嫁接的砧木，常规做法是先养一两年的根后才嫁接，为了缩短生产年限，周晓杰和团队决定，苗木的嫁接和移栽要同时进行，这对时效性、专业程度、精细化管理都提出了严格要求。“苗木的起苗、嫁接、装车、运输、栽植必须在 72 小时之内完成。”周晓杰感言，这是关乎苗木生死和成活率的 72 小时，有的苗木嫁接时，足足有 300 余个接口，操作必须又快又准；苗木运达目的地前，目的地的土壤还要进行改良，增加有机质含量，苗木运达后还要对土球进行消毒；苗木种植后的当晚就要把水浇上，并用特殊方法保持水肥供给。同时，对两种植物萌芽的处理，在方式、时间节点上也要区别对待，精确处理。周晓杰表示，丝棉木的萌芽力很强，为了帮助其根系在新的栽植地点尽早恢复，要按照清除一部分、保留一部分的原则，在合适的位置进行去除。而嫁接部分的胶东卫矛则要根据以后的长势进行必要修剪，做到通风、透光，为以后的生长留足时间和空间，此外，嫁接不成功的部分还要进行补接。周晓杰事无巨细，每个环节都亲力亲为，将自己对苗木的精细化管理能力转变成了苗木顽强的生命力，近 600 株‘京彩常绿一号’嫁接的成功率达 95% 以上。

管理实操样样精通，企业社会效益并重

谁说搞研发管理的实操不行？谁说园林女将不如男兵？对于这两个问题，周晓杰用实际行动给出了有力回答。作为公司副总经理，她在“北京市第四届职业技能大赛”林木种苗工竞赛中傲视群雄，取得了大赛第一名，还获评“北京市技术能手”；随后，又在第二届“北京大工匠”选树活动——园林绿化工挑战赛中过关斩

周晓杰示范修剪技术（摄影：高峰）

将，再次摘得桂冠，成为北京第一个园林绿化大工匠。

钻研业务、强化技能的同时，周晓杰还在园林科普、人才培养、社会公益倾注了大量心血。为了提升市民“爱绿护绿，保护环境”的生态文明意识，她以公司名义申报了北京市第六批“中小学生社会大课堂资源单位”和“北京市园林绿化科普教育基地”，为北京市中小学生、市民及园林从业者提供了几十次园林绿化、园林植物、园林文化、林木种苗生产等相关的科普教育培训，受众人员达1000余人。同时，她还自2013年以来接收并亲自培训北京、吉林、辽宁、黑龙江、河北等省份园林专业大中专实习生30余人，并积极和校方探讨定向委培模式。此外，她不仅了解北京林木种苗产业协会会员单位生产现状，并帮助多家会员单位解决苗木病虫害防治及修剪等问题，还带动了通州区20余家苗企开展育苗生产工作，给当地百姓提供了更多劳动岗位。

对于新品种‘京彩常绿一号’的研发成功，周晓杰并没有把功劳归于自己。她坦言，她选择进行嫁接的树种，是经过两代人精心选择和培育的优质树种。“园林绿化人就是这样，上两代呕心沥血的努力，可能我们这代人才能真切享受到这份美丽景观带来的舒适。我们做园林绿化，不光是现在时，还有将来时，让子孙后代见证园林绿化人的初心。”周晓杰说，希望有一天，‘京彩常绿一号’能够以秀美的身姿、靓丽的色彩成为北京大街小巷随处可见的行道树。

（撰稿：张　博）

最美林草科技推广员

李玉奎

男，汉族，1964 年 8 月出生，中共党员，中专学历，天津市蓟州区林业产业发展服务中心农艺师，蓟州区科技特派员，津甘“双地”科技特派员。曾获国家林业和草原局“最美林草科技推广员”、蓟州区“蓟州工匠”等荣誉。先后参与完成市区级科技项目 12 项，取得 5 项林业科技专利成果，‘津林一号’白蜡获植物新品种权证书，引进新品种 50 多个，推广林果技术 20 多项，推广面积达到 10 万余亩，累计培训果农近万人次。先后在《山西果树》《河北果树》等杂志上发表果树学术论文 20 多篇，出版《核桃栽培与管理》《津早丰板栗栽培管理技术手册》等多本果树、园林科技读本。

心系果农不忘初心的“蓟州工匠”

——记天津市蓟州区林业局林业产业发展服务中心李玉奎

李玉奎是一名在天津蓟州林业战线上奋战了 30 年的“老推广”，他在工作岗位上严谨求实，带领林业技术推广人员引进和推广多项林果生产实用技术，助力果农增产增收，以实际行动践行了把绿水青山变成金山银山的誓言。

平生只做一件事

不忘初心、方得始终。从 1991 年参加工作至今，他一直就干林果技术推广工作，因为常年在田间地头讲课，蓟州果农都叫他“李老师”。

“李老师钻研技术就是有一股魔劲！”这是同事们对他的评价。2016 年蓟州区启动国家生态储备林工程，在林下发展了 150 万株的油用牡丹，为提升效益，他果断向领导建议改嫁观赏牡丹。当时蓟州区嫁接成活率不足 30%，为解决这一技术难题，他蹲守地头反复观察试验，梳理几百个数据，在两年的时间里终于找到了原因，嫁接时期伤口愈合的温度与嫁接后湿度是影响苗木嫁接成活率的直接原因。

为此他制定了嫁接的技术措施——“适时适温 + 增墒 + 深接 + 覆膜”综合配套技术，也就是把嫁接时间选在平均气温稳定在 20℃、最高气温不超过 25℃的 9 月中下旬至 10 月上中旬，并根据气温的变化，及时调整具体嫁接时间。增墒则必须调控嫁接时的土壤湿度，如过于干旱，必须在嫁接前 3 天在田间喷水提高墒情。深接即是扒开苗木根际表层土，在地表以下 5~8 厘米的根部嫁接，嫁接后立即把嫁接口和接穗用细湿土全部盖好，以利于伤口愈合。覆膜是嫁接后的最后也是最重要的一环，可以保证嫁接苗在嫁接后的近半年时间内保持土壤墒情稳定。采用这项综合技术后，当年嫁接的成活率达到 90%，牡丹的价值由改良前的 1 元 / 株提高到改良后的 60 元 / 株，仅此一项总产值近亿元。

多年来，他围绕蓟州区林业重点产业，积极参与山区综合开发示范县建设、京津风沙源工程、国家储备林工程建设等工作，瞄准林果科技知识的宣传普及和新品种、新技术的推广，参与实施林果科技项目。他承担和参与了"控根容器快速育苗培植技术研究与应用""环渤海湾优势产区葡萄提质增效创新技术研究与集成""天津有机苹果生产技术推广与示范""津早丰板栗新品种推广示范"等10多个科技项目，获得多项天津市科技成果。

对口帮扶出高招

疾风知劲草。2019年9~10月，他作为科技特派员只身赴甘肃省平凉市崆峒县开展东西部对口帮扶。2019年4~10月，该地区一改往年的干旱少雨多风的常态，年降水量达到600~700毫米，使本地区的果园90%都发生了较为严重的早期落叶病，不仅影响到当年苹果的后期果实膨大和着色，还直接影响到花芽分化和次年的开花结果，当地果农从未遇到过这种情况，不知如何应对，减产甚至影响下年的产量几成定局。

他第一时间深入果园，走访果农，迅速提出病虫害防治"预防为主"的原则和"四防一清"的技术方案。四防包括：萌芽期必防，用最传统的5度石硫合剂进行淋洗式铲除性的预防；花前花后必须防，保证坐果期病菌不侵染；逢雨必防，

李玉奎在修剪桃树（摄影：王大镇）

雨后是各种早期落叶病菌的侵染最佳时期，应加强治疗性防治；套袋后必防，立即对叶片喷施 200 : 2 : 1 石灰多量式波尔多液，以后每隔 20 天对树干、叶面叶背全覆盖式喷施一次，期间间隔用治疗性杀菌剂进行治疗。一清是指对于已经发生落叶落果的果园，必须及时全面把落叶病果清理深埋，减少病菌次年侵染的可能。实践证明，他的这一套技术方案成效显著。

“李老师咋说我们咋办！”这是古浪县的林农在建设帮扶林基地时常说的一句话。2020 年 3 月至 4 月间，蓟州区林业局根据区政府对古浪县帮扶工作的统一部署，为古浪新村建设提供山楂、海棠、牡丹等 3 万多株果树和园林苗木，他赶赴现场进行全程技术指导。由于古浪县立地条件差，按常规方法种植苗木成活率不足 30%，更何况是经过 1400 公里长途运输的苗木，这是他从未面对过的技术挑战。他经过反复研究和现场考察以及查阅大量的技术资料，提出了“减肥瘦身涂面膜、上穿包衣下盖被”的技术措施：苗木种植后，先剪掉全树总枝量的四分之三，中枝、细弱枝、病枝全部去掉，只保留 0.8 厘米以上的一年生壮枝，再从饱满的芽处进行重短截，对大于 1.2 厘米以上的截口处全部涂抹保护剂；然后向树体喷施防蒸腾剂，在苗木发芽之前，每十天喷一次，连喷三次，暂时性地封闭树体表面气孔；在浇足两次水以后，在树下铺 4 平方米的地膜，在膜下进行小管径流不定期的浇水和水溶性肥料的施用，防止树下水分蒸发，并提高地温促进新根生长。此项技术使古浪县春季定植的苗木成活率达到 95%，得到了当地林业部门的高度认可，不仅圆满完成了蓟州区政府与甘肃省古浪县的帮扶林建设工作任务，也为后期当地利用造林防沙治沙提供了可行的技术方案。如今的“帮扶林”已经枝繁叶茂，硕果累累，成为东西部对口帮扶一道靓丽的风景线。

田间地头是战场

“发展果树就听李老师的。”如果把田间地头比作他的战场，那么果树新品种就是战场上最常用的子弹。想要果树新品种在蓟州大地上开花结果，关键还看示范效果。

盘山磨盘柿本来是蓟州区百年来的拳头产品，也是蓟州区地标性果品。但近年来盘山磨盘柿慢慢地成了果农手中烫手的山芋。到 2010 年盘山磨盘柿市场价格每公斤仅 0.8 元，而成本达到 1.6 元，其中人工采摘成本占大头，一度出现入冬后树上大量柿子无人采摘的现象。

“高接换头，发展甜柿”，这是他提出的应对之道。2013 年，李玉奎在区林业局领导的支持下，从陕西眉县引进了阳丰甜柿 2000 根接穗，分别在穿芳峪镇芳峪村、马伸桥镇大峪村的柿树上进行高接换头，共嫁接 30 亩，当年嫁接成活率达到 90%，第二年亩产达到 400 公斤，第三年达到 1100 公斤。由于阳丰甜柿具有果个大、色泽艳、口感脆、采后即食、不需要脱涩的特点，深受消费者的欢迎，果园采购价达 6 元 / 公斤。嫁接后第三年，果园亩产值即达 6000 多元。“李老师就是我们的财神爷啊！”这是大峪村乃至蓟州山区很多果农由衷的感叹！

在农村开展培训，要有示范基地进行现场演示，只有看到真东西才能对果农思想产生触动。他带领果农到阳丰甜柿示范园，让示范户亲自讲解和现场操作，这种全实战的新品种及栽培技术推广培训，大大提高了果农种植阳丰甜柿的积极性，目前蓟州区阳丰甜柿种植面积已经达到 8000 亩，年产值达到 5000 万元。

这样的培训他已经做了上千场，发放各种技术资料 8 万份，果树新技术推广面积达到 10 万余亩。在“科技帮扶技能培训”工程中，他作为讲师团主要成员，年均举办培训 40 余场，培训果农近 5000 人次，用他自己的话说，蓟州山区可谓“村村有学生，到处有亲人”。

排忧解难是高手

科技“110”整装待发。在项目推广、示范区建设和林果技术问题处理过程中，只要接到农民的请求，他都尽量第一时间赶到现场为农民排忧解难。风天一身土、雨天一身泥，尤其是遇到风、雹、涝灾害天气时，群众都非常焦急，他总是以最快速度赶到受灾地头指导，如不能到达现场的，则通过电话指导解决问题，帮农户挽回损失。

2014 年 6 月的一个周末，中午 11 点，他忽然接到一个陌生来电，手机里传来一个焦急的声音：“请问您是林业局的李老师吗？我们是园林绿化施工队，今天发现我们今年新栽的 1000 多棵杨树树干上都流了好多黑水，特别严重，老板急得团团转，能不能给我们看看是怎么回事？万一治不好我们的损失可就太大了。”他问清情况，带上药品，照着地址开车走了 30 多公里到达现场，马不停蹄查看树的病情，告诉对方这是传染性很强的杨树溃疡病，要马上防治，不然后果非常严重，会造成大面积死亡。他马上传授防治方法：先在树干发病处用刀纵向划开树皮，每隔 2 厘米一刀，再涂抹臭皮一次净药剂原液，过 10 天以后再刷一次就可以了。看着他沉稳的表情，熟练地用自己带来的药品做着操作示范，工作人员放心地松了一口气。等从施工现场回来，已经是下午 2 点了。一个月后园林工程的施工方给他打电话说："您这个方法真行，多亏您，我们少损失了100多万元啊！"

2020年7月9日早上5点钟，蓟州区官庄镇梁后庄村发生了严重的冰雹，使该村的红果等500多亩果树遭受到毁灭性的危害，果实受伤率达到100%。此时正值果实发育期，冰雹使果树造成严重减产，轻则影响果实外观品质，重则击落幼果，砸伤树叶、枝干和树枝，影响光合作用和花芽分化，如不及时管理不仅当年颗粒无收，还会引发果树病害传染，影响第二年结果。李玉奎和同事得知消息后，第一时间和镇村负责人取得联系并赶往现场实地了解，召集全村种植专业户进行灾后管理技术培训，给果农加油鼓劲，指导他们加强灾后管理，为来年的丰收打下了基础。

三十年来，这样的事例不胜枚举，他始终把"做事先做人、万事勤为先"作为自己的行为准则，把让全区果农、苗农创造最高利益放在重要地位，凡事想在前、干在前。

为了能让自己一身的技术传到下一代人，更好地服务于林果业生产，他根据自己多年积累的工作经验和技术，正在整理撰写一本果树栽培管理纲要，把果树生长过程中的物候期与果树的生长特点、生长要素及相关的生产管理技术串联在一起，由点到面，由浅及深，努力让学员们易学易懂易操作。

"把平凡的事情做好就是不平凡，把简单的事情做好就是不简单。"多年来，他始终以党员的标准严格要求自己，在平凡的林业技术推广岗位上谱写着不平凡的事业，用执着奉献彰显出最美林草科技推广员的风范。

（撰稿：付士鸿　楼暨康）

最美林草科技推广员

赵京献

男，汉族，1969年2月出生，九三学社社员，本科学历，正高级工程师，现任河北省林业和草原科学研究院经济林研究所所长。曾获“十一五”国家星火计划优秀执行团队、国家林业和草原局“最美林草科技推广员”、河北省科技进步三等奖、山区创业二等奖、河北省青年科技奖和科普贡献奖、河北省有突出贡献中青年专家等荣誉和奖项。长期从事林果育种、栽培技术研究和示范推广工作，先后主持或主研各类项目30余项，获得科技成果16项，培育新品种16个，发明专利授权4项，主编出版科普著作2部，发表科技论文60余篇，录制果树专题片14部，举办林果技术培训班300多期，培训农民13.7万人次，选育的良种及栽培技术累计示范推广15.35万亩。

坚持林果科技推广廿六载 助推林果事业放光彩

——记河北省林业和草原科学研究院经济林研究所所长赵京献

“赵老师，您终于来了，俺们盼望着您早点来哩。”

“赵老师，快给我们讲讲果树怎么修剪吧，果树来年丰收全靠您了！”

“赵老师，您可来了，快帮俺看看俺家的梨树怎么落叶了。”

“赵老师，花椒这么扎手，看有什么好办法？”

……

每次下乡，他都会被带着一双双期盼眼神的农民群众团团围住，问个不停。他，就是同事和乡亲们嘴里的“土”专家，河北省林业和草原科学研究院经济林研究所所长赵京献。他，来自农村，深知农民的辛苦和不易，立志把最好的品种和技术带给农民；他，不计个人得失，26年如一日，长期奋战在林果花椒科技推广第一线，足迹踏遍了太行山、燕山的山山水水、村村落落；他，不畏艰辛，四川、山东、陕西、甘肃、贵州、重庆、湖南等近20个省份的林果产区都留下了他的身影。寒来暑往，年复一年，一大批具有自主知识产权的新品种、新技术、新成果脱颖而出，在全国各地推广应用落地生根，开花结果，成为农民增收致富的金钥匙。为农民传经送宝是他最大的乐趣，累计举办林果技术培训班300多期，培训林果农13.7万人次，增加产值13.4亿元，为河北省乃至全国林果事业作出了积极贡献。

“小小花椒树，致富大产业”

1996年，河北一家中药材出口公司与河北省林业科学研究所签订合作协议，联合开展日本无刺花椒新品种引进和栽培技术攻关，建立无刺花椒基地，为公司生产合格出口产品。赵京献作为技术负责人，负责苗木繁殖、示范园基地建设、栽培技术示范和推广等工作，这让初出校门的他倍感压力。当时，国内研究花椒的人很少，更没有日本无刺花椒的相关技术资料。没有办法，他只能硬着头皮上，一点点尝试、一点点摸索。项目实施后，花椒嫁接不易成活、冬季冻害严重、坐果率低、果穗突然干枯、花椒树突然死亡等问题接踵而至。他没有被困难打倒，不断地摸索试验，采取了各种措施，历经4年，解决了一个又一个难题，终于摸索出一套较为完善的无刺花椒栽培技术体系。通过嫁接前接穗贮藏、封蜡保湿、剪砧后清理枯枝落叶和皮刺，选择适宜嫁接时期、嫁接方法，嫁接后水分管理等一系列操作解决了嫁接成活率低问题；通过埋土、包草把、使用防冻剂解决了冻害问题；通过在雌株上嫁接一定比例雄枝，提高了坐果率；通过分离鉴定致病菌并施用氟硅唑等针对性药剂解决了果穗干枯问题；通过加强排水、避开风口、幼树防寒等措施解决了花椒树死亡问题。拦路虎一个个被清除，赵京献终于找出了花椒嫁接成活率低的原因，形成了一套成熟的嫁接技术，嫁接成活率提高到了85%以上，实现了合同规定的任务指标，圆满完成了与公司的合作项目，也为单位赢得了荣誉。

随后的岁月中，团队成员换了一拨又一拨，项目也是一个接着一个的搞，唯一不变的是赵京献的持续探索——引种、育种、示范推广。20多年的坚持，造就了他在无刺花椒育种领域无可撼动的地位。

习近平总书记在云南鲁甸考察时曾经说过“小小花椒树，致富大产业”。作为国家林业和草原局花椒工程技术研究中心专家委员会委员和花椒产业国家创新联盟副理事长，选育推广普及无刺花椒良种和栽培技术成为赵京献最重要的人生追求。在他的努力下，这些良种和技术已在20多个省份落地生根。四川省广元市昭化区是原国家级贫困县，如何选择适宜当地发展的产业成为政府和农民头痛的问题。2014年，广元苏源农林开发有限公司陈孝生总经理通过层层关系找到赵京献，在昭化区建立了日本无刺花椒生产基地，初建600亩，以后陆续扩大到了5000多亩。由于完全无刺，树体矮化，使采摘效率提高了4~5倍，极大地降低了采摘成本，减少了对椒农的扎、划伤害；通过矮化密植栽培技术，实现了早果早丰，定植第二年开始结果，4年实现了丰产，亩产干花椒达到了200公斤。

花椒病虫害比较严重，为了降低农药残留，赵京献推广了休眠期病虫害防治技术和生长季杀虫灯、粘虫板综合防控技术，彻底解决了产品农残超标问题。为了拓展产品销路，提高产品价格，赵京献又把日本客商请到广元。由于广元生产的日本无刺花椒农药残留把控很严，经日本出入境检验检疫部门检测，352项农药残留检测指标全部达到日本标准，几个关键农药残留为0，就连日本客商也觉得不可思议。产品顺利出口日本，价格达到了200元/公斤，是国内花椒的3~4倍，销路通畅，价格稳定，为公司创造了巨大的经济效益，带动了当地农民增收致富，也带动了无刺花椒产业的发展，形成了无刺花椒栽培新高潮。目前，无刺花椒公司在四川自贡、宜宾、绵阳、都江堰等地辐射推广近 2 万亩。而作为指导专家，赵京献得到了公司、当地政府主管部门和外商的一致好评。

石家庄市计划用 5 年时间在山区八县推广花椒 10 万亩，赵京献作为花椒首席专家多次到市林业局及有关县市指导，定规划、做培训，有力推动了石家庄花椒产业的发展。井陉县南峪镇张家峪村有 4080 亩花椒，农民由于不懂技术，导致树形紊乱，产量和品质低下。2017 年以来，赵京献多次到张家峪村作技术培训和现场技术指导，推广整形修剪技术和休眠季病虫害防控技术，使产品达到了有机产品标准，花椒产量增加了一倍，价格增加了一倍以上，极大地调动了农民管理花椒的积极性。赵京献也因此成了井陉的“红人”，成为椒农、主管部门、生产大户的知心朋友。特别是与南峪镇政府组建了“小小花椒树，致富大产业”微信群，随时解决花椒相关问题，架起了“农民—政府—专家”实时沟通服务的桥梁，创新了服务三农新模式。

发明育种新技术，创新林果种质资源

资源无价，种质至宝。谁控制了种质资源，谁就控制了人类发展的命脉。赵京献敏锐地意识到了种质资源的重要性，下定决心，种质必须我们自己控制，品种必须我们自己培育。

1996 年，他开始了梨树、花椒、苹果等林果种质资源的收集、保存工作，至今累计收集保存了国内外花椒良种资源 52 份、梨树资源 263 份、苹果资源 65 份，其中不乏自己创制的珍稀育种资源几十份，为新品种培育和种质资源创新利用奠定了坚实基础。

2000 年，他带领项目组开始了杂交育种、实生选种、辐射育种、倍性育种、太空育种等育种技术攻关研究。为了真正掌握育种技术，不管是刮风下雨，还是严寒酷暑，赵京献始终坚守在试验田，努力掌握第一手资料。功夫不负有心人，他终于摸索出了一套育种关键技术，掌握了育种的诀窍，创新了育种方法，发明了“自然杂交 + 分子鉴定”育种技术，通过群体自然杂交、杂种实生苗促花促果及 DNA 指纹图谱分析父本来源等操作，将梨的育种周期缩短 3~5 年，育种成本节省 90%，使育种效率提高了几十倍。

经过 20 多年不懈努力，他累计培育杂交种 102 批次 60 多个杂交组合，培育繁殖杂种实生苗 1.2 万多株，选育优系 200 多个，选育出梨树优良单株 160 多个，优良品系 40 多个，优良品种 7 个；培育新品种 16 个，获得植物新品种保护权 8 项，审定省级良种 2 个；选育花椒优树 22 个，无刺新品种 10 个，审定省级良种 6 个；创新苹果及其砧木良种种质 8 个。创制出了具有抗寒、抗晚霜、抗病虫、抗褐变易加工、高糖高酸、矮化等特性的梨、花椒、苹果等林果新种质 41 个，占领了优良育种资源的制高点。

目前，他培育的‘迎霜’和‘秋光’两个晚熟梨树新品种已经在河北省梨主产区示范推广。特别是‘迎霜’梨漂亮的外形、细腻的口感、优良的耐贮性和较强的抗病能力，深得广大果农和消费者喜爱，发展势头迅猛。

巧用防霜技术，日夜守护助丰收

春天是晚霜频发的季节，稍不注意，一夜之间会把满园的花果冻坏，毁掉一年的收成，让果农欲哭无泪。赵京献在美国访学期间，专门深入果园研究美国的防霜技术，观察防霜效果；回国后积极宣传推广国外先进的防霜技术和理念。

磁县冰井台香梨基地、威县秋月梨基地、柏乡县强农专业合作社是河北省三个规模较大的果园，总面积近 5000 亩，栽培品种新、模式先进、示范带动作用强。

赵京献（中）与村民交流剪枝技术（摄影：路娟）

作为三个基地义务指导专家，赵京献负责全面技术工作，包括品种选择、栽植密度模式、整形修剪、病虫害防治、自然灾害防控等，但最让果农称道的还是他指导的晚霜防控技术，帮助他们连续 3 年躲过晚霜之害。为便于及时、准确掌握温度变化情况，赵京献在河北省林业和草原科学研究院安装了简易气象站、温湿度自动记录仪等仪器设备，仪器设备有自动短信通知功能，随时关注提醒温度变化情况。一遇低温，不管是深夜还是凌晨，赵京献马上就赶到院试验田，采取有效措施保护珍贵的种质资源，同时第一时间打电话发出预警，通知基地果农做好预防。在威县秋月梨基地，他推广了“无人机防霜冻”技术，利用无人机螺旋桨的巨大风力，搅动温暖空气与地表冷空气混合，达到提高果园温度，防止晚霜危害的目的；在柏乡强农专业合作社和磁县冰井台香梨基地，他推广了烟雾防霜技术，利用烟雾形成的隔离层阻止冷空气下沉，达到防霜减灾的目的。数据表明，经过防霜的三个基地，平均坐果率较无霜年份仅降低了 10% 左右。而未经防霜的果园，坐果率降低了 50%~90%，部分果园甚至绝收。初步统计，三个基地 3 年累计减少损失 3300 多万元。

光阴似箭，日月如梭。赵京献把最美的青春献给了林果技术推广事业，谱写了一曲最美推广员之歌。

（撰稿：吴世军）

最美林草科技推广员

冯斌

男，汉族，1974 年 1 月出生，中共党员，硕士，山西省晋中市规划和自然资源局正高级工程师。曾获国家林业和草原局“最美林草科技推广员”“中国林业产业突出贡献奖”，“山西省学术技术带头人”“山西省林业和草原科技拔尖人才”“三晋英才”计划拔尖骨干人才等荣誉和奖项，他主持和参与的“核桃优质丰产标准化管理技术”“枣树优质丰产‘双调’标准化管理技术”“太行山中段板栗栽培土壤适宜性及建园关键技术研究”荣获梁希林业科技进步奖、山西省农村技术承包奖等奖项。长期在晋中林果技术推广示范一线工作，承担国家林业和草原局、省、市科技项目 10 余项，发表论文 10 余篇，获得发明专利及实用新型 5 项，制定地方标准 2 项，核桃新品种审定 2 项，鉴定科技成果 4 项。

扎根太行服务林农

——记山西省晋中市规划和自然资源局正高级工程师冯斌

黄土丘陵黄土地，九山半水半分田。走在太行山脉的脊梁上，目之所及都是沟壑纵横的黄土，每一簇绿色都显得弥足珍贵。二十多年来，他，将青春和汗水挥洒在这片生他养他的黄土地上，帮助山区贫困农民种植了红枣、核桃和板栗；他，将科研技术和服务毫无保留地传递给果农，助力脱贫攻坚，共赴小康生活。他，就是晋中市规划和自然资源局正高级工程师、林果产业技术推广人——冯斌。

攻克红枣难题

红枣是晋中干旱的黄土丘陵上生的希望，从零星到燎原，从脱贫到致富，冯斌和他的前辈以及同事们付出了毕生的精力。在他们的努力下，晋中市已成为山西省的红枣主产区之一，作为全国红枣之乡的晋中市太谷区，有着千年历史的壶瓶枣还在 2019 年荣获中国枣业区域公用品牌 20 强。

一颗小红枣托起了晋中脱贫攻坚和乡村振兴的希望，然而当地的枣农却顾虑重重，因为他们一年有三怕：春季怕坐不上果，夏季怕枣长不大，秋季怕雨水多。其中最怕的就是连绵不断的秋雨。“成熟期降雨导致红枣裂果”不仅是枣农最怕的事情，而且还是这个行业里专家们最头疼的“顽疾”。因为辛苦一年没多少收益，不少枣农因此而砍掉了枣树，重新种上了玉米。

为了破解裂枣和病虫害这个难题，避免奋斗了 20 多年的红枣产业走入绝境，冯斌和同事们连续 3 年吃住在基层，昼夜观察红枣的生长变化，研究有效的治理办法。同时，他还多次邀请全国有名的红枣专家前来指导，共同攻关，最终，在 2014 年总结形成了一套行之有效的“双调技术 + 防雨棚”综合管理技术，综合应用强拉枝、去竞争、轻修剪、勤摘心、改树盘、巧施肥、扩根系、加覆盖等技术措施和搭建防雨棚的办法，从内到外对枣树进行养护，好果率达 83% 以上，平均亩产鲜枣 930 公斤以上，每年亩收入达到万元以上，给枣农增强了种枣的信心，濒临绝境的红枣产业也得以继续壮大和发展。

为此，他主持的“枣树优质丰产‘双调’综合管理技术研究”被鉴定为达到了国际先进水平。因为“双调技术 + 防雨棚”综合管理技术简单有效，中央财政支持该项目 100 万元用于科技推广示范。在他主持下，“枣树优质丰产‘双调’综合管理技术示范”项目完成技术示范面积 1080 亩，示范园的亩产鲜枣达 1185.2 公斤，超合同指标 7.7%，对推动晋中红枣管理水平、助推全市红枣产业迅速发展、贫困山区农民脱贫致富起到了积极作用。

为提高红枣的经济收益，就要实现红枣提早上市。在总结了露地“双调技术 + 防雨棚”综合管理技术之后，冯斌和团队又想出了一个既能避免红枣裂果、又能提质增效的妙招——枣树种进温室里。他们先后到宁夏灵武、山西运城等地取经，同时依托国家级红枣资源圃，反复试验选择了一批适合本地种植的早熟优质品种，将这些枣树种进了日光温室大棚，努力探索温室红枣栽培技术。

经过 3 年的反复试验，温室枣树定植后第三年，亩产鲜枣 787.5 公斤，枣果提前 75 天成熟上市，还解决了雨季裂果的技术难题，而且比露地栽植的枣子每斤可

冯斌（右一）和枣农查看枣树新品种引进嫁接（摄影：杨洋）

多卖 10~15 元，有效地带动了枣农增收。他主持的“壶瓶枣日光温室早实丰产栽培技术研究”被鉴定为国内领先水平。

如今，晋中市的红枣栽植面积超过 25 万亩，产量 5.9 万吨，产值 2.3 亿元，而且还在日渐发展壮大之中……

提高核桃产量

地处太行山的晋中东部山区，年平均气温 7℃，昼夜温差大，无霜期达 170 天，最适合种植核桃。20 多年来，在冯斌和同事们的努力宣传和推广下，核桃树逐渐发展成为晋中市的主要经济林，全市种植面积 118.7 万亩，产量达 5.03 万吨，是当地农民群众的重要经济来源之一。

但是由于受传统陈旧观念的束缚，多数农户认为核桃适宜在干旱瘠薄的地方生长，不需要系统综合管理，没必要投入过多的资金和精力，因此，全市 70% 的核桃树仍处于“平时没人管，白露打一杆”的自然生长状态。

为改变这一状况，从 2012 年开始，冯斌在晋中市建立了核桃高产高效示范点 36 个，采取控树高、强拉枝、疏雄花、集水肥等措施，通过林果丰等核桃基地的典型示范，以及程永祥、胡守志等乡土专家的传帮带，转变广大林农的传统管理理念，有力地促进了全市核桃种植管理水平的提高。

他主持的山西省富民强县专项行动计划“核桃优质丰产标准化管理技术”，核桃每亩增产 87.45 公斤，获 2015 年山西省农村技术承包三等奖，为晋中市核桃种植提供了理论支撑和技术支持。

探索没有止境，服务还在路上。面对当前核桃受晚霜冻害影响和价格持续走低的现状，他与同事们还在加强核桃提质增效、大力推进高接换优和良种化发展方面积极努力着……

引进板栗种植

面对崇山峻岭、悬崖绝壁占据 90% 的面积，并且缺水少土，几乎没路的现状，昔阳县孔氏乡近 3 万亩的板栗种植谈何容易！冯斌和当地果农通过 20 多年的探索，不仅让当地贫瘠的太行山披了绿，板栗挂了果，村民致了富，更让我们看到了大寨精神的辉煌再现！

人均只有 7 分地的孔氏乡洪川村，属于深度贫困山区。20 世纪 90 年代，洪川村在全省率先引进板栗试种，村民在荒山秃岭之间开路、引水、挖坑，板栗树终于在层峦叠嶂的大山上结出了金果子。

然而，造林容易抚育难。从 2018 年 10 月到 2019 年年底，昔阳县遭受特大旱灾，造成幼苗损失率达 70%~80%。为了补救幼苗损失，冯斌多次深入昔阳县，和合作社以及果农想对策、找办法，在 2019 年秋季和 2020 年春季，历史性破例采取树盘覆膜、树干套袋、瓶水蘸根、石块压坑等抗旱保墒办法进行补植补栽。截至 2021 年春天，孔氏乡近 3 万亩板栗树成活率达到了 90%。走近暮春的太行山，满目翠绿的栗海让我们看到了生命的奇迹和希望。

在冯斌和更多省市县林业科研人员的推动下，中央财政 2019 年林业科技推广示范项目放在了昔阳县孔氏乡黄安村和方台村，440 亩的典型板栗示范生产园吸引了全县以及全省板栗种植户的目光。

（撰稿：刘盈含　赵佩星　佟金权）

最美林草科技推广员

刘宏义

男，汉族，1965年11月出生，中共党员，中专学历，高级工程师，现任内蒙古自治区阿拉善左旗林业工作站站长。曾荣获全国五一劳动奖章、国家林业和草原局“最美林草科技推广员”“林草乡土专家”、第八届中国创新创业大赛沙产业大赛二等奖和内蒙古自治区五一劳动奖章、自治区林业厅“十五”林业科技贡献一等奖、第六届自然科学学术年会优秀论文一等奖、生态建设先进个人、“全区优秀特派员”、农牧业丰收一等奖、突出贡献专家、自然科学三等奖等荣誉和奖项。从事林业治沙工作35年，组织完成飞播造林369万亩，推广种植梭梭造林328.5万亩，人工接种肉苁蓉49.8万亩、锁阳19万亩。

戈壁扎根　大漠植绿

——记内蒙古自治区阿拉善左旗林业工作站站长刘宏义

阿拉善左旗位于内蒙古自治区最西端，气候干旱、风大沙多，乌兰布和沙漠与腾格里沙漠横贯全境，生态环境极为脆弱。作为一名普通林业工作者，刘宏义从参加工作至今已在这里坚守了36个年头，他“戈壁扎根、大漠植绿”，将满腔热情倾注到林业治沙工作中，奋战在防沙治沙第一线，把自己的心血和才智无私奉献给了“绿色事业”，奉献给了阿拉善的浩瀚沙漠，用执着的坚守描绘出“荒漠披锦绣”的壮美画卷。

刘宏义，现任阿拉善左旗林业工作站党支部书记、站长，林业高级工程师，是一名有着30年党龄的中共党员。作为共产党员，他始终把人民群众放在心中最高位置，坚持深入基层、深入群众、深入实际，把自己成长进步的根深深扎在人民群众之中。36年来，他始终坚持做到认真细致、艰苦奋斗、恪尽职守、以身作则、廉洁奉公、鞠躬尽瘁、忘我工作，时刻发挥党员先锋模范带头作用，使他成为一名阿拉善生态建设和林业产业发展带头人。

1986年，刘宏义从内蒙古扎兰屯林业学校毕业后，选择回到家乡投身生态建设。被分配到阿拉善左旗吉兰泰治沙站任林业技术员的刘宏义，一上班心里就凉了一大截。当他经历了国营林业场站的萧条、衰败和改革的阵痛，经历了阿拉善被沙尘暴洗劫的磨难，经历了梭梭育苗造林一次次失败的迷茫，经历了农牧民一次次诉说草场退化生活艰难的无奈，他的内心再也不能平静，意识到了肩上的责任与使命，也坚定了刘宏义大漠植绿的信念，他在心里默默许下誓言：一辈子扎根大漠，植根于阿拉善这片广袤的土地，要让荒漠披上绿装。

1987年，刘宏义参与了国家“七五”攻关项目——“荒漠梭梭林更新复壮营林技术研究”，这使他与梭梭栽培和肉苁蓉接种研究结下了不解之缘。1998年面临林业生态建设苗木短缺的难题，刘宏义说服妻子带头在吉兰泰试验培育沙生植物苗木。由于没有技术和经验，刘宏义培育的梭梭苗连续3年都失败了，不服输的刘宏义把家搬到了育苗地里，细致地记录下沙枣、梭梭等苗木的一个个生长参数，并多次赴外地考察学习。功夫不负有心人，刘宏义不仅攻克了梭梭种植技术难题，还成功总结了一套梭梭育苗造林技术。刘宏义把采购来的优质种子发放给林业改制职工和周边农户，签订保底合同书，鼓励林业系统改制职工和农户进行苗木培育。从最初的 3 户人家到现在的 37 户育苗示范户，从过去的两三个苗木品种增加到现在的十几种，吉兰泰地区已经成为内蒙古自治区最大的优质沙生植物育苗基地，苗圃年产优质沙生植物苗木 4000 多万株，不仅有效解决了制约国家重点工程进展的瓶颈，满足了全旗工程造林所需苗木，还为相邻的乌海市、鄂尔多斯市、巴彦淖尔市及宁夏、甘肃、新疆等周边地区提供优质种苗。仅此一项，为吉兰泰林业工作站改制职工及周边农户每年增收达 400 多万元，在解决了生态建设种苗问题的同时大大提高林业职工和广大农牧民的家庭经济收入。

2010 年阿左旗旗委政府启动“百万亩”梭梭、肉苁蓉产业基地建设，他带领团队在宗别立镇规划了 40 万亩的梭梭、肉苁蓉产业基地进行建设。从 2012 年春进入施工现场，吃住在牧民家，起早贪黑和工人们共同探讨攻克技术难题，由于经验不足导致当年种植的近 10 万亩梭梭林地全部失败，平均成活率只有 28%。面对这样的情况，作为林业人他感到十分的愧疚，一边深刻进行反思检讨，一边沉下心来挖掘原因。在多次模拟实验后，他最终找到了导致种植失败的原因，原来是因为挖坑的深度不够和禁牧不彻底、项目区内牲畜啃食导致的。为了弥补损失，在当年 10 月底，他带领单位技术人员，利用秋冬季节结合机械打坑技术进行造林试验。当时他说：秋季造林可用于高大的松树、杨柳树，梭梭应该能行，于是他组织团队用 1000 亩地进行试验。在他的带动下，14 个造林单位也纷纷效仿，而且进一步加强了项目区的管护。在当年 12 月中旬造林结束，到第二年 6 月检查验收，造林全部合格，如数兑现了工程款！仅这一项技术的成功，使成活率比春季造林提高了 5~10 个百分点，用机械打坑大大节约了劳动力，而且还少浇一次水，降低了造林成本。把梭梭造林从单一的春季造林拓宽到秋冬两季造林，并打造了自治区最大的人工梭梭、肉苁蓉产业示范基地。

阿拉善左旗林业工作站担负着全旗飞播造林、人工造林及驻巴彦浩特镇的盟、旗 300 个单位义务植树的栽植、管护和技术服务工作，还负责全旗林沙产业发展及科技推广应用技术服务和全旗林业项目的申报与编制工作。阿拉善左旗林业工作站从 1984 年飞播造林试验成功到 2020 年的 36 年间，累计完成飞播造林 591 万亩，仅刘宏义在任的 13 年间就完成了 369 万亩，占总面积的 62.4%。他还主导飞播科技创新，对飞播用种采用丸粒化、包衣拌药及生根保水处理等新技术，提高造林成苗率。他大胆使用 GPS 进行定位导航、面积测定、播种带布控、成苗调查，节约大量的人力、物力和财力，提高飞播成效；在腾格里沙漠东南缘和乌兰布和沙漠西南缘建成了间隔长 350 公里和 110 公里、宽 3~20 公里和 3~10 公里的生物治沙锁边带，飞播区内植被长势良好，植物种类明显增多，植被盖度由飞播前的不足 5% 提高到治理后的 30% 以上，使流动沙丘趋于固定和半固定，有效地阻挡了两大沙漠的前侵，极大地改善了阿拉善地区的生态环境。

在完成本区域的梭梭、肉苁蓉产业技术服务工作的同时，从 2018 年开始受新疆昌吉回族自治州政府的邀请指导该地区梭梭退耕还林工程的实施，通过实地指导、举办培训班把内蒙古阿拉善的先进技术和经验传授到新疆。利用 2 年的时间在 4 个县推广种植梭梭 200 多万亩，推动退耕还林工程顺利进行。

30 多年的潜心研究、勤奋工作，让刘宏义成了治沙领域名副其实的专家，在林业治沙中坚持科学造林，在梭梭、肉苁蓉产业和飞播造林等工作上作出了突出贡献，推广种植梭梭造林 328.5 万亩，接种肉苁蓉 49.83 万亩，接种锁阳 19.05 万亩，培训

刘宏义（左一）在乌兰布和沙漠黄沙造林地查看飞播造林苗木长势（摄影：呼格吉勒图）

农牧民近千人次，数百户转产农牧民通过梭梭和接种肉苁蓉受惠，培养科技示范户13户，每户年收入达到30多万元。刘宏义连续19年被阿拉善左旗人民政府聘为科技特派员，在此期间多次荣获旗、盟、自治区和国家的荣誉表彰。

每当回忆起30多年来做的一切，他都历历在目，受过多少委屈，吃过多少苦头，牺牲了多少和家人团聚的机会……他已经无法一一记起。但是当看到自己亲手种植的树苗茁壮成长，看到在阿拉善左旗荒芜的大漠深处渐渐出现的满眼绿色，他就感到无比的欣慰！作为一名共产党员、一名林业人，他对所付出的一切无怨无悔，他为阿拉善生态建设所取得的成就而骄傲，他为自己为农牧民脱贫致富所做的一切而感到自豪。如今，阿拉善的沙漠变绿了，沙尘暴减少了，梭梭、肉苁蓉产业发展了，农牧民的生活水平提高了，他的付出终于得到了全社会的认可和大自然的回报。

（撰稿：乌兰图雅　任学勇）

最美林草科技推广员

姜宗辉

男，蒙古族，1970年12月出生，中共党员，本科学历，正高级工程师，现任辽宁省朝阳市林业技术推广站站长。曾获国家林业和草原局“最美林草科技推广员”，辽宁省科技进步奖、辽宁省林业科技奖，朝阳市科技进步奖、朝阳市第四届优秀专家、“千名专家进园（景）区活动”优秀专家团队专家等荣誉和奖项。自2014年以来，主持或参加中央财政林业科技推广示范资金项目8项，推广7项科技成果、1项省林业实用技术，发表论文10多篇。

辽西半干旱地区的播绿使者

——记辽宁省朝阳市林业技术推广站站长姜宗辉

石质山，怪石嶙峋，百草生而林木稀。林艺人，良法善治，草茂林丰。待明年，还你绿水青山。

愚公志，初心比铁，天地惊亦太王移。万民动，长关漫道，茂林修竹。千年计，百姓金山银山。

这是辽宁省林业技术推广工作人员创作的一首词，描述的是辽西地区所面临的生态环境恶化和林业人开展林业建设的过程和成就。在辽西半干旱地区，要种活一棵树并不容易，树种的选择与抗旱保水造林技术的推广至关重要。辽宁省朝阳市林业技术推广站站长姜宗辉正是致力于科学营造林、推广林业适用技术、绿化辽西半干旱地区和发展经济林产业的一名播绿使者。

多年来，姜宗辉带领林业技术推广人员研究、引进和推广多项林业生产适用技术，加大科技服务力度，为朝阳市生态建设与修复、林农增产增收作出了应有贡献。

姜宗辉1993年7月毕业于北京林业大学水土保持专业，2013年任朝阳市林业技术推广站站长。姜宗辉勤于钻研业务知识与技术，尤其是负责推广工作之后，他紧紧围绕全市林业重点产业，积极开展林业科技知识的宣传与普及，大力推广新品种、新技术，承担了“辽西地区容器节水保水抗旱造林技术推广”“辽西半干旱地区枣树优良品种及高效栽培技术”“半干旱地区野生平榛丰产栽培技术”等多项林业技术推广工作。

辽宁西部地区由于地势、植被和气候诸要素的组合特点，自然环境十分脆弱。地域性干旱加剧，水土流失、土壤沙化在继续，耕地日趋减少，地力衰退、区域性地下水位下降突出，生态环境的恶化严重地限制了当地的经济发展。姜宗辉针对辽西地区缺乏有效的抗旱节水保水造林关键技术及相关配套措施、常规造林技术难以保证造林成活率、更难以保证保存率这一实际，2010年成立项目课题组，着重从造林苗木补水这一关键点切入，对山杏、侧柏、油松、火炬松等主要造林树种进行多年研究试验，总结出“容器节水保水抗旱造林技术”，应用该技术在困难立地条件下把造林成活率从原来的40%~50%提高到了85%以上。该技术2016年被辽宁省林业厅认定为林业实用技术，并在当年确定为中央财政林业科技推广示范资金项目，在喀左县建立试验示范基地，营造示范林4300亩。该项目的推广应用实现了朝阳市困难立地抗旱造林工作新的突破，有效提高了造林苗木成活率和保存率。

朝阳市是辽宁省枣树栽培重点地区，20世纪80年代中期开始大面积栽植枣树，经过多年栽培实践，筛选出‘大平顶枣’‘大铃铛枣’‘三星大枣’‘金丝王枣’等优良品种。由于采用传统栽培方式，管理粗放，新植枣树成活率45%左右，保存率40%左右，盛果期枣产量低、品质差，严重挫伤农民栽培枣树的积极性。姜宗辉带领推广站的技术人员采取集中示范培训和现场观摩指导、巡回指导等方式，定期开展技术讲座，同时在栽植和病虫害防治的关键季节，深入现场，亲手操作，对农户具体指导，为推广普及新技术奠定了基础。在他的辛勤耕耘下，“辽西半干

姜宗辉在节水造林地现场检查造林成活率（摄影：李华东）

旱地区枣树优良品种及高效栽培技术”大面积推广应用，使朝阳市在枣产业中涌现出了一大批典型村、典型户、典型合作社。新植枣树成活率最高达92%，结实率比传统栽培提高了5倍。特别是北票市大三家乡庙下村大枣专业合作社，在姜宗辉的示范引领下，利用退耕还林栽植的大枣，进行金丝王枣高接换头，改造枣园近2000亩。连续7年把村里房前屋后、沟坡全部嫁接金丝王枣，2015年85%的枣园配上水，部分枣园配上滴灌措施，目前有枣农104户，参与大枣产业的人员近300人。大枣年收入5万~10万元的有十几户，2万~3万元的有三十几户，年收入万元的60余户，3年时间完成推广辐射面积达2.8万亩。该推广成果被评为辽宁省林业科技一等奖。

利用辽西山区丰富的野生平榛资源，姜宗辉大力引导发展特色林果开发基地。朝阳市是野生平榛生长的重点地区，由于采用传统野生平榛经营方式，造成野生平榛成活率低、生长势弱、易遭受榛瘿蚊等害虫的危害，造成野生平榛产量不稳定、榛果品质低，经济效益不好。为了提高半干旱地区野生平榛的经济效益，使农民尽早脱贫致富，他主持了“半干旱地区野生平榛丰产栽培配套技术”研究项目，在北票市长河营乡、小塔子乡进行试验和示范，项目实施面积2375亩，推广辐射面积达3万亩，举办3期培训班，培训人数达350人，发放技术资料2450份。采用“半干旱地区野生平榛丰产栽培配套技术”对野生平榛进行有效的经营与管理，平均每亩产量58.6公斤，每公斤40元，每年每亩收益2344元，仅项目区每年产值可达556万元，北票市先后已有2700户7500人通过发展野生平榛项目实现了脱贫致富奔小康的目标。由于该项目在野生平榛改造方面技术先进，效果明显，效益显著，该项技术于2015年7月被内蒙古赤峰市引进，广泛应用在赤峰市野生平榛丰产栽培及改造生产实践中，这也实现了辽宁省林业科技成果在内蒙古跨省转化“零的突破”。

市林业技术推广站肩负着全市的林业技术推广工作，应对交通不便、人员少、任务重、时间紧的现状，姜宗辉多年来扎根一线，想群众所想、急群众所急，发扬连续作战、甘于奉献的精神，该牺牲的双休日、节假日坚决牺牲。通过建立多层次、多类型、各具特色的林业示范园区、示范基地、示范户等林业科技示范网络，发挥示范引路、示范带动、示范辐射的作用，促进了科技成果的转化应用。共开展科技特派员活动30余期，下派林业科技特派员150人次，培训林农3000余人次，重点讲解涉及“经济林栽培”“林木病虫害防治”“良种选育”“枣树田间管理”“大扁杏修剪”“山杏嫁接”“容器抗旱保水节水技术”等广大农民在林业生产中遇到的疑难问题。

姜宗辉始终以林业科技创新、技术储备、技术推广为己任，辗转于田间地头。一分耕耘，一分收获，他和团队收获的不仅是沉甸甸的荣誉，更是沉甸甸的责任。

在姜宗辉看来，自己只是林业技术推广战线上的平凡一员，工作性质决定了要经常下基层，以农时、农民的需求为准绳，尽可能随叫随到。“风里去、雨里行，雨天一身泥、风天一身土”，这不仅仅是姜宗辉深入田间地头开展技术推广的真实写照，也是千千万万林业科技推广人员的最美形象。

（撰稿：王胜男　任学勇　佟金权）

最美林草科技推广员

王云飞

男，汉族，1978 年 9 月出生，中共党员，本科学历，高级工程师，现任辽宁省建昌县自然资源事务服务中心林草技术推广站站长。曾获国家林业和草原局“最美林草科技推广员”等荣誉。先后参与起草辽宁省《核桃高接改优技术规程》《楸树高接改优技术规程》等地方标准，在《辽宁林业科技》《中国林业产业》《新农业》等学术期刊发表多篇科技论文。主持或参加中央财政林业科技推广示范项目 6 个，编制各种林业技术手册 10 余种。

最爱生命中的那抹绿

——记辽宁省建昌县自然资源事务服务中心林草技术推广站站长王云飞

参加工作20多年来，王云飞立足本职，尽心竭力，刻苦钻研林草科学技术，尤其在林草科技推广工作中付出许多心血，取得显著成效，连续6年被单位评为先进工作者和先进个人。

工作中他打交道最多的是一些农民朋友，优质服务已经不仅是客户的需求，更是他自我提高素质、为社会奉献的文明需要。在林业科技推广工作中他始终坚持礼貌待人、微笑服务，他说微笑是一种自信，是一种坚强，更是一种职业风度。细小、琐碎、繁杂、量大是他工作的特点，平日里的每件事他都用心去做，从不敷衍了事。在有些时间紧、任务重的情况下，他加班加点，从未向领导提出其他要求，不求回报。

1998年毕业后，王云飞被分配到建昌县林业局下属的一个苗圃工作，一参加工作，他便全身心地投入到工作当中。那年冬季他刚结婚，正当新婚燕尔，也是苗圃良种核桃室内嫁接的关键时刻，为了把核桃嫁接苗管好，他一天婚假都没有休，主动担负起嫁接苗的日常管理工作。夜间每隔1小时就给棚内的炉子添煤，以保证室内温度，每天晚上还要用喷壶把两个大棚的成活苗喷上水，以保证湿度，然后还要把每天的温湿度记录下来……就这样一忙活就到半夜了……第二天还得早早起来揭大棚的草帘子。特别是刮风下雨的时候，他更得精心，为防止草帘子被风掀起，他就用铁线固定，搬来大石头压铁线，真是风里来雨里去，摸爬滚打4个多月……因为他看护及时到位，那年核桃室内嫁接体愈合率居然达到了89%，成品苗达到83%，创造建昌县核桃室内嫁接育苗以来最好的成果。

2010年，建昌县准备大力发展核桃产业，王云飞被借调到县林业局，负责林业科技推广工作。在钻研和推广林草科技的日子里，一身迷彩服、一辆金城牌摩托车、一个行军水壶、一副太阳镜，就是王云飞的标志性行头。多年来，这身打扮和这辆摩托车已经定格在同事和与他打交道的同行心中。有人问他为什么不改变一下自己的装备，他嘿嘿一笑：“这不是为了下乡方便嘛，随时随地都能走，并且啥山路都能过。”

到县林业局工作之初，他负责全县薄皮核桃嫁接以及栽培管理等方面工作。在核桃嫁接期间，他逐渐摸索出冬季室内嫁接、冷库储藏、春季小拱棚移栽的新技术，很快便在全县推广。2011 年，建昌县发展以核桃为主的“一县一业”，王云飞被任命为建昌县林业局推广站站长，负责全县核桃新品种新技术推广以及农民技术员培训工作。为掌握核桃嫁接育苗及栽培的先进技术，节约生产成本，他以县良种核桃繁育中心为基地，先后完成了“辽西地区日光温室育苗技术”“辽西地区日光温室核桃‘三当’育苗技术”“建昌核桃腐烂病防治技术”“凝胶水泥涂抹法防治核桃枝干病害技术”“‘辽瑞丰’核桃新品种选育研究”“核桃细菌性黑斑病防治技术”“葫芦岛地区石质山地侧柏客土袋造林技术研究”“核桃楸芽接改造技术”以及“辽宁省核桃遗传资源调查编目”等工作，使建昌县良种核桃繁育中心年繁育核桃苗达 100 万株，有效促进了全县核桃产业的健康发展。

工作就是责任，有责任就有压力，有压力才有动力。作为一名基层林草科技推广员，王云飞把为广大林农服务作为第一宗旨，倾情奉献于林草推广事业。为了提高广大林农、果农的管理水平，他刻苦钻研各种经济林栽培管理技术，针对树种不同时期生长特点，在理论授课的同时还对广大林农进行现场指导，手把手传授果树施肥方法、整形修剪技术以及病虫害防治措施等。农忙时节，无论白天晚上他的手机响个不断，但他从来没有厌烦过，而是耐心地讲解，电话里解决不了他就亲自到现场指导进行排忧解难。有些林农经济困难，他还经常自掏腰包解林农燃眉之急。提起他，广大林农都竖起大拇指：“王站长，不但技术水平高，人还特别好，他讲的道理我们认！”一次在核桃造林现场，群众嫌累，敷衍了事，树坑挖的不标准、树栽的也不规范，他没有批评指责，而是拿起工具亲自动手做示范，并讲解技术要点，挖出了样板坑，栽上了样板树。他说：“我们栽一棵树，就要确保活一棵树，虽然现在是辛苦点，但这是造福子孙后代的事！”每到一个造林地块，他都会这样做，在他的努力下，每一个推广项目都受到专家的一致好评。在实际推广工作中，他不知穿坏了多少双鞋，刮破了多少条裤子，脸晒黑了，手磨出厚厚的老茧，但看到一些新品种、新技术在全县推广开来，改变了广大林农种植观念，使林农增收林业增效，他认为一切都值得。

在当地，广大农民种植的农作物以玉米为主，收入特别低。为了改变家乡贫穷落后的面貌，王云飞是全县最先引进东北软枣猕猴桃、大果榛子、北五味子等经济林树种的人，并半价或无偿为困难群众提供优质苗木，促进广大林农增收致富。如今精品果园随处可见，都已经进入丰产期，效益显著。特别是在引种北五味子过程中，王云飞结合当地干旱少雨的气候条件，解决了五味子在当地苗木繁育以及栽培技术等难题，同时将所有技术编印成册，免费发放给广大林农朋友。

薄皮核桃种植是建昌林业发展的支柱产业，2011 年建昌县确定“以核桃为龙头，大枣扁杏为两翼”的产业发展方向，如今全县核桃种植面积达 17 万亩，涉及农户近 5 万户。当时他深感自己作为林业技术人员的责任重大，为了把全县核桃和大枣扁杏栽植好，他和老技术员一起同吃同住，虚心向专家学习，专家走到哪，他就带着小本本跟到哪，认真倾听，仔细询问，不错过每一次学习的机会，使得自己的林业技能和管理水平不断提高，使林业各项工作都完成得很出色，多次受到上级领导的表扬。当时县林业技术推广站有编制 3 人，但实际工作只有他一人，但就是这一个人，在做好国家林业技术推广工作的同时，还肩负着全县农业综合开发生态治理科技推广工作，县域沟沟岔岔都留下了他的足迹。为做好林草科技推广工作，他每年都亲自举办几期实用技术培训班，目前全县仅核桃技术员就有 60 名，他们分布在全县核桃种植区，对全县科技推广工作起到了积极指导作用。在林草技术推广过程中，王云飞还参加了辽宁省《核桃高接改优技术规程》以及《楸树高接改优技术规程》等地方标准的起草，他还将自己的工作心得和经验进行了认真梳理，在

王云飞（右一）指导树木栽植（摄影：姚春雷）

《辽宁林业科技》《中国林业产业》《新农业》等刊物上发表了科技论文多篇，并先后主持或参加国家级推广示范项目 6 个，同时编制各种林业技术手册 10 余本。自 2011 年以来累计推广面积达 1.6 万余亩，辐射 8 万余亩，增加经济效益近亿元，社会效益与生态效益十分显著。

绿水青山就是金山银山！作为一名共产党员，王云飞每时每刻都把习近平总书记的话铭记在心间。多年从林，他没有跳槽，没有改行，默默地从一而终，用自己的全部精力践行着一名普通林草科技推广员对绿的执着、对绿的眷恋。回首过去，他无怨无悔；展望未来，他踌躇满志。一切过往，皆为序章。明天，他将继续发奋图强，用自己辛勤的汗水，将这个世界浇灌得更加靓丽多彩！

（撰稿：王德辉）

最美林草科技推广员

夏守平

男，汉族，1964年8月出生，中共党员，大专学历，正高级工程师，现任吉林省辉南县林业技术推广站站长，吉林省林业科技特派员。曾获国家林业和草原局“最美林草科技推广员”“林业产业突出贡献英才奖”，吉林省科技厅科技进步奖、省林业科技工作先进个人、通化市林业产业科技腾飞贡献奖等荣誉和奖项43项。取得省级科技成果5项，参与主编出版《桑黄栽培新技术》《猪苓人工栽培技术》等著作，发表论文13篇，其中国家级刊物论文5篇，近3年开展实用技术培训20期，培训林农6000人次。担任辉南县《全国森林康养试点建设县规划（2019—2030）》副总规划师，培育建设辉南县35个林业产业化基地，其中省级林业产业化基地9个。

活跃在长白山下的科技推广人

——记吉林省辉南县林业技术推广站站长夏守平

地处长白山西麓的吉林省辉南县是进出长白山的重要通道，当地林业资源非常丰富。1982 年，刚刚大学毕业的夏守平便投身于辉南县林业事业，长期奋战在长白山脚下的茫茫林海中，肩负着全县林业科技推广和林业产业发展的重任。近 40 年来，他带领林业科技人员不辞辛苦，先后发明了长白山绿杆天麻、野山参等林下药材选育栽培新技术；他根据辉南县森林资源分布情况，充分利用林地资源，大力调整林种结构，使辉南县催生了一大批林业特色产业基地；他经常深入林业产业龙头企业、林业产业化基地、涉林合作社调查研究，指导乡镇谋划林业发展思路，帮助乡镇和企事业单位制定了“八五”以来的多个林业产业发展规划；他带领林农和林业职工积极发展林下产业，使辉南县走出了一条基于“种、养、加一起上，产、供、销一条龙”林下经济模式的乡村振兴之路；他鼓励全县造林大户“把山当耕地来经营、把树当粮油来管理”，使辉南县实现了“生态建设产业化、产业发展生态化”的林业发展新格局。

“拿命换来的”林下药材选育栽培新技术

自 2013 年起，夏守平利用业余时间与吉林省农特产品研究所合作，以辉南县福田林下中药材合作社为依托，主持研究了长白山天麻新品种选育及栽培新技术项目。他爱岗敬业，一丝不苟，对工作精益求精。为研究和培育长白山绿杆天麻——‘翡翠 1 号’新品种，他没有节假日和周末，只要林业产业户有需要就往返奔波在林业产业基地中。有一次，他在工作时不慎掉进陡峭的沟壑，当同事们找到他时，他已经昏迷了很久。这次意外，让夏守平断了 4 根肋骨，脾破裂、轻微脑震荡、胸腔大量积液，在重症监护室治疗了 9 天后又住院治疗 20 多天。当身体刚刚恢复能够行走时，夏守平又重返岗位和技术推广站课题研究小组到天麻对比试验基地继续进行调查。家人和同事们都劝他：“你都这么大年纪了，不要这么拼命了。你现在已经都是高级工程师了，又是吉林省‘省级’林业科技特派员，干不干待遇一分都不会少，何苦呢？”他听到后只是向大家微微一笑，出院后一如既往地奔波在全县各个林业产业基地间。

功夫不负有心人，经过多年的努力，夏守平终于主持完成了长白山绿杆天麻——‘翡翠1号’新品种繁育和培育新技术，认识和了解他的人都说：“辉南县林业技术推广站的长白山绿杆天麻——‘翡翠1号’新品种的科技成果，是老夏头拿命换来的！”经鉴定，‘翡翠1号’绿杆天麻比长白山乌杆天麻萌发率提高50%，产量提高60%，各项经济效益是乌杆天麻的1.5倍。相关成果被吉林省科技厅认定为“实用技术型”科技成果并获评省科技进步三等奖，目前该新品种正在辉南县全面推广，已经种植万余亩。

此外，他还主动向省内外林业专家学习，深入县域内林业产业基地开展调查研究，主持研究林下野山参种植技术。根据东北野山参的适应环境和生长习性，他培育和选购优质野生种子，用树枝插孔仿天然种植野山参进行试验，探索野山参高产种植技术。目前，全县发展林下野山参近5万亩，产值约7亿元。

夏守平（右一）在天麻繁育基地研究天麻生长情况（摄影：刘淑艳）

争当林业产业发展的排头兵

夏守平老当益壮，干起工作来精益求精，在林业科技推广工作中身先士卒、处处起到带头作用。在通化市林业产业工作会议上，产业科肖祝光科长多次赞美他是通化林业产业发展的排头兵。通化市每年都按照惯例组织各市县林业科技产业负责人召开现场工作会议，通过实地考察和多媒体汇报的方式由各市县总结汇报一年来的工作完成情况。各级领导和同行们来到辉南县林业产业化基地参观时，大家都竖起大拇指说："夏守平，你是最棒的！"

夏守平在辉南县林业产业战线上一干就是 30 多个年头。他长期扎根基层、真抓实干，每年有一半以上的时间带领林业科技工作人员奔波在林间和林农的田间地头，一心一意地战斗在林业科技推广和辉南县林业产业发展的工作岗位上。林业产业化基地和林农的需要就是命令，无论刮风下雨、天寒酷暑或节假日，他都会带领科技人员第一时间赶到，及时地为林业产业化基地和林农排忧解难。每年带领科技人员深入林业产业化基地调研产业发展规划 20 余次，组织林业技术培训 30 余次，现场技术指导和为林农排忧解难 30 余次，鼓励和指导林农合理利用森林资源立体开发林业产业项目，赢得了全县涉林组织和林农们的一致好评。他亲自指导的辉南县福田林下中药材种植专业合作社直接带动就业人员 112 户，获评为省级林业产业化种植基地。

近年来，辉南县以 35 个省、县级林业产业龙头企业和产业化基地为依托，辐射带动全县其他林业产业基地快速发展。据辉南县"十大"林业产业统计报表统计，2012 年年底辉南县林业总产值 11.7 亿元，2019 年年底辉南县实现林业产业总产值 27.2 亿元，比 2012 年增长 15.5 亿元，林业总产值平均每年增长 2.2 亿元。这些实实在在的林业产业业绩都离不开夏守平的辛苦付出。

科技下乡助推乡村振兴产业发展

夏守平不仅在林业科技推广工作中处处起模范带头作用，而且充分利用林业科技来助推乡村发展，他编写的《辉南县林业局实施乡村振兴战略工作方案》正在辉南落地实施。为给乡村林农提供林业发展技术，他带领林业科技人员深入林区开展送科技下乡活动，为林农解答在林业生产中遇到的技术问题；他制定了林业产业科技推广工作规划，实现了科技人员直接到户、科技成果直接到林区、技术要领直接到人的"一对三"服务，加快了辉南县林业产业工作快速向前发展。

他还带领林业系统内具有中级以上职称的技术人员积极参加科技联户活动，要求每名技术人员与1个以上的林业示范园区或种植、养殖、林业产业大户建立固定的技术指导和培训示范关系，他本人负责指导的已有4户被省林业部门命名为“省级林业产业化基地”。福田林下中药材种植专业合作社负责人季福田多次在培训会场和田间地头赞美夏守平，说“夏站长是我们产业基地的活雷锋、送林业科技下乡的热心专家”。

多年来，夏守平工作中兢兢业业，凭着强烈的事业心和责任感，在林业推广站岗位上尽职尽责，踏实做事，赢得了林业同仁们的肯定；他始终扎根生产一线，钻研林下经济培育技术，将“公司＋基地＋农户”的林下经济模式推广到全县35个示范基地，有力地促进了全县林下种植业的发展；他积极策划推动“辉南县林业科技推动产业腾飞”和“科技特派员下乡”等活动，加大林业科技服务力度，为技术人员及时回应解决林农的各种生产技术难题提供了保障，受到广大林农好评。

如今，夏守平已由血气方刚的毛头小伙变成了鬓角染霜的“小老头”，但他推广林业科技、发展林业产业的初心不改，在平凡的岗位上坚持做出了不平凡的业绩，是活跃在长白山下林业科技推广人的典型代表。

（撰稿：李　娜　楼暨康　任学勇）

最美林草科技推广员

阎立波

男，汉族，1962年10月出生，中共党员，本科学历，正高级工程师，现任吉林省吉林市林业科学研究院总工程师。兼任吉林省科技特派员，吉林省林学会林业科技推广专业委员会副主任，北华大学客座教授、硕士研究生导师。曾获国家林业和草原局“最美林草科技推广员”、吉林省林业推广先进个人等荣誉和国家林草局、省、市科技进步奖（推广奖）7项。先后组织承担了26项林业科技成果推广与示范项目，累计推广面积14.3万公顷，创造效益13.8亿元。先后主持实施引进科技成果推广项目11项，推广应用吉林市林业科学研究院自主科研成果15项。

根植沃土　绿山富民

——记吉林省吉林市林业科学研究院总工程师阎立波

阎立波自1992年开始从事林业技术推广工作。近30年来，他倾情推广、矢志不移，创新服务、执着为民，不懈追求、勇于创新，为加快林业科技成果转化和实现绿山富民作出了积极贡献。

倾情推广，矢志不移

林业技术推广是一项苦差事，然而从阎立波身上，我们看到了林业推广人的执着和坚持。1998年春，为实施吉林省林业厅重点推广项目"BJW无功就地补偿器节电技术"，阎立波同站里一位老同志一起，身背8台BJW无功就地补偿器，乘坐公交汽车，深入外县100多公里某偏远林场现场推广。前两次去都无功而返，无论怎么宣传介绍，林场领导就是不接受，同去的老同志都开始纠结下次还要不要去。阎立波不服气，这么好的项目怎么就不接受。第三次，他请来设备发明人长春光学精密机械学院教授一同前往做工作，林场领导终于同意，将设备安装在带锯电机上，现场测试节电12个电流，提高功率因数到95%，同时减少线损30%，经济效益十分可观。林场领导终于叹服道："这东西这么神奇！"

林业技术推广工作的重要前提是要有好成果好项目。阎立波始终把寻找和筛选成果和项目作为科技推广工作的重中之重。早在20世纪80年代，ABT生根粉发明人王涛院士就曾多次到吉林市推广ABT生根粉，但刚开始的接受程度还不高，使用面积不大。阎立波经过亲身实践，发现ABT生根粉确实在本地比较适用，从1993年开始，他多次到中国林业科学研究院组织引进ABT生根粉应用技术，在吉林市累计推广面积2500公顷，实现新增经济效益1061.5万元。在中国林业科学研究院考察时，阎立波还了解到Pt菌根剂的功效，他积极引进并首先在吉林市永吉县民主林场、蛟河市天南林场的落叶松和樟子松造林上小面积试验试用，试验结果是生根和生长效果均有显著提高，随后他在全市落叶松造林上逐步大面积推广开来。这2项技术还分别被列为省、市林业科技重点推广项目。

2006年，阎立波担任吉林市林业技术推广中心主任后，更加注重项目的组织与推广，精心组织编制推广计划，每年推广20多项先进成果和实用技术，使一大批引进成果和院自主研究成果在吉林市得到转化和应用。在林木良种方面，阎立波积极研究推广红松、班克松（北美短叶松）、杨树等优良新品种，在吉林松花湖营建了东北地区最大的红松基因库，建立了班克松种质资源保存林，收集、保存优良种源、优良家系51个，在我国首次建成了外来树种第一代实生种子园；在苗木培育方面，阎立波推广应用高分子吸水剂造林技术15万公顷，平均提高造林成活率13.6%，减少造林补植等费用2.25亿元，他还在各县市区推广“果尔”除草剂育苗除草技术900公顷，节约除草人工费用112.24万元；在营造林技术方面，他先后在舒兰市石河林场、吉林市丰满区旺起林场、吉林市昌邑区两家子乡等地推广红松果林营建技术，共完成红松嫁接果林250公顷，每年实现经济效益1475万元；在森林病虫害防治方面，他在临江市六道沟林场、永吉县西阳林场、吉林市松花湖国有林保护中心等8个林场推广卵孢白僵菌生物防治技术，防治面积10000多公顷，减少林木损失约4.68亿元。

多年来，阎立波推广的林业新技术成果立足于当地需求，既富有先进性，又很接地气，显著提高了全市林业效益。吉林市永吉县大岗子林场场长陈培忠提起阎立波赞不绝口，说道：“真得感谢阎老师，没有阎老师就没有我们的红松项目。阎老师团队先后把两个红松项目落到我们林场，让我们林场应用科技成果壮大了经济实力，使我们走在了全市经济林发展的前列。”

创新服务，执着为民

为提高林业科技成果推广效率和服务质量，阎立波积极探索创新科技服务方式，他通过组织送科技下乡、农村科普大集、农林展会、农业订单会等多种方式，使科技成果和先进技术直接深入场圃、村镇，送到林农手中。

对科技推广培训会，阎立波亲力亲为，几乎逢会必到，策划宣传形式，组织编写林木育种、森林培育、森林有害生物防治、林木化学除草、林产工业节能、育苗机械等方面的科技成果资料，精心准备讲稿，讲解深入浅出，同时利用展板和附带成果实物使科技宣传有特色、更高效，深受广大林农群众的欢迎和好评。

他还通过安排项目形式将技术送到林农身边。为解决困难地区林农需要，增加劳动力就业，2020年阎立波主持承担了吉林省科技厅科技扶贫推广项目“红松果林营建技术推广与示范”，多次赴现场进行技术示范，指导林农进行红松果林嫁接和培育。在他的辛勤付出下，推广成果成效显著，其中昌邑区两家子乡李屯村的红松果林已经大量结实，每年获得经济效益高达近 300 万元。承包人方铁吉说：“这个项目今天能够取得这么好的效益，是阎老师等人多年的倾心指导，帮助我们掌握了红松嫁接关键技术，使我们的收入逐年增加。”

“十三五”期间，阎立波一道先后深入舒兰市石河子林场、磐石市烟筒山镇、吉林市龙潭区乌拉街镇学古村、吉林市昌邑区土城子乡等地，组织开展实用技术培训 7 期，送科技下乡 10 余次，培训林业技术人员 400 人次，赠送书籍资料 500 余份，培训农民 4400 多人次。

不懈追求，勇于创新

近 30 年来，阎立波始终以勤奋敬业的态度、勇于创新的精神，不懈追求，始终走在林业科技推广工作前列。

阎立波（左四）深入吉林市昌邑区两家子乡宣传林业新技术（摄影：李广祥）

为适应林业结构调整转型发展，阎立波近期将目光瞄准经济林发展上，先后主持完成了吉林省科技厅重点科技攻关项目“红松优良无性系果林营建关键技术研究与示范”和吉林省重大科技攻关项目“红松良种繁育、丰产栽培与精深加工利用技术研究”。这一成果被国家林业和草原局遴选为2020年重点推广林草科技成果100项，他还依托该成果成功联合有关单位申报并成功立项了2021年中央财政林业科技推广示范资金项目，使重点推广成果得到了实实在在的重点推广应用。

工作近30年来，阎立波不断提升能力水平，总结经验，创新实践。先后在《林业科技管理》等期刊上发表《林业技术推广亟需解决的几个问题》《对当前林业科技成果转化的思考》《BJW无功就地补偿器节电技术》《红松优良无性系选择技术》等学术文章20余篇，用于指导林业技术推广工作。作为副主编组织编辑出版《江城林业科技》20期，为林业建设提供理论指导及技术服务，对吉林市林业生态建设和产业发展起到了巨大的推动作用。

正是有了阎立波这样勇于创新、努力拼搏的推广人，才使得吉林林业插上了科技的翅膀，林业生态建设稳步推进，广大林农逐渐增收致富。如今，阎立波这位推广战线上的老兵，依然不懈追求，勇于超越，为林业科技推广事业继续耕耘奋斗。

（撰稿：林　涵　任学勇）

最美林草科技推广员

胡振宇

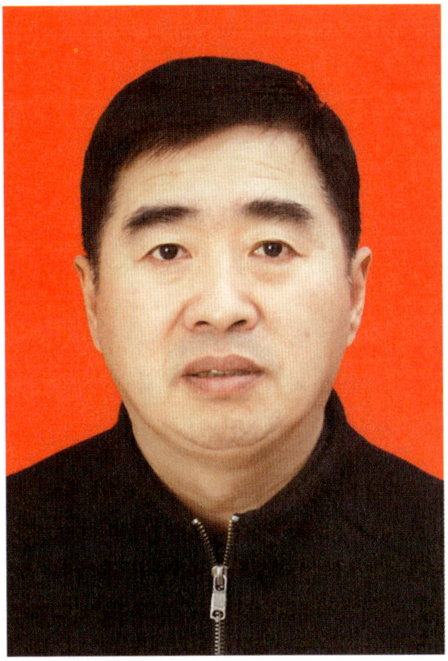

男，汉族，1971 年 5 月出生，中共党员，本科学历，正高级工程师，现任黑龙江省佳木斯市孟家岗林场副场长。曾获国家林业和草原局“最美林草科技推广员”、梁希林业科学技术奖一等奖，黑龙江省科技进步一等奖、佳木斯市“有突出贡献专业技术人才”“全市知识型人才”等荣誉和奖项。参与完成中国林业科学研究院、北京林业大学、东北林业大学和黑龙江省林业科学研究院的课题研究 20 余项，完成自主课题 2 项，参与制定《林下红皮云杉造林技术规范》等地方标准 2 项，获得国家专利 3 项，取得 1 个国家级和 15 个省级林业科技成果，在国家级期刊发表科技论文 20 余篇。主持“平欧寒地杂交大果榛子栽培技术推广”等科技推广示范项目 7 项，实现了佳木斯地区林分质量的精准提升和多个经济林新品种的引种扩繁。

孟家岗林场科技推广的主心骨

——记黑龙江省佳木斯市孟家岗林场副场长胡振宇

胡振宇从北京林业大学毕业后就来到孟家岗林场工作，至今已有 26 年。

孟家岗林场是原林业部命名的“全国科技兴林示范林场”，担负着林业科技研发和推广示范的重任，胡振宇作为技术带头人，他深感责任重大。

苗圃地的播种苗出的不齐、苗床上的种子不发芽、红松种子发芽就烂根、红松幼苗黄叶子了等生产问题层出不穷。苗圃的出苗率普遍受到立地条件的影响，经过多年实践研究，他发现不起眼的落叶松针叶作为苗床覆盖物出苗效果较好，该项技术可实现圃地抗旱、保湿、防鸟，还能压制杂草丛生。他完成的“针叶覆盖物对种子萌发及幼苗生长的研究”技术成果，实现出苗率提高 20% 以上，大大提高了育苗质量。

林场处于丘陵漫岗地区，地形坡度相对平缓，林分皆伐后，林地内部分地段出现了沼泽化现象，造林成活率低。周边很多人说：“咱们这地方就这样，林地变沼泽，树木也干涸。”为了解决这个问题，他“长”在山上，与技术人员反复试验，多方请教专家，采取多种整地方式进行论证，最终以“双层土高台整地”造林方法克服了沼泽化对苗木生长的不良影响。这种整地方式有效地解决了三江平原地区沼泽化地块造林更新难的问题，达到了增地温、增肥力、增生长量和抗涝、抗旱、抗冻拔“三增三抗”的功效，在三北重点工程造林项目建设中，这项技术在全省大面积应用。

随着国家重点林业工程的实施，孟家岗林场仅仅依靠木材生产已经不能适应新时代发展的要求。要想致富，就得另辟蹊径，走“以副养林、多种经营”的道路。东北的气候干燥寒冷，产业发展局限性较大。发展什么产业好呢？他锁定了大果榛子。这种坚果是“四大坚果”之一，富含不饱和脂肪酸、维生素以及铁、锌、磷、钾等营养元素，是健脑益智的佳品。

2008 年春，胡振宇赴辽宁考察大果榛子产业，首次购买了 5 个品系的大果榛子苗各 100 株。然而意想不到的是一个冬天过后，这些远道而来的苗木一株没剩，全都冻死了。别人都说这个品种在黑龙江根本不行，但他毫不气馁，第二年春季他再赴辽宁。这次，他找到了经济林专家梁维坚教授虚心求教，带回了 3 个平欧杂交大果榛子试验品种：‘辽榛 7 号’（82—11）、‘达维’（84—254）、‘玉坠’（84—310）。通过 3 年的精心培育，大果榛子经受住了极端低温试验，病虫害抗性较强，榛子树开始挂果了，产业经济效益明显。为了让职工群众能迅速掌握这项培育技术，胡振宇编写了《平欧大果榛子栽培技术手册》，发放给大榛子种植户学习，并组织了多次科技下乡活动，培训人数达 2000 多人次，带动 30 余名种植户发家致富，掀起了林区广大职工群众种植平欧杂交大果榛子的热潮。

每一个种植户的异常情况都牵动着他的心。“榛子是食用的，不能随意喷洒农药，要按技术要求办”，“该除蘖、修枝了，再晚会影响树体生长了”，“这几天天气回暖，注意观察雌花，适时人工授粉”，“坐果不牢，果实基部发黄要注意防虫、

胡振宇在研究红松种子（摄影：刘纪春）

防霉，加强营养，要及时疏掉密果，清除病果、枯枝落叶，注意土壤消毒，追施有机肥”。他不厌其烦地督促提醒种植户。种植户给榛子地算了一笔账：1 亩地栽植榛子 100 株，每株榛树结实 2 公斤，市场批发价每公斤 20 元，树龄 40 年，去掉 8 年幼苗期，结果期为 32 年，栽种 1 公顷大果榛子，果实总产值可达 190 万元。如果在林下兼营养殖土鸡、大鹅，不仅节省了除草、施肥费用，还增加了额外收入。如今，孟家岗林场的大果榛子产业已初具规模，榛子产品多次进入国家和省食品博览会参展，获得了社会好评！如今林场栽培平欧杂交大果榛子面积已达 1500 多亩，辐射带动周边四县一区发展大果榛子 8400 亩。

孟家岗林场现有 17600 亩红松结实林，这些绿色资源是林场的宝贝，怎样让这些红松林实现经济效益，胡振宇下足了功夫。红松的生物学特性决定了它要生长到 20 多年以后才能开花结实，40 年以后才能达到高产，周期漫长，胡振宇在促进红松林早结实、早受益上不断探索。他潜心研究果材兼用林改培技术，应用密度控制、树体管理、授粉等综合措施，大胆提出了利用优良结实母树的穗条，通过高枝嫁接的方法实现接穗提前结实。经过多方对比试验，最后确定选用髓心形成层贴接的嫁接方法，并且总结出留座去顶等多种先进技术。10 多年来，经他手培养出一大批嫁接技术能手，成为省内嫁接行业的标兵。红松示范园里的树上挂满了球果，红松结实龄整整提前了 15 年。职工看到了实实在在的收益，纷纷投资红松嫁接。

既要让红松结果，还要保证红松健康。近年来，红松病虫害肆虐，特别是松梢螟的危害严重，他采取了施放赤眼蜂进行生物防治，同时采用黑光灯诱杀成虫等无公害防治措施。常规配置的氯氰菊酯类乳液杀虫剂很难透过厚密的枝叶直达枝干和球果底部，不能有效地触杀松梢螟虫。胡振宇邀请了林业制药厂到林场进行研究，参与试验新型药剂——氯氰菊酯微胶囊悬乳液杀虫剂的灭虫效果。该型微胶囊药剂可直击林木受害部，达到了很好的防治效果。由于多项技术的综合应用，保证了林木资源的安全，红松球果产量稳步提高，孟家岗林场年均产球果 170 万斤，年均产值达到 1300 多万元，成为黑龙江省立足森林优势发展林业产业的典型。

这个遇事不气馁、爱钻研、爱较真的林草科技推广员，已经成为孟家岗林场科技推广的主心骨，也成为林场职工发展林业经济的带头人。我们期待他在孟家岗林业科技推广应用的路上不断谱写新的篇章。

（撰稿：王胜男　唐红英　任学勇）

最美林草科技推广员

郁海东

男，汉族，1975 年 12 月出生，本科学历，上海市林业总站果树管理科高级农艺师。曾获国家林业和草原局“最美林草科技推广员”、全国农牧渔业丰收奖、上海绿化市容行业“当好科学发展主力军、打好创新转型攻坚战”先进个人、上海“三农”服务热线优秀咨询专家等荣誉和奖项。长期从事林果技术推广和林业产业发展工作，参与编写完成《桃树生产技术实用手册》，发表《上海柑橘生产现状及部分地区减产成因分析》《关于经济果林推广使用商品有机肥的思考》等 10 余篇论文。参与完成中央财政林业科技推广项目“安全优质葡萄设施栽培技术推广”、上海市科技兴农重点攻关项目“郊区林下种养模式构建关键技术研究与示范”以及上海市林业局推广项目“柑橘产业功能提升关键技术研究与示范”等 20 余项科技项目。

科技引领　为林果安全优质护航

——记上海市林业总站果树管理科郁海东

上海现有经济果林20多万亩，和国内林果大省相比，面积和产量“微不足道”，但是，和上海的城市品格一样，上海林果品种的“精良化”、栽培的“精细化”、产品的“精致化”在业内有口皆碑，这其中离不开郁海东的辛勤付出。作为上海市林业总站果树科的一名专业技术人员，郁海东从事林果技术推广和林业产业发展工作十多年来，积极开展技术研究，组织培训指导，致力于推广经济果林新品种、新技术，积极尝试破解上海林果生产上的瓶颈，为上海郊区经济果林转型升级发展作出了突出贡献。

精心细致，“双增双减”项目顺利实施

20多万亩经济果林是上海宝贵的林业资源，同时在农业增效、农民增收和城市生态建设中发挥着重要作用。10多年来，为了守护这份宝贵的资源，郁海东长期工作在林果生产一线，从单位所在的市区到各个郊区，常常早出晚归，从整形修剪、套袋疏果到采摘销售，他都亲力亲为、上门指导，无论严寒酷暑、刮风下雨，确保把生产技术送到田头、送到一线。

经济果林“双增双减”和套袋项目是上海市林业局的一项惠农项目，目的是鼓励果农使用有机肥、低毒高效农药、物理防治等无公害生产技术，进而提高果品的安全性和品质。郁海东负责项目的具体实施，牵头起草了项目管理办法、实施细则、项目验收办法等。但是，光有“文件”不行，项目顺利实施还得靠技术支撑。为此，郁海东三天两头往果园里跑，组织果农在果实套袋、有机肥和低毒高效农药施用等方面做了大量田间试验，积累了许多一手数据，并有针对性地提出技术改进措施，为项目顺利推进提供了有力保障。

项目实施以来，全市共推广“双增双减”技术超过百万亩次，市级财政资金补贴超过6亿元。“双增双减”项目实施后，每亩经济果林增加有机肥用量1000

公斤，减少化肥用量 22.7 公斤，杜绝了高毒高残留农药使用的情况，而且果品的外观、可溶性固形物含量及商品果率逐年提升，果农收入也相应增加，2018 年全市地产果品亩产值 10807 元，比 2007 年项目实施前增加了 195.7%。现在，每次郁海东到果园，都有果农竖起大拇指夸他办了件好事实事。

技术创新，破解一线生产瓶颈

为了确保果树健康生长，提高果品产量和品质，需要通过持续的技术攻关和创新，来破解一线生产上遇到的困难和瓶颈，郁海东为此也倾注了大量心血。

柑橘黑点病、葡萄裂果病、葡萄萌芽期冻害、梨坐果期低温等是困扰上海果树生产的几个主要难题。郁海东瞄准这些技术瓶颈，埋头研究，一干就是很多年。

2009 年起柑橘黑点病逐渐上升为上海地区柑橘的主要病害，果面的黑点和沙皮症状严重影响柑橘商品价值。为了弄清柑橘黑点病的发生规律及防治要点，郁海东在长兴岛蹲点一年，吃住都在基地，白天跟着老师傅一起干活，全面了解柑橘生产过程，晚上回到宿舍整理成笔记。通过研究，他发现柑橘黑点病侵染期的降雨情况直接影响病害发生程度，可以根据 6 月降雨量来准确预测后期发病情况。

郁海东测量桑树叶片生长情况（摄影：虞秀明）

要重点关注幼果至膨大期的降雨，6~8 月若遇上持续 5 天降雨，或累计降雨量超过 200 毫米，应抢停雨间隙用药补救，才能将该病控制在较低水平。

葡萄成熟后期如果遇到降水过多，常会发生裂果病。郁海东发现，不同品种裂果率差异很大，穗形紧凑、果皮较薄的葡萄品种较易造成裂果。所以，他向葡萄种植户特别强调，成熟期遇到大量降水要及时排出积水，避免土壤水分急剧变化，在建园时针对当地降水特点应当深挖定植沟，重建地下排水系统，防止明排暗渍现象发生。

2016 年年初，上海出现低温冻伤、冻死葡萄萌动的芽、枝条、叶片、花穗的情况，郁海东和团队调查发现栽培设施直接关系冻害预防。他指导葡萄种植户密切关注倒春寒天气，当棚内温度接近 1℃时，采取喷雾、喷水、滴灌、浇水或沟内灌水等措施，增加土壤湿度，减缓降温速度，或采取炉子加热的方式，保持棚内温度在 0℃以上，有效降低冻害风险。

经过不懈探索，郁海东总结出了温湿度调控、低温前灌水、适时覆膜揭膜和合理负载等经济果林应对低温、水涝管护技术并大力推广。同时，他推广使用水蜜桃长梢修剪、设施蟠桃花期温湿度调控和人工辅助授粉、翠冠梨冬季花芽修剪、柑橘“三疏”和留树保鲜、设施葡萄肥水管理与合理负载等新技术，进一步解决制约上海果树生产的难题。

技术推广，当好电话里和田头的热心专家

刚进入上海市林业总站工作时，郁海东从事的并不是林果专业技术工作，但多年来通过自己的认真学习和不懈努力，他在专业理论水平、工作能力等方面取得明显进步，工作也取得了显著成效。他热心解答果农问题，不仅是随时能拨通的电话那头的线上专家，还是奔波忙碌于田间地头的土专家。

郁海东曾经担任上海“三农”服务热线的连线专家。有一次，一个果农上午 10 点打电话咨询相关政策问题，他耐心详细地对整个政策的要求、补贴内容等都一一作了解答，电话一直打了 2 个多小时，直到 12 点多才结束咨询，果农对解答非常满意。

只在电话上答疑是远远不够的，他带领团队，在田间地头手把手指导操作，直到果农真正把技术学会弄懂。他还通过市、区、乡镇三级林业站逐级落实、合作社基地示范、科研院所专家培训、乡土专家全程指导等多种形式开展推广，先后成功引进果树新品种 14 个，新品种推广面积超过 6000 亩。通过推广柑橘设施

栽培、宽行窄株、主干型树形、“密改稀”、“高接换头”、机械化作业等新技术、新方法，可以有效缩短新品种更新期，改善果园通风透光性，营造利于机械化操作的果园环境，大幅提高工作效率，改造完成后 2 年即可恢复至原有产量，在上海推广面积已超过 2000 亩。

针对果树病虫害防控，他积极采取以农业防治、生物防治为主，化学防治为辅的措施，在增加商品果率、减少农业面源污染的同时，有效保障了果品安全。为延长果品货架期，又采取温度控制、保鲜剂和包装材料保鲜等技术。

为进一步提升果品安全，郁海东参与制定了《上海市安全优质信得过果园评选标准》等文件，对果园产地环境、农资仓库、投入品使用、管理制度、技术措施、园容园貌、采收储运包装等进行全过程监管。目前，上海的安全优质信得过果园已有 79 家，面积超过 2 万亩，崇明区和金山区也开展了“两无化”（无化学农药、无化学肥料）和“有机”果品生产。

郁海东常说，搞林果技术推广必须离开案头、深入田头、不怕日头，10 多年来，他坚守一线，实实在在做给果农看、带着果农干，为上海林果产业发展积极奉献着自己的光和热。

（撰稿：郁文艳）

最美林草科技推广员

殷云龙

男，汉族，1964年1月出生，中共党员，博士，研究员，现任江苏省中国科学院植物研究所科研处处长。兼任南京林业大学兼职教授、江苏省“333高层次人才培养工程”首批中青年科学技术带头人、江苏省有突出贡献中青年专家、江苏省林学会理事、江苏省林木品种审定委员会委员。曾获国家林业和草原局“最美林草科技推广员”、江苏省科学技术奖二等奖等荣誉和奖项。主要从事中山杉的选育和推广应用，先后主持科技部、国家林草局和省级科研项目30余项，共获国家植物新品种权8个，国家及省级审（认）定林木良种11个，授权发明专利7项，制定行业和地方标准6项，在国内外发表论文100余篇，以第一作者出版专著2部。

用心书写“中山杉”传奇

——记江苏省中国科学院植物研究所科研处处长殷云龙

20世纪70年代初，落羽杉、池杉和水杉作为速生丰产林树种在我国平原水网地区广泛种植，但由于“三杉”树种不耐盐碱，在荒滩造林过程中成活率较低，严重制约了这类树种的推广应用。

江苏省中国科学院植物研究所老一辈专家针对这一技术难题，以原产北美的落羽杉属树种落羽杉、池杉和墨西哥落羽杉为亲本进行杂交，先后选育出了具有速生、耐盐碱、耐水湿和观赏价值高等优良特性的‘中山杉302’等第一代杂交品种，并在省内多个地点开展区域造林试验。

1996年，研究所老一辈中山杉育种专家陈永辉带着青年科研工作者殷云龙到中山杉试验林进行调查。他们一路颠簸来到位于苏中地区的宝应湖边。殷云龙看到，大片的落羽杉林就像一面密不透风的屏障，与落叶满地、树干苍白的杨树林形成鲜明对比。突然听到“扑棱棱”一声，眼前闪过一片白光，他定睛一看，原来是无数只栖息在林梢的白鹭拍打着翅膀，腾空飞向蓝天。一阵嘈杂的鸟鸣过后，仍有许多白鹭流连在树梢中的鸟巢里，不愿离去。“中山杉树林落叶晚，郁闭性好，就像一个巨大的天然鸟窝，生态太好了。”时任宝应县林业站站长的刘枝青说。“这就是我们用‘中山杉302’、‘301’和‘401’造的林子，才13年，材积量太大了。”陈永辉答道。殷云龙用惊叹的目光望着这片树干高耸挺拔、分枝均匀的林分，激动地对两位林业老前辈说：“这是我见到过的江苏最漂亮的人工林！”

回到研究所，他对调查数据进行了计算，发现宝应湖边‘中山杉302’的材积量是落羽杉对比林的1.6倍以上，是水杉对比林的2倍以上。他非常兴奋，很快利用考察数据撰写并发表了一篇论文，不久就引起了上海植物园时任领导的关注，派人到江苏考察了解中山杉种苗情况，随后即调运苗木到上海奉贤、长风公园等地种植，并在上海苗交会上展出了部分苗木，此后又在上海外环高速公路绿化、滨海湿地公园和崇明岛绿化等工程中大量推广应用。

时光流转，随着研究所里承担中山杉育种任务的老同志相继退休，殷云龙接过中山杉育种和推广的“接力棒”，依托刚完成苗期测定的‘中山杉 118’等第二代杂交品种，进一步开展试验研究。

在推广的初期，殷云龙带领团队与江苏省靖江市园林苗圃、丹阳林场、泰州九龙苗圃等地合作建立了中山杉苗圃，工作人员战高温、斗酷暑，付出了很多艰辛和努力，然而扦插生根率却不到 10%，这让团队成员十分泄气。

通过分析原因，殷云龙发现主要是由于第一代杂交品种‘中山杉 302’生理年龄老化、扦插生根能力下降和扦插繁殖设施落后造成的，必须尽快把繁育重点转移到扦插生根率高的第二代中山杉新品种上来。他率先在靖江市园林苗圃开展了品种更新，建立全光嫩枝扦插间歇喷雾系统试点，并向当地林业主管部门积极争取林业贴息贷款的支持，用于技术改造，当年的扦插成活率就提高到 85% 以上，成苗 30 多万株。之后，他又帮助江苏省武进公路苗圃建立了相同的喷雾系统，同时就地取材，采用砻糠灰加黄沙作为扦插基质，生根率达到 95% 以上，当年成苗 20 多万株。此后，浙江宁波、南京六合和常州溧阳的多家苗圃也纷纷效仿，中山杉苗木繁育开始走上产业化发展之路。

在钻研繁育技术难题的同时，殷云龙积极探索中山杉苗木在景观绿化中的应用。1997 年，他受南京禄口机场高速公路建设指挥部邀请提供绿化设计方案，该工程为省级重点工程，对绿化树种的选择十分严格，经过逐层审批决定采用常绿树种雪松和落叶树种水杉作为骨干树种。然而，施工单位在工程施工过程中发现，购买的水杉苗木品质不好，栽种后死亡率较高。正在踌躇不决之际，他们听取并采用了殷云龙的建议，基于中山杉苗木生长快、树形美等特点，将其定为重点路段的展示树种。就这样，中山杉在有着“省门第一路”之称的南京禄口机场高速公路上首次亮相了。第二年，中山杉的景观表现非常出众，引起了相关建设部门的重视。之后，在其他公路建设工程中也得到广泛应用，成为江苏绿色通道建设中不可或缺的材料。

殷云龙不仅将中山杉因地制宜地运用到城乡绿化，还使其在三峡库区等消落带生态治理中发挥出护岸缓冲、景观美化等综合效益。

2002 年，他开始在重庆万州区长江消落带生物治理工程中开展中山杉引种试验。2003 年 4 月的一天，殷云龙一行对三峡库区生态环境进行先期考察，跨过长江大桥，沿着盘亘在山崖边的崎岖小道，来到了一片相对平缓的山坡上，滚滚长江如一条白练在脚下奔腾。“库区第一次蓄水位置在海拔 135 米处，第二次蓄水将达 156 米处。”殷云龙听完万州区负责同志的介绍，按照长江水位可能到达的高度，将造林试验的范围锁定在 135~175 米之间。随后从靖江苗圃调运 1000 株中山杉苗木至万州，布置试验样地和造林，以验证长江淹水对林木的影响。

2012 年，一次偶然的机会，万州区科技局的同志来南京市科技局交流工作，交流之余主动提出要与江苏省中国科学院植物研究所的同志交流中山杉在三峡库区的生长情况。殷云龙急切地问道：“万州的那批中山杉还在那儿吗？”“为了满足三峡库区蓄水前清库的要求，我们林科所的同志已经将生长成林的树苗全部挖出来，保存在林科所的苗圃地里。2009 年我们又将部分树苗栽回了原地，建立了小片试验林。”万州区科技局的祁小川主任激动地说，“万州三峡库区消落带上的中山杉，经过最长 122 天没顶淹水，仍能获得 90% 的造林保存率，中山杉在消落带生态修复中真是有很大的应用潜力啊，希望你能尽快来万州考察，指导我们推广种植。”而此时已经整整过去了 10 年时间，这期间殷云龙再也没有去过万州，但中山杉在三峡库区的生长表现一直牵挂着他的心。为了尽快满足消落带治理工程中中山杉种苗生产需求，他立即奔赴重庆，当年就指导重庆市禾佳香料植物开发有限公司在万州区长平乡建立了中山杉繁育基地，面向重庆及周边地区推广中山杉良种苗木。时至今日，在当地政府和相关单位的努力下，已在长江两侧岸线栽植中山杉 76 公里，面积 3200 多亩，在三峡库区消落带岸线上逐步形成了一道亮丽的风景线。

殷云龙察看中山杉采穗圃生长情况（摄影：杨奕如）

中山杉种苗得到园林和林业界认可，极大地鼓舞了殷云龙和团队成员们的科研热情。科技创新永无止境，他们开始向更高的目标发起冲击。

殷云龙带领团队抓住技术创新的难点，开展了以墨西哥落羽杉为母本的中山杉新品种培育。经过持续不断努力，培育出了‘中山杉406’等第三代新品种，其在耐盐碱性、景观价值和生长特性等方面表现出显著的杂种优势，该项技术还获得了国家发明专利授权，使中山杉品质改良迈上了新的台阶，也为深度持续育种奠定了坚实的基础。

有了好的品种，如何加快繁育，满足市场需求，是中山杉推广面临的挑战。殷云龙带领团队开展了广泛的国际合作，邀请外国专家来华讲学，传授先进的育苗技术，研发了一系列配套专利和技术标准。他们率先在江苏靖江建立了国家级中山杉林木良种繁育基地，组建了一支从生产、销售到工程造林的技术团队，常年在省内外开展种苗繁育和销售工作，承接造林工程，并提供咨询服务，数十年如一日，在祖国大江南北书写了一个个生动的案例。他还多次组织召开由全国10多个省份的政府、企业和科研人员参加的“中山杉种苗繁育和推广应用技术交流会”，将中山杉的推广应用从华东沿海逐步辐射到华中及西南等内陆地区。

在江苏盐城林场、大丰林场和海丰农场等地，实行林苗一体化种植工程，把沿海防护林营造和种苗培育结合起来，苗农们登门求教中山杉苗木知识和繁育技术，他总是热情讲解，提供无私帮助。安徽凤台煤矿塌陷区恢复治理、河南濮阳引黄入冀补淀、湖北荆江两岸造林绿化、昆明滇池周边“四退三还”等工程也大量采用了中山杉。在殷云龙的实地指导下，10多个省份建立起了中山杉种苗繁育和示范基地，累计生产良种苗木3000多万株，实现了种苗繁育和造林区域化布局，不仅为优质种苗的普及化、便利化创造了条件，还降低了运输成本，提高了造林效率，有力推动了中山杉在长江流域和东南部沿海林业生态建设中的应用。

星光不问赶路人，岁月不负有心人。殷云龙带领团队经过多年的努力，将中山杉推广应用到我国盐碱地造林、消落带生态治理、湿地生态修复、城乡绿化和农田林网建设等方方面面。引进一个树种，建立一片苗圃，带来一座森林，造福一方百姓，中山杉的繁育及推广产生了巨大的生态、经济和社会效益。衷心期待殷云龙带领的这支团队在不远的将来不断创造出新的奇迹。

（撰稿：杨奕如　吴世军　王晓南）

楼君

女，汉族，1973 年 9 月出生，硕士，高级工程师，现任浙江省杭州市富阳区农业技术推广中心林业站站长，杭州市人大代表，杭州市花卉苗木产业特聘专家，富阳区干果首席专家、林下经济团队队长。曾获国家林业和草原局“最美林草科技推广员”、全国林业系统先进工作者、全国绿化奖章、科技部市场协会“‘三农’科技服务”金桥奖、浙江省“森林浙江”建设成绩突出个人、省林业技术推广突出贡献个人、杭州市五一劳动奖章、杭州市农业科技先进工作者等荣誉和奖项。累计发表论文 12 篇，参与制定地方标准 3 项，主持和参与中央、省及区级推广项目 10 余项，取得干果、竹产业和林下经济发展科技成果 10 余项，推广面积达 10 万余亩。

为林农的“一亩山”赚来“万元钱”

——记浙江省杭州市富阳区农推中心林业站站长楼君

每亩山地的收益，能否从原来的三五百元提高到1万多元甚至更多？

在浙江省杭州市富阳区农业技术推广中心林业站站长楼君看来，林农掌握和使用林业科学技术，实现这个目标并不是一件难事。这位在林技推广领域耕耘了16年的富阳区林业科技推广工作首席专家深知：林技推广工作不仅可改变林农的生产方式，还会对他们的生活产生直接影响。

改变经营方式，让一亩竹山不止“万元钱”

富阳竹林面积59.09万亩，居浙江省第三位，但以前富阳竹林每亩收益仅三五百元，远远落后毗邻区县。低收益与当地林农固守传统的经营方式有关。楼君说，当地大部分群众认为，挖竹笋会影响竹子的生长质量，不如直接卖竹材划算。

为改变这一现状，楼君带领林技推广团队从转变林农的生产经营观念入手，他们走乡入户，反复宣传竹笋比竹材经济效益高，挖竹笋也不会影响竹林生长的道理。

如何彻底解开林农固守传统经营模式的“心结”？

根据富阳的自然条件特点，楼君和技术团队采取竹林分类经营的方法，在立地条件较好的低海拔地区营造毛春笋、夏鞭笋、毛冬笋的“三笋”丰产示范基地，在中坡地区建设笋材两用基地。“三笋”基地在实施深耕抚育、精准施肥等技术以后，鲜笋产量显著提高，示范基地的亩均收益轻松过万元。

一直以来，富阳的雷竹笋都采用“覆盖早出”的方式实现高效经营，但连年覆盖易发生竹林大面积衰败，最后近乎绝收。为解决这个难题，楼君带领团队摸索出一套适合富阳雷竹笋产区实际的“退化林改造”方案。长盘竹笋合作社社长王治平使用“退化林改造”方案经营雷竹，不仅使雷竹实现了从衰败到恢复，亩收益还从恢复初期的1万元提高到3万元。试点成功后，林农看到实实在在的成效，都主动要求对自家的雷竹林实施改造，从而快速扭转了富阳区雷竹林的退化现象，使其实现了可持续经营。

为进一步提高竹林经济效益，楼君与技术团队采取林下套种技术，引导竹农在毛竹林下套种竹荪、大球盖菇、多花黄精、三叶青等食用菌和中药材，竹林林下收益每亩超过 1.5 万元，充分发挥了林地的倍数效益。

近年来，竹林观光成为富阳林农提高竹林收益的又一个途径。楼君说，通过打造“竹笋节”，吸引了上海、杭州的游客到富阳体验挖笋和品竹笋宴的乐趣。2020 年，富阳鲜笋产值超过 7 亿元。

提高栽培技术，让香榧成为林农的“绿色银行”

近年来，随着市场对香榧的认知度和需求量的不断提高，其经济效益遥遥领先其他干果。富阳是香榧自然分布区，也是浙江省香榧重点发展县。但香榧树 7~10 年才能挂果，15 年后才形成产业效应。过去，由于掌握不好香榧树栽培管护技术，富阳林农种植的香榧树成活率低、投产时间长、单株经济价值不高。2005 年，富阳区委、区政府发放补助金，鼓励林农种植香榧。由于缺乏技术，第二年

楼君（右一）指导榧农学习香榧完熟采收技术（摄影：朱啸尘）

验收时，林农每亩栽种的40株香榧成活不到一半，5年后香榧林保存率仅为30%。

楼君到香榧老产区诸暨市学习栽种管护经验，向中国林业科学研究院亚热带林业研究所、浙江农林大学专家请教，不断摸索提高香榧幼林成活率和保存率以及合理施肥、快速形成丰产树形等问题的解决方法。在形成一整套香榧标准化栽培技术后，她首先在新登镇林农叶文火的地里建设了示范基地。目前，叶文火的香榧林已投产10余亩，每年青果和香榧加工收益超过15万元。楼君还将成熟的技术成果编印成书向榧农大力推广，这不仅使富阳香榧的成活率超过95%，香榧还实现提前1~2年结果并快速进入投产期和丰产期，香榧进入丰产期后每亩收益在万元以上。富阳区香榧标准化栽培技术成果先后获得“杭州市农业丰收奖”和“浙江省科技兴林奖”。

香榧的成活率提高了，但与诸暨等老产区市县比，富阳林农的香榧收益依然不高。浙江农林大学的专家告诉楼君：富阳林农比较重视香榧的种植管护，忽视了香榧的加工环节。找到了问题的症结，在当地政府的支持下，楼君大力推动全区香榧的“省级森林食品基地认证”工作，通过森林食品基地的标准化建设和无公害技术的运用，提高了香榧的产品质量。同时，她还指导榧农实施成熟采收、科学堆沤后熟和标准化炒制等加工工艺，使富阳香榧品质有了极大的提高，并由此掌握了香榧销售的定价权。过去，富阳香榧成品价格每公斤比诸暨低十五六元，如今就连诸暨都到富阳收购香榧了。楼君说，富阳山区林农每家种十几亩香榧，一年收益就有10多万元，香榧真正成为林农的“绿色银行”。

为提高香榧种植附加值，楼君还大力推广香榧林下种金丝菊、鸢尾、白及、小香薯等高产中药材或精品农作物，发展林下生态复合经营。常安镇永安农庄林农李荣富、洞桥镇何立平等农户通过发展立体种植，建设规模化、标准化示范基地、香榧美丽农业产业园，进一步提高了香榧种植综合效益。

开辟更多的增收渠道，让林农的收入不断涨起来

楼君说：“林技推广离不开基层，到山间地头多跑跑、多转转，才能知道林农想什么、要什么。”为此，楼君设立了富阳林农交流微信群，林农在林业生产中遇到了问题，随时可以向林业科技推广专家、乡土专家请教。

只有开辟更多的增收渠道，林农的收入才能不断涨起来。楼君带领团队大力推广柏木、楠木等十大珍贵用材树种，山核桃高产矮化栽培、甜柿新品种繁育和高效栽培、雷竹林退化改造及病虫害综合防治、彩叶树新品种快繁和森林康养基地建设

等新技术，大大提高了林地产出效益，“一亩山万元钱”的林业创新模式如今已在富阳遍地开花。

一路走来，她始终对林业事业饱含深情，在林业一线岗位，用坚实的脚步踏遍富春大地 194 万亩山林，用心、用情、用力推动着富阳林业事业的发展。30 年来，她从一个普通的林技人员成长为林业科技带头人，先后被聘为杭州市富阳区干果首席专家、林下经济团队队长、杭州市花卉苗木产业特聘专家，入选杭州市富阳区 135 人才、杭州市 131 人才，并先后担任杭州市人大代表、杭州市富阳区政协委员。

（撰稿：王　鹤　吴世军　任学勇）

最美林草科技推广员

严邦祥

男，汉族，1965年8月生，中共党员，本科学历，高级工程师，现任浙江省景宁县生态林业发展中心林业产业科科长，丽水市第四届人大代表，丽水市科协“百名专家连百村”特邀专家，景宁县首席林技推广专家，景宁县政府“丽水山耕·景宁600”富民强村工程特邀专家。曾获国家林业和草原局“最美林草科技推广员”、浙江省“最美林技推广员”、浙江省林业技术推广突出贡献个人、浙江省林业科技先进工作者、丽水市绿化奖章、景宁县第三届拔尖人才等荣誉和奖项。先后主持省部级科技项目近20项，获省、市“科技兴林”奖近10项，参与制定地方标准6项。

科技兴林　守护一方绿水青山

——记浙江省景宁畲族自治县生态林业发展中心严邦祥

严邦祥是山里的孩子，在大山的怀抱里成长，从小与“林”结缘。严邦祥说，从记事起，他每天早上就看到父亲吆喝邻居们一起，带着干粮，扛着锄头，上山种树，直到傍晚天黑，大人们才陆续回来。就这样日复一日、年复一年，荒山变成了片片茂林。

从浙江林业学校毕业后，严邦祥便投身到林业事业，从最基层的林业站开始，从技术员一步步成长为景宁县首席林技推广专家，一路走来，他从未有过后悔与放弃。“对林业的这份热爱，已浸入我的血液，用自己的实际行动践行高质量绿色发展的使命，是一件非常幸福并值得骄傲的事。”严邦祥说。从事林业工作 35 年，他亲眼见证并参与了从荒山到绿水青山、再到金山银山一条高质量绿色发展之路的渐次延伸。

真抓实干，荒山变青山

30 年前的景宁县，荒山遍布，如今，荒山披上绿装，处处绿水青山，成为老百姓的“绿色银行”。

1991 年，担任渤海区域林业站站长的严邦祥，抓住了浙江省实施灭荒绿化和世界银行贷款造林项目的机遇，积极争取资金，着手实施灭荒绿化和世行贷款造林。可在当时，村民们更多是观望，“开垦荒山要花钱，投入劳力多，见效又慢，有什么干头？”为消除群众顾虑，严邦祥挨家挨户做工作，让大家转变思维发展林业经济，还带头创建了高质杉木示范基地 120 亩。严邦祥注重用科学方法来营建杉木基地，首先选好杉木良种壮苗、严把种苗质量关，其次在造林前重点做好深挖大穴、施足基肥等培育措施，再次注重抓好科学栽植和幼林抚育等经营管理工作，在各生产环节他都亲自上山把关、悉心管护。功夫不负有心人，科学施策加上用心栽培使得示范基地当年苗木新梢平均长度达到 58 厘米，获得了 1992 年由丽水地区林业局组织各县杉木速丰林基地评比竞赛活动的第一名。渐渐地，越来越多的村民行动起来。严邦祥带领技术人员爬山头、进荒山、下地块，边规划边探索边实施，积极推广杉木速丰林模式栽培技术，并采用方形铁丝圈来检查造林定植穴的质量，取得了良好效果。1998 年，严邦祥作为时任县营林公司负责生产的副经理，身先士卒，任劳任怨，组织技术力量对全县灭荒后绿化情况进行逐块检查。最终，一片片荒山披上了绿装，全县如期完成荒山绿化。经过长达 8 年的行动，1999 年，经浙江省绿化委验收，景宁县成为浙江省首批达标县之一，世界银行造林项目获得了“浙江省优秀工程”的荣誉。

勤耕苦研，青山变“金山”

在严邦祥的带领下，景宁相继实施了中央财政林业科技推广示范资金项目“毛竹林生态高效培育集成技术推广与示范”、浙江省公益技术应用研究项目“油茶丰产生态栽培技术试验与推广”、浙江省科技厅富民强县项目“景宁县竹产业效益提升工程”等 10 余项科技成果转化项目，多项成果获得省、市科技兴林奖。通过科技成果转化项目的实施，加快了先进实用技术在景宁林业生态建设和产业发展中的推广与应用，有效推动了当地毛竹、香榧、油茶等林业产业快速发展，显著促进了林农增收。

2012 年以来，严邦祥大力推广笋竹两用林、测土施肥等技术，建立毛竹高效示范基地 2.9 万亩、低产林改造基地 3.5 万亩，开设竹林道 830 公里，竹林道的建设大大降低了生产成本，提高了毛竹产业效益，惠及林农 3 万余户，毛竹产业成为景宁县最惠民、最受林农欢迎的产业之一。全县竹产业实现年产值 2.81 亿元，农民从竹林经营和初加工中增收 5200 万元，人均从竹业中增收 550 元。

从“无”到“有”，再到把“香榧”产业做得有声有色，严邦祥只用了 7 年。2013 年，随着浙江省“香榧南扩”战略的实施，严邦祥开始近距离接触香榧。在发展之初，严邦祥也是“门外汉”，他查阅了大量的香榧资料，频繁参加技术培训，甚至专程赶到省城请教专家，正是凭着这股钻研的劲头，他摸索总结出了适合景宁发展的香榧标准化栽培、香榧定砧嫁接、香榧人工授粉等实用技术。由他主持完成的中央财政林业科技推广示范资金项目——香榧定砧嫁接技术标准化示范区建设，开展香榧容器大苗培育基质配方研究，其生长速度可比传统地播育苗提高 32.5% 以上，3 年生苗地径达 1.8 厘米、苗高达 106.1 厘米以上，苗木质量明显提高；并在运输、造林时根系不会受损，可实现全年造林，造林成活率高，没有缓苗期，有效解决了“一年活，二年黄，三年见阎王”这个曾经困扰香榧种植的难题。如今，该基地已建成4000亩的“景宁香榧核心示范基地”，年产量已达5万余斤，并逐年增加，不仅带动了全县香榧产业的发展，还实实在在带动当地的经济发展。

另一项值得一提的便是油茶产业。从老品种油茶500元/亩的产值，到现在新品种油茶2000元/亩的改变，严邦祥下足了功夫，从项目计划到地块落实，从作业设计到组织实施，从技术指导到检查验收，亲自到场，严格把关。功夫不负有心人，在他的努力下，推广了新油茶良种9个，建成油茶基地2.2万亩。

扎根一线，服务林农的贴心人

实践出真知，严邦祥是冲在林业第一线，把政策和技术带到山头地块、带入每家每户的引领者，细心服务林农的贴心人。2006—2010年，他负责组织实施兴林富民示范工程，牵头完成工程总体规划，确定培育毛竹、中药材（厚朴）、花卉、干水果以及森林旅游等五大优势产业。他不辞辛劳，实地为当地林农传授毛竹、板栗等管理技术，帮助解决生产中遇到的技术问题。通过低效林改造、引进新品种、推广先进技术等措施，建成笋竹、干水果、中药材等高效生态林业基地6.32万亩，建成

严邦祥查看香榧长势（摄影：徐小平）

兴林富民省级示范乡镇4个，省级示范村25个，专业合作社8个，实现项目区林农人均林业收入提高30%。

为开辟更多的增收渠道，提高林农的收入，2018年以来，以“景宁600”富民工程攻坚战为契机，严邦祥大力发展林下经济，积极引进工商资本，推广“一亩山万元钱”创新模式，发展基地1.5万亩，创建示范基地21个，惠及农户1200余户，将林下经济产业培育成为全县生态经济新的增长点。景宁立勤香榧产业有限公司经理何建平说：“我公司决定发展香榧的那天起，严邦祥主任就从林业引资政策宣讲、林地流转，到后期的香榧造林和管护都是亲力亲为；公司采用香榧实生大苗造林，再进行定砧嫁接，接后第三年已挂果，效果不错，能取得这么大的成效，严主任功不可没。”

2018年4月中旬，在景宁县白鹤香榧基地，严邦祥看到好多香榧雌花胚珠露出传粉滴，询问香榧基地经理何建平出现黏液几天了，现在山上气温有多少度等情况后，马上叫何建平准备好香榧花粉，指导他如何配置、在什么时间段进行人工授粉。何建平拍着脑袋说：“幸亏你及时过来，不然又要错过授粉期了。”过了一段时间，他又激动地打电话给严邦祥说：“真的是太感谢了，我这香榧多亏了你的精心指导，今年开始大量结果，长势很好。”像这样的事例，只是严邦祥服务众多林企和林农事例中普通的一个。一直以来，他坚持身体力行，打通服务林企林农的“最后一公里”。

服务好林企林农，是严邦祥毕生追求的事业。多年来，他始终牢记和践行林业人的初心和使命，坚持科技引领推动产业发展和促进群众增收，用科技成果来守护着一方绿水青山，用自己坚持不懈的努力和拼搏奉献的精神书写了景宁林业高质量发展的绿色华章。

（撰稿：陈刘超　任学勇）

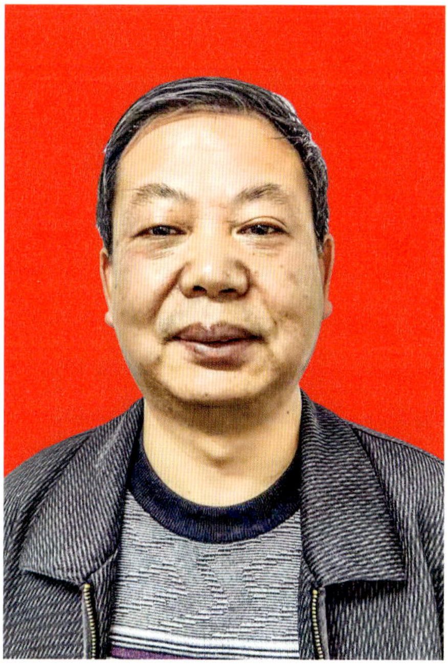

最美林草科技推广员

余益胜

男，汉族，1968 年 7 月出生，大专学历，高级工程师，现任安徽省宣城市宁国市林业技术服务中心主任，宣城市政协委员。曾获国家林业和草原局“最美林草科技推广员”、安徽省林业先进工作者和安徽省科技进步三等奖等荣誉和奖项。先后发表专业论文 10 余篇，主持和参与国家、省级科研或推广项目近 20 项，参与制定林业行业标准 2 项、省级标准 5 项。先后实施国家、省级灾害治理和示范工程 5 项，推动宁国建立山核桃有害生物防治投入品推荐和定点供应制，建立山核桃科技示范户 200 余户，国家、省级各类示范区 6 个，组织实施山核桃林地生态修复 5 万余亩。

宁国森林健康的守护者

——记安徽省宁国市林业技术服务中心主任余益胜

30 余年，10000 多天，他坚守在绿色林海，用脚步丈量每一寸林地，将一腔热忱和全部精力都奉献给了挚爱的林业有害生物防治和林业技术推广事业。他就是安徽省宁国市林业技术服务中心主任余益胜。

心中有绿，矢志耕耘！一路走来，余益胜勤奋学习、爱岗敬业、刻苦钻研、默默坚守，从一名普通的林业技术员成长为高级工程师、森防站站长和林业技术中心主任，用实际行动践行务林人的责任担当，坚持用科技力量守护宁国森林健康。

大胆尝试，做技术攻关的探路者

1988 年，余益胜从浙江林校经济林专业毕业后就走上林业工作岗位。刚一上任，他就面临着 3 个技术难题：年年难防的马尾松毛虫危害、影响元竹正常生长的竹笋夜蛾危害和影响板栗生长的板栗球坚蚧危害。知难不畏难！凭借着“初生牛犊不怕虎”的勇气，余益胜积极探索方法、总结经验，有的放矢、攻坚克难。1989 年到 1990 年两年间，在松毛虫防治上，他总结提炼推广“加强监测、有效预防、积极保护天敌”的综合防治模式。在有效利用白僵菌开展生物防治基础上，首次大胆采用烟雾机防治新手段，大大减少传统化学防治的药物用量和人为干预，从而积极保护天敌，加大林分自我生态调控能力，创造了宁国市近 30 年未发生松毛虫严重危害的奇迹，仅此一项每年节省防治投入近 10 万元。在竹笋夜蛾防治上，他采取“加强营林措施 + 利用灭幼脲 3 号生物制剂防治”双管齐下的方式，一举攻克了这一难关，防治率高达 98%，直接挽回经济损失 100 万元以上，每年提高元竹成材率达 20% 以上，提升了宁国元竹之乡的美誉度。在板栗球坚蚧防治上，积极指导和参与“板栗球坚蚧发生危害与防治技术研究”课题，他提倡加强营林措施，在做好树体管理和土壤管理的基础上重点抓预测预报，适时开展药剂防治，使该虫危害率大大降低。他在板栗主产区沙埠乡花园板栗综合防治示范片，主持制定了板栗病虫害综合防治技术方案并取得了积极的防治成效，参加全省经济林病虫害防治研讨会并作典型发言，先后制定板栗病虫害防治省级标准 2 项，建立了 4 个板栗病虫害防治示范片，参与完成的科技成果获得省科技进步三等奖。

每年春夏时节是林业有害生物防治的关键时段。白天，他做调查，搞培训；晚上，编简报，写总结。通过做示范、抓管理，练就了“敢打硬仗、善打胜仗”的本领。1991 年 7 月，宁国市爆发松黄叶蜂危害，面积达 10 万亩。面对灾情，他带领 6 名森防服务站人员，连续 15 天在一线防治，在一线吃住，晚上回到驻地时，他的双眼早已发炎红肿，经过多方努力终于取得了防治松叶蜂大胜利。1992—1994 年，在突发性松黄叶蜂灾情之后，他加强与安徽师范大学合作，建立监测预报体系和防治技术规范，实现了全市 30 年未再次发生松黄叶蜂重大灾情的良好效果。1994 年，宁国市毛竹黑叶蜂爆发 8 万亩，余益胜再次身先士卒，带领专业队一班人连续 7 天在基层驻守实施烟雾机防治，有效防治率达到 90%。为解决山核桃溃疡病防治难题，他带领团队先后筛选 10 余种药剂进行多点重复试点试验，结合营林措施加强树体和土壤管理基础上再行药物防治，大大减轻了危害。在调查监测山核桃花蕾蛆上，连续 3 天晚上在山核桃林间实施成虫诱捕，观察成虫羽化期，当实物标本被专家鉴定确认时，那种坚持和成功的喜悦不言而喻。

靠着一股不怕苦、不惧难的斗志，余益胜勇于探索、不断尝试，一一攻克难题，不断提升能力本领，在森林病虫害防治技术攻关领域大胆探路，勇敢前行。他完成的“山核桃主要病虫害可持续控制”项目获得了安徽省科技进步奖。他率领团队编制的《山核桃主要有害生物防治指南》林业行业标准顺利完成，为争创国家首个山核桃生物产业基地提供了重要的技术支撑。

不忘初心，做科技示范的领路人

余益胜深知林业科技的重要性，他坚持把加强技术推广、森防科技人员业务建设放在首位，把抓科技团队建设作为重中之重，努力夯实“宁国林业科技”硬实力。一方面，他本人持续加强业务学习，刻苦钻研技术，鼓励团队强化继续教育；另一方面，先后与安徽农业大学、安徽省农业科学院、安徽省林业科学研究院、浙江农林大学、中国林业科学研究院亚热带林业研究所等高校和科研机构广泛开展技术合作。他参与了多项国家级、省级项目的实施，带领的团队中有 2 人获得正高级工程师职称，3 人获得林业高级工程师职称，补齐了县属森防站、林业技术服务中心科技实力有限、人才不足、科技项目支撑不足等短板。

作为全省首个实施的国家雷笋标准化示范区建设项目，他组织团队在项目区推广实施了品种更新、土壤改良、精准施用专用肥、新型杀虫灯、覆盖早出等新技术，基地实施1000亩，辐射推广1.2万亩，带动笋农300余户提升产量40%，每年直接提高经济效益150余万元；2021年实施的宁国市香榧标准化示范区建设项目，助力宁国詹氏食品公司香榧基地改造提升推广，其中新建标准化基地100亩，示范推广香榧新技术应用1500亩，每年解决劳力5000余人次。

余益胜在安徽省首次组织实施了山核桃有害生物直升机防治5000亩次，推广应用无人机防治示范1.5万亩次，大大提升了防治效率，减少防治劳力和药剂成本投入50%。组织开展3次林业有害生物普查和3次林业植物检疫对象普查，实施了国家测报点能力提升工程，建成了林业有害生物检验室、标本室、档案室，购置各类仪器设备100余台套，为建立宁国林业有害生物数据库奠定了坚实基础。

近些年来，作为宁国市林业技术服务中心、森防站的负责人，他积极争取省级应急防治设备机械库落户宁国，与本市防治机械设备库合署使用和共同管理，有效提高了宁国林业有害生物应急处置水平和能力，承担国家森防总站组织的国家网络森林医院林木健康卡试点项目（全国仅2个示范县），有效拓展了林业信息化在线服务，发挥了有害生物的监测鉴定、查询、专家远程服务咨询等平台示范作用。组织实施了安徽唯一的国家林业和草原局松材线虫病防治示范项目，起到了良好的示范效应。承担“安徽省林业有害生物防治社会化服务试点”“安徽省山核桃有害生物无公害防治示范项目”2个省级试点项目，为全省林业有害生物防治和技术推广起到了良好的示范作用。

屡有创举，做健康森林的守护人

30多年来，余益胜始终与森林为伴，作为松材线虫病防控治理一线的亲历者、参与者和组织者，面对关乎宁国森林安全和生态保护的重大挑战，他始终保持清醒和理智，通过抓源头、盯重点、破难点，探索出了一条控制压缩疫情、分区施策拔点、分步实施更新、有效管控清理的综合治理模式。

在疫病发生区，余益胜很早就呼吁将松材线虫病灾害统一纳入国家灾害管理和救灾范畴，并实行工程管理的处置思路；在县级发生区率先实行常年专人监测、常年清理死松树制度；在除治管理上，他在宣城市率先实行以疫情和疫木源头管理为中心，实行全程安全管理，确保除治成效；在机制完善上，他提出了围绕“砍得下、管得住、还得上”目标，加大林种更新改造思路，将除治与造林项目以及社会办林业有机结合，有效解决除治难、监管难、更新难的窘境；在工程治理上，宁国先后承接了国家“苏浙皖鲁”“黄山松材线虫病三道防线”“国家林草局松材线虫病防治示范”工程项目；在科技应用上，他实行了专人专区地面监测全覆盖、建立死松树档案，无人机监测试验示范，并引进寄生蜂、引诱木、诱捕器新技术防治松褐天牛 10 万亩次，实施专业化打孔注药保护马尾松景观林 1 万亩次，引进使用专业化疫木除害处理设备，建立定点安全利用除害企业 9 家。期间，他主持开展了“宁国市马尾松散生混交林松材线虫病发生与除治研究”，积极参与松材线虫病防治探索和实践，参与的“安徽省松材线虫病控制对策与技术研究”“农药微胶囊剂防治松材线虫病技术研究”两项成果获得了安徽省科技进步三等奖，为有效实现该病在宁国低水平重复发生，大大减缓其快速蔓延势头提供了技术支撑和制定管理对策依据。

山核桃产业是宁国市农林业主导产业，年产值近 15 亿元，是林农增收致富重要渠道。在多年林业科技推广实践中，余益胜带领科技团队瞄准山核桃生产管理标准化的总要求，大力实施标准化示范工作和示范户、示范点建设，联合农业、

余益胜开展板栗球坚蚧野外监测调查（摄影：潘志强）

农机部门组织专家培训20余次。在他的争取和推动下，宁国市建立了山核桃有害生物防治投入品推荐和定点供应制度，建立3家社会化防治服务机构，大力倡导和推广割灌机5000余台套，宁国市政府实施专项补贴达300万元，建设主产区作业道500余公里，修建蓄水池3000余个，推广高压喷雾防治作业汽油机2000余台，频振式杀虫灯5000余台，架设多轨运输机线2条。在省市林业主管部门支持下，宁国积极开展经济林直升机飞防和无人机防治作业，大大提升了专业化统防统治山核桃有害生物能力和水平，有力促进了安徽山核桃主产区标准化建设。通过指导和示范防治，每年为全市山核桃农户增产400万斤以上，直接经济效益超过8000万元。得益于林业科技支撑，宁国山核桃产业始终保持全国领先水平。

（撰稿：刘盈含　佟金权　任学勇）

林振清

男，汉族，1963年7月出生，中共党员，本科学历，正高级工程师，现任福建省建瓯市竹类科研所所长。曾获全国科技助力精准扶贫先进个人、国家林业和草原局“最美林草科技推广员”、福建省林业工作先进个人、福建省五一劳动奖章等多项荣誉。在基层从事竹林培育技术研究与推广30余年，主持和参加科研项目12项，其中获县市级以上科技奖6次。1999年担任科技特派员后，累计开展竹林培育技术培训600多期，受训人数3万多人次。建立6个丰产示范基地，面积达到3000多亩。主持编写的《毛竹林丰产高效培育》一书重印7次，负责录制的《福建省毛竹林丰产高效培育技术》在全省竹产区播放，无偿赠送给贫困户使用。

传技为民　点“竹”成金

——记福建省建瓯市竹类科研所所长林振清

林振清被建瓯的竹农称为“竹仙”，原因就“藏”在一组数字中。

福建省建瓯市竹林面积达 147.3 万亩，毛竹林亩均产值最高达 4000 元，雷竹亩产值最高超过 5 万元，全市竹产业总产值达 142.7 亿元，处于国内领先水平。在建瓯的竹产区，农民人均销售笋竹收入 7448 元，占农民人均可支配收入的 37.3%，竹产业已成为建瓯的支柱产业。这一切与建瓯市竹类科研所所长、教授级高级工程师林振清密不可分。

科技之花朵朵开

有人问林振清:“从事这么多年的林业科技工作最深的体会是什么？”“科学技术是强市富民的第一生产力！”他脱口而出。

林振清从事林业科技推广工作 30 多年，主持承担或参与了国家、省、地市的林业科技推广项目 10 多项，其中获得县市级以上科技进步奖 6 次。他撰写的《竹阔混交林毛竹生产力与经营效益的研究》《不同海拔毛竹林土壤养分及碳储量的研究》等 19 篇论文在省级以上科技刊物上发表。

由他主持完成的国家标准《主要竹笋质量分级》，达到国际先进水平，2014 年 10 月 27 日经国家质量监督检验检疫总局和国家标准化管理委员会颁布实施。参与编制的福建省地方标准《竹炭》获“福建省标准贡献奖三等奖”。主持发明的“挖笋专用工具”“竹笋汁灌装机”和“竹笋汁浓缩设备”获国家实用新型专利，其中“挖笋专用工具”轻便，省时省力，适应不同身高的人使用，采挖的竹笋破损率低，极大提高竹笋的采收效率和竹笋质量，目前已在实践中广泛推广运用。

为使更多的竹农通过技术提高竹林经营管理水平，林振清还编写了《毛竹林丰产高效培育》《雷竹栽培与管理》等技术资料，成为建瓯竹农首选的科技读本。其中，《毛竹林丰产高效培育》由福建科学技术出版社出版发行，先后重印 7 次，成为福建省乃至全国竹农的科技读本。

他主编并负责录制《福建省毛竹林丰产高效培育技术》影像片，在全省毛竹产区播放，无偿赠送给贫困户使用，在脱贫攻坚和全面提高毛竹林科技培育技术水平等方面发挥着重要作用。

他还负责主编录制完成了《雷竹栽培技术》影像片，在雷竹产区播放后，深受广大雷竹种植户喜爱。南雅镇新村竹农张剑杰说起林振清，感激之情溢于言表。“我们家的雷竹林原先亩产值只有 3000 元，通过观看《雷竹栽培技术》视频和林工的现场指导，使用冬季增温保湿覆盖技术，雷竹笋提前两个月上市，而且竹笋品质更好，亩产值达到 3 万多元。”

林振清常说：“作为一名科技推广员，林业科研成果技术推广促进了产业发展，提高了竹农的收入，能得到更多人的认可，这是我最大的愿望和追求。”

示范带动当当响

自 1989 年从福建林学院教师的岗位调到建瓯市竹类科研所工作以来，林振清通过潜心开展竹业技术推广服务，努力将建瓯竹林资源优势转变成产业优势。

过去，建瓯的毛竹林由于密度稀，毛竹（笋、竹材）产量低，经济效益低下。与好技术相比，竹农更习惯于眼见为实。为调整竹林结构，增加竹笋和竹材产量，提高毛竹林的经济效益，林振清决定从推广竹林丰产培育技术入手。

他首先在小桥镇龙峰村和房道镇连地村分别建立了 312 亩和 500 亩的示范片，大力推广竹阔混交林经营、竹山灌溉、测土配方施肥、护笋养竹等培育技术。他严格按照《毛竹林丰产培育技术规程》组织实施，取得良好的示范效果：竹林结构更加合理，鲜笋平均亩产从 120 公斤提高到 530 公斤，每亩竹材从 15 根提高到 40 根，产值从 380 元提高到 2100 元。

为给竹农提供更多不同类型的竹林培育的学习案例，林振清又在房道镇西际村、迪口镇霞庄村、川石乡慈口村建立“毛竹林丰产高效生态培育示范基地”“雷竹丰产高效经营示范基地”等 4 个丰产示范基地，面积达 2300 多亩，让群众看得见、摸得着、学得到。

2012 年以来，主持实施福建省现代竹业重点县项目，共完成测土配方施肥 4.5 万亩，建立竹山灌溉蓄水池 1050 个，容量 25420 立方米，灌溉面积 4.7 万亩，开设竹山机耕路 1008 公里，培训竹农 1 万多人，项目建设起到良好的示范带动作用，促进竹林培育技术水平和笋竹产量效益的显著提高，帮助一批贫困竹农摘掉贫困帽子，建瓯市竹产业也由过去的“副业”转变成为现在的“支柱产业”。

林振清建立的竹林培育示范基地，每年不仅吸引了省内永安、沙县、尤溪、建阳等重点竹业县的竹农，还吸引了湖南桃江、浙江安吉、安徽霍山、四川泸州等省外大批竹农前来参观学习和交流。

由于林振清推广竹林培育技术成效显著，他应国际竹藤中心的邀请，先后到广西桂林、贵州赤水、江西井冈山、安徽黄山等地开展竹林管理技术推广与服务，有力地推动了全国竹林培育技术水平提高。

以竹惠民节节高

建瓯是中国竹子之乡，毛竹面积居全国首位，然而毛竹效益却未居它所应有的地位。建瓯竹业出路在何方?

从 1999 年起，林振清就致力于市委市政府关于笋竹税费、竹政管理改革、完善竹山经营承包责任制、大力发展笋竹加工等 20 多项调研，并撰写分量重、有深度、指导性强的调研文章，为市委市政府出台竹产业惠民新政提供了科技支撑。

目前，建瓯市有笋竹加工企业 369 家，其中规模企业 56 家，拥有国家级农业

林振清（右一）指导雷竹生产（摄影：魏剑生）

产业化重点龙头企业 1 家、福建省级农（林）业产业化重点龙头企业 11 家，建瓯已成为全国水煮笋、竹地板、保鲜冬笋产量最大的生产加工基地及全国最大的冬笋和笋干集散中心。

科学技术是第一生产力，林振清自然深谙这一道理。在担任房道镇西际村、吴大元村、龙村乡吴地村、小桥镇龙峰村等 10 个毛竹重点村科技特派员期间，林振清经常深入竹山指导竹农开展护笋养竹、抚育施肥、新竹标号、竹林结构调整等竹林培育技术，为竹农举办技术培训班。

当前，针对毛竹纯林化日趋严重、病虫害发生加剧、笋竹产量难以提高等问题，林振清又大力推广竹阔混交林、施有机肥料、竹山引水灌溉、生物防治病虫害等绿色生态培育技术，建立生态竹林示范基地，发展生态竹林。房道镇旅港新村村民王大叔说：“旅港新村祖祖辈辈都以竹林为生，过去没人指导，靠的是粗放管理，施肥洒药全凭经验，竹林效益不高。林振清来后，他帮助大家推广使用有机肥料，改变过去大量施化肥的做法，逐步改变纯毛竹林为竹阔混交林，毛竹病虫害自然就少了。”

遇到解决不了的问题，人们以前都习惯直接让他上门解决问题。如今，林振清还充分运用互联网新技术，在手机上建立微信群和运用手机“慧农信”App 平台，与农民交朋友，随时随地解答农民提出的有关技术问题，目前已在“慧农信”App 平台上共接待访问人数 2543 人，解答问题 308 个，发布农时竹事 45 条，通过新的手段开展竹业技术推广。

通过林振清多年的不懈努力，建瓯竹农从过去粗放管理逐渐变为集约经营，使原来纯毛竹林变成生态和经济效益更高的竹阔混交林，从亩立竹数仅为 120 株的低产林变成亩立竹数 170 株的笋竹两用丰产竹林，为建瓯竹产业发展奠定了坚实基础。

踏遍青山人未老，风景这边独好。林振清又开始了新的谋划，针对竹林拥有较高文化旅游价值的特点，林振清正与建瓯市千竹园旅游开发公司筹划打造“千竹园”，通过建立集生态、科技、旅游于一体的现代竹业园，充分发挥竹林的经济、生态和社会效益，推动全市竹业一二三产融合发展。

（撰稿：魏剑生 佟金权）

最美林草科技推广员

欧建德

男，汉族，1970年1月出生，中共党员，本科学历，正高级工程师，现任福建省三明市明溪县林业科技推广中心主任，享受国务院政府特殊津贴。曾获国家林业和草原局“最美林草科技推广员”、福建省优秀科技工作者、三明市青年科技奖、三明市优秀科技特派员、三明市优秀青年创新创业导师等荣誉和奖项。从事红豆杉相关科研、标准化与科技推广工作20多年，先后承担国家、省、市级重大科技项目20余项，完成重大科技成果15项，获得省科技进步二等奖1项、三等奖4项，省自然科学优秀学术论文二等奖1项，市科技进步二等奖4项，主持、参与制订国家、省级地方和团体标准8项，授权发明专利4项，主编专著1部，发表学术论文78篇。他的“南方红豆杉观赏型优良种质选择及定向培育技术”等系列成果，在省内外转化推广应用，产值逾7亿元。

披“绿”掘“金”两不误

——记福建省三明市明溪县林业科技推广中心主任欧建德

成功培育南方红豆杉种苗

1999 年，欧建德进入明溪县夏坊林业站工作。夏坊乡森林覆盖率超过 90%，每年秋天，山上不少天然红豆杉树结出红彤彤的果子。看到满树的果子，他心里萌生一个念头：南方红豆杉是国家一级保护树种，能不能利用这些天然的红豆杉果实作为种子，人工培育南方红豆杉种苗呢？

心动不如行动，说干就干！他从村民手里流转了 1 亩土地，2000 年 3 月，将 15 公斤种子播撒进地里。可是几个月后，红豆杉只出芽 3000 多株。

出芽率太低了！是不是种子皮太厚了影响出芽率？如何提高出芽率？欧建德苦思冥想，找专家咨询，查阅资料，分析原因。

2001 年秋天，欧建德决定继续试验，他将采摘来的果子洗净，找来几桶沙子掺进种子中，戴着手套使劲揉搓，直至种子皮磨薄后，才放入冰柜冷藏。

为了对比出芽率，次年播种前，他买来尖嘴钳，将部分种子剪开口子，满怀希望地播下种子。

几个月后，红豆杉种子出芽了，但出芽率还是一样！欧建德百思不得其解。

“种子需要一个后熟过程。当年采摘的红豆杉种子，次年不宜播种，应放置至第三年再播种，这样才能提高发芽率。”专家的点拨让欧建德茅塞顿开。

2004 年春天，欧建德将储存了 2 年的种子播撒进地里，几个月后，地里密密匝匝地长满了芽儿，出芽率居然达 90% 以上！

红豆杉喜阴，他给树苗搭遮阳网，拔草管护，望着日益粗壮的红豆杉苗，欧建德喜上眉梢。

“乡村闲置土地多，应当将这一育苗技术推广应用，鼓励村民一同种植红豆杉，实现共同致富。”于是，欧建德进村入户宣传，可是，一开始只有 10 多户村民接受了这项种植新技术，跟着欧建德走上种植红豆杉苗木之路。

这段时期，当地制药公司以每公斤 8 元的价格大量收购红豆杉枝叶用于提炼紫杉醇类物质，种植户个个鼓起了钱袋子。于是，越来越多农户参与到红豆杉种植中来，不少种植户收入突破了百万元，甚至达到千万元。

可是好景不长，市面上出现一种紫杉醇类物质含量高出数十倍的红豆杉新品种，并很快占据了紫杉醇原料市场。一时间，明溪红豆杉的销售陷入了困境，种植户个个愁眉不展，欧建德看在眼里、急在心上。

创新转型发展之路

“只有走绿化苗木和珍贵用材林转型之路，才能重振种植户的信心。”调任明溪县林业科技推广中心工作的欧建德想。

欧建德先后提出了“观赏盆栽定向培育”“盆栽造型技法”“观赏价值评价法”，通过整形、改型来提高红豆杉树型的观赏美感。为解决盆栽红豆杉树叶稀疏、叶色偏黄等难题，他提出了“二段式培育法”和截干重剪、作弯变型等系列造型技术，进一步提高红豆杉的整体造型与美感。一项科研技术只有得到广泛推广才能实现它的价值。欧建德手把手地教种植户剪枝、塑形、管理。经过优选与人工重塑造型，红豆杉苗木的“身价”再次提升，作为苗木盆景走俏市场，村民们再次享受到种植红豆杉带来的红利，全县不少种植户有了百万元收入，其中，陈文辉等种植大户收入突破千万元。

近些年来，国家大力鼓励和支持社会各界积极参与红豆杉造林绿化事业，各地主产区也将红豆杉作为当地主要用材与园林绿化树种进行了较大规模的推广种植。但是，红豆杉存在树形多杈、树干节多、尖削度大的特点，影响木材经济价值，造林成效差，制约了红豆杉在造林绿化中的进

欧建德监测红豆杉用材林生长形质表现（摄影：邹曦）

一步应用。

欧建德提出并构建红豆杉“用材林评价体系”，开展优树选择、家系选择、优良基因保存等探索。在营林方面，注重种植地块的选择，提出“微生境评价选择”。经过试验种植，他发现采用林下套种红豆杉模式最佳，既能降低杈干率，保证干材通直圆满，又能促进速生，提高干材品质。他由此创新集成了“材用型南方红豆杉优良种质选育与林下高效培育技术”成果，并极力推动该成果在省内外推广转化，仅明溪县就建成 3 万余亩高质量红豆杉用材林基地，按每亩主伐生产木材 12 立方米，1 万元 / 立方米单价计算，经过 40 年主伐期，仅此基地即可带来收入 36 亿元。他参与制订的中国林业产业联合会团体标准《南方红豆杉用材林栽培技术规程》和《南方红豆杉观赏苗木培育技术规程》也正式颁布实施。

服务企业助力持续发展

坐落在明溪县的南方制药股份有限公司是一家国家级高新技术企业、中国林业龙头企业，长期从事红豆杉生物质开发利用，其年产紫杉醇类物质占国内同类产品市场份额约 60%、国际市场约 20%，成为引领明溪县红豆杉产业发展的标杆企业。

2019 年，欧建德得知南方制药公司投产仅 1 年多的‘南方一号’红豆杉苗木出现早衰、退化迹象，他马上主动联系南方制药公司相关负责人，第一时间深入公司各个种植基地，经过观察调查和现场采样检测，根据发现的积涝、日灼、病害严重、春梢萌发差、产量低、过度采收等“症状”，分别开出了开挖“浅边沟、深中沟”排水，搭建高遮阴网（距地面 2.5 米）、预防为主、对症给药，适时追施肥、配合叶肥促萌、留养弱苗、适度采收等“处方”。6 个月后，该基地的红豆杉重焕生机，更让公司负责人惊讶的是，首次采收枝叶产量同比增加 20%~30%，亩均增产 100 公斤以上，直接经济效益每亩增收 2000 元。

期间，他还深入公司枝叶烘烤车间，发现当前生产工艺存在全人工、成本高、烘烤温度低、用时长、有效成分损失、粗细不分、烘烤不匀等问题，枝叶烘烤后的紫杉醇类物质含量仅为 6‰~8‰，他提出采用自动上、下料的网链式烘烤工艺，优化烘烤温度，少量化、流水线式烘烤，鲜枝叶分级筛选后分批烘烤等工艺改造的建议并被公司采用，实现全自动化烘烤后，红豆杉枝叶紫杉醇类物质含量提高到 10‰~12‰。

南方制药公司还与他签订《技术帮扶框架协议》，就栽培、生产等环节的产业化技术难题联合攻关。2020 年，他指导公司建立高效培育示范基地 270 亩，通过开展现场培训、操作示范，定点跟踪监测等方法，持续探索优选红豆杉人工培育品种，助力明溪红豆杉产业发展壮大。

持续的科技研发和推广，使明溪县成长为国内紫杉醇原料药市场份额最大、人工林面积最大的县和观赏绿化种苗重点县，成就年产值超亿元的药用、材用和景观利用的多元化红豆杉产业集群，成为名副其实的“中国红豆杉之乡”。

欧建德不仅钻研红豆杉取得累累成果，还根据明溪县林业复合经营发展需求，积极开展油茶、多花黄精、细叶青蒌藤、黄花倒水莲、茶秆竹等林特资源的研究推广，主持、参与制订《茶秆竹用材林培育技术规程》《多花黄精栽培技术规程》《细叶青蒌藤栽培技术规程》《厚朴栽培技术规程》等福建省地方标准，成为经济林、林下经济领域名副其实的行家里手。

（撰稿：江月兰　楼暨康）

最美林草科技推广员

林朝楷

男，汉族，1965年9月出生，中共党员，本科学历，正高级工程师，现任江西省崇义县林木种苗站站长，果用南酸枣专家。曾获中国科协、财政部“全国科普带头人”，国家林业和草原局“最美林草科技推广员”“中国林业产业创新奖”，梁希林业科技奖，江西省“科学技术进步奖”等荣誉和奖项。作为第一完成人或主要完成人，取得了“果用南酸枣嫁接繁育与矮化栽培关键技术研究”“果用南酸枣良种选育与矮化丰产栽培关键技术”‘齐云山1号’‘齐云山7号’‘齐云山13号’‘南酸枣林枣1号’6项南酸枣科技成果，制定了《果用南酸枣嫁接育苗技术规程》（DB36/T671—2012）、《果用南酸枣丰产栽培技术规程》（DB36/T672—2012）2项地方标准，培育了‘齐云山1号’‘齐云山7号’‘齐云山13号’3个植物新品种和‘南酸枣林枣1号’1个南酸枣良种。

“林老头”痴心研究南酸枣 30 年

——记江西省崇义县林木种苗站站长林朝楷

他今年 56 岁，长年累月的基层工作让他外表显得苍老。30 年如一日，他坚守初心，一心扑在林业上；他甘于奉献，致力于林业科技推广，为我国林业增加了一个新的经济林树种——南酸枣果树，为食品行业开拓了一个新产品——南酸枣糕，也为我国南方林区贫困群众开辟了一条致富新路径。

他就是国家林业和草原局“最美林草科技推广员”、江西省崇义县林木种苗站站长、被林农誉称为“林老头”的林朝楷。

1982 年，林朝楷考入江西农业大学，1986 年毕业后留校从事植物学教学。1989 年，林朝楷响应家乡引进人才号召，放弃高校的优厚待遇，回到家乡崇义县从事林业研究和新品种、新技术推广工作，一干就是 30 多年。林朝楷也从青年才俊的“小林子”成长为德高望重的“林老头”。

江西省崇义县是我国南方重点林业县，森林资源十分丰富，森林覆盖率高达 88.3%，位居全国县域第一，特别是南酸枣树面积超过 30 万亩，是全国唯一的中国南酸枣之乡。每年 8 月开始，南酸枣果实陆续成熟，当地群众就将其加工成南酸枣糕等系列森林食品。因崇义县优越的自然环境和独特的加工工艺，2018 年 7 月经国家知识产权局批准，崇义南酸枣糕获国家地理标志保护产品。2020 年又将崇义南酸枣向农业农村部申报农产品地理标志产品。南酸枣果肉富含植物黄酮、果胶、膳食纤维、多种维生素等人体所需营养成分，加工过程不需添加任何色素、防腐剂，深受广大消费者喜爱，产品供不应求，但鲜果供应量不足却成为制约南酸枣产业发展的瓶颈。

经过深入调研，林朝楷发现野生南酸枣的产量不稳定、出肉率较低、捡拾成本高，要突破鲜果供应瓶颈，就必须人工种植。但将南酸枣作为果树种植并没有先例，林朝楷决定大胆尝试。

在之前从没有先例把南酸枣作为果树来种植的情况下，林朝楷毅然决定开人工培育种植南酸枣的先河。经过近30年的努力，以他为首的南酸枣科研团队终于成功突破了南酸枣嫁接育苗、矮化丰产栽培、新品种选育等方面技术难题，取得了6项南酸枣科研成果、制定了2项地方标准、培育了3个南酸枣新品种和1个良种，成为全国果用南酸枣研究的领跑者。2016年，鉴于他在南酸枣研究、推广等方面做出的突出贡献，江西省人社厅破格将他评为教授级高级工程师。

1989年，林朝楷开始主持自选项目“果用南酸枣嫁接繁殖与矮化栽培关键技术”，重点解决南酸枣实生苗始果年限长、结果树比例低、产量低、出肉率低等系列问题。苦心研究20余年，该项研究在2010年被认定为科技成果，成为果用南酸枣方面的第一个科技成果，为南酸枣产业发展奠定了坚实基础。

2009年，林朝楷作为主要技术负责人参与了科技部科技富民强县专项行动计划项目——崇义县南酸枣产业化技术集成应用与示范项目，获得200多万元财政资金支持。项目实施后，产生了良好的经济、生态和社会效益，2014年又在崇义县实施了第二期科技富民强县专项行动计划项目。

林朝楷检查南酸枣大树嫁接成活率（摄影：王金秀）

2011 年，在林朝楷等人取得的科技成果“果用南酸枣嫁接繁殖与矮化栽培关键技术研究”的基础上，崇义县林业技术推广站联合江西农业大学林学院向江西省林业厅申请 2011 年中央财政林业科技推广示范项目——果用南酸枣良种选育与矮化丰产栽培关键技术示范与推广项目，获得 100 万元财政资金支持。由林朝楷协助主持的该项目，新种示范林 400 亩，改造低效林 600 亩，收集我国南方各地南酸枣种质资源 63 份，成为最早收集南酸枣优良无性系种质资源的地方，并于 2016 年纳入了第二批国家林木种质资源库——江西齐云山食品有限公司南酸枣国家林木种质资源库。

2014 年，全国第四个国家林业科技示范园区——中国南方（赣州）林业科技示范园区经批复建设后，崇义县于 2015 年春入驻园区第一个项目——果用南酸枣矮化生态栽培示范项目，并指定由林朝楷主持该项目。目前该项目进入丰产期，示范作用正在显现。

2010 年经江西省林业厅组织专家鉴定，“果用南酸枣嫁接繁育与矮化栽培关键技术研究”成果属国内领先水平，林朝楷是第一完成人。2013 年经江西省林业厅组织专家鉴定，“果用南酸枣良种选育与矮化丰产栽培关键技术示范与推广”成果属国内领先水平，林朝楷是第二完成人。2013 年 12 月，‘齐云山 1 号’‘齐云山 7 号’‘齐云山 13 号’这 3 个南酸枣新品种被国家林业局认定为林业植物新品种，同年经江西省科技厅登记为科技成果，林朝楷是第三完成人，成为全国取得南酸枣新品种最早和最多的专家。2019 年，经江西省林木品种审定委员会审定，‘南酸枣林枣 1 号’为省级良种（良种编号：赣 S-SA-CA-005-2019），同年经江西省科技厅登记为科技成果，林朝楷是第一完成人。

人工驯化南酸枣，实现由野生变为栽培，解决了南酸枣产业靠天吃饭的困局，南酸枣果实深度系列加工，延长了产业链，实现产业良性发展。

南酸枣嫁接育苗和丰产栽培技术的推广，彻底解决了南酸枣食品加工企业完全依靠野生南酸枣的局面，为南酸枣加工企业的快速发展提供了原料保证。南酸枣树分布广、适应性强、寿命长、管理相对粗放，是广大农民脱贫致富的摇钱树，是乡村振兴的致富树。

崇义县南酸枣嫁接育苗和矮化丰产栽培等关键技术取得良好成效，每年都吸引不少人参观学习。掌握关键技术的林朝楷，毫无保留地传授经验，希望更多的人发展南酸枣产业，实现富民富企强县目标。崇义县从 2000 年开始开展规模化嫁接育苗和栽培果用南酸枣，每年培育苗木 10 万株以上，人工种植果用南酸枣面积

5万亩。

作为一名共产党员和林业科技工作者，林朝楷始终不忘用科技来推动当地产业发展，始终不忘用科技来促进当地群众致富，兢兢业业致力于当地产业发展和脱贫致富。他把经过多年试验成功的春季芽接法和矮化丰产栽培技术进行广泛推广，无偿地为企业、群众提供技术服务和支撑，先后培养了本土南酸枣熟练嫁接工人200多人，每年培育苗木10万株以上。

2018年湖南省株洲市林业局率株洲百益嘉农林综合开发有限责任公司前来崇义考察南酸枣产业。2019春引进林朝楷选育的南酸枣优良无性系苗木，在株洲市种植南酸枣面积1000亩。为推动南酸枣产业发展，株洲市渌口区委、区人民政府聘请林朝楷为株洲市渌口区科技专家服务团专家，免费提供技术服务。目前已在江西、福建、湖南、广西、广东、云南、浙江等7个省份100多个县推广种植果用南酸枣30多万亩，丰产期每亩可产鲜果3000斤，收入可达4500元。

如今，南酸枣不再是崇义县的专利，江西宜春、新余、萍乡，湖南浏阳、益阳，福建南平、龙岩，广西桂林等地都在效仿崇义模式，人工种植南酸枣，手工制作南酸枣糕，食品加工企业规模生产南酸枣糕，百亿产值的南酸枣产业蓬勃发展，成为南方山区富民、兴企、强县的阳光产业。

有人问林朝楷，当年您放弃高校的优越条件，回到家乡崇义县从事南酸枣研究和技术推广工作，现在会不会后悔？林朝楷平淡地说：“我是农民的儿子，我热爱我的家乡，30年来我专心研究南酸枣的嫁接育苗和丰产栽培技术，为林区贫困群众开辟了一条致富新路，我很欣慰。”

（撰稿：钟南清　卢和剑　刘建明）

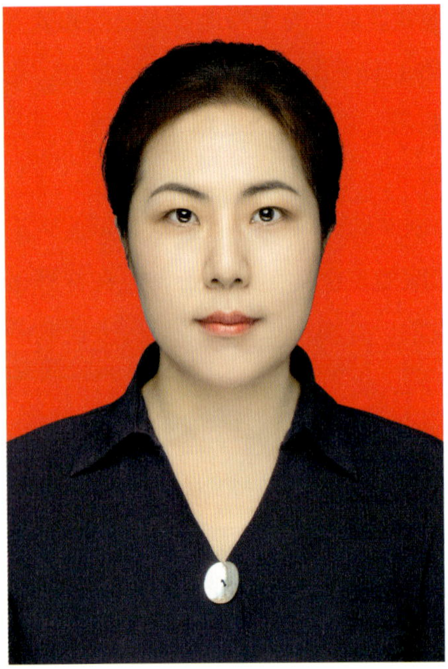

最美林草科技推广员

刘蕾

女，汉族，1978年3月出生，中共党员，硕士，高级工程师，现任江西省赣州市林业技术推广站站长。兼任江西省林学会理事，江西省林学会森林药材专业委员会常务委员、林木遗传育种专业委员会委员、油茶专业委员会委员，江西省科技特派团成员，江西省油茶科技服务指导员，江西省首届林业科技推广智库专家，赣州市林学会常务理事、秘书长。曾获国家林业和草原局“最美林草科技推广员”、梁希林业科技奖，江西省农业科教人员突出贡献奖、省林业科普人物奖、省林学会“先进工作者”，赣州市科技进步奖、市“优秀科技工作者”和市属“先进社会组织工作者”等荣誉和奖项。主要从事油茶、樟树、楠木、米老排、南酸枣等林木良种的繁育和推广工作，先后作为主持人或骨干参与完成中央财政林业科技推广示范项目20项，省级项目10项，市级3项。在省级以上刊物发表论文10篇，参与出版专著2部。

赣南油茶科技推广的有心人

——记江西省赣州市林业技术推广站站长刘蕾

在赣南，许多油茶种植企业的负责人、种植户都认识她，大家都称呼她“刘站长”。

这位“刘站长”名叫刘蕾，是江西省赣州市林业技术推广站站长。在油茶技术推广战线上，她已经干了 24 年，为赣南老区的油茶产业发展和农民致富，作出了积极贡献。2020 年，刘蕾荣获国家林业和草原局“最美林草科技推广员”称号。

赣南油茶种植有 2000 多年的历史，由于科技力量较为薄弱，油茶品种老化、经济效益不高，经历了近 30 多年的萎缩期，油茶面积逐年减少。

为了帮助农民尽快脱贫致富，刘蕾深入油茶林和农民家里调查研究，推广良种良法，采取“点菜式”服务、“订单式”培训和“实战化”训练等多种形式，做好“油茶科技保姆”。

为传授高产油茶技术，她常年奔波在乡村油茶山地上，付出了大量心血，但从未后悔。赣南 18 个县（市、区），90% 的乡（镇）她都去过，大到油茶种植企业，小到林农庄户，她都到实地给他们提供技术服务。通过几年的合作，刘蕾培养了一支有 10 名专家的队伍，每年经常带着他们穿行在油茶基地。

正是这种踏实的作风，刘蕾赢得了赣南老区林农的信任和赞誉。

“现在不愁了，刘站长给我们推荐的定点育苗的油茶苗，品种好，价钱又便宜，再也不用为苗子的事担心了，你看这片油茶林长得多好哇！”兴国县方太乡宝石村油茶大户廖金龙，看着自己 2000 亩的油茶林欣慰地说。

为进一步提高油茶造林质量，刘蕾一头扎进造林第一线，推广林地清理、密林疏伐、修剪整形、深挖垦复、合理施肥等措施，利用现场传授示范、巡回实地指导等形式，为林农、造林大户传播油茶高产栽培技术、油茶树修剪整形技术、油茶低产林改造技术，现场技术指导达 8000 人次。

“看看我家的这片油茶林，长得好吧！都是赣无系列的品种，多亏了刘站长推广这些优良品种，加上技术和管理，产量很高，估计一亩可以出油40公斤，我就等着丰收了！”在一片绿油油的油茶林中，81岁的兴国县永丰乡大江村村民陈正根开心地说。

“刘站长经常组织我们参加油茶学习，手把手教了我们不少知识，授课很实用。我要把技术学好，做好山上的管理，让油茶真正成为我们家的摇钱树，我们一家人特别感谢她！”不懂油茶技术的于都县黄麟乡井塘村原贫困户潘春秀和钟地长说。

刘蕾的心里始终装着农民，一直在想怎么让农民能尽快地通过林业科技富起来，就连她在生病的日子里，心里想着的也还是她所熟悉的农民和她的科技推广工作。她通过热线电话、连心卡、微信等，天天都在和林农对话，随时随地提供“点菜式”服务，还不停地询问农民，油茶长势情况怎么样，有没有病虫害，技术上还有什么困难。“为了我们，刘站长真的吃了好多苦，她太拼了！”于都县段屋乡胜利村油茶大户陈福建感慨道。

刘蕾手机上有油茶企业、种植农户的电话3000多个，微信好友2100多个。

每次培训，她从油茶良种选育、造林整地、品种配置到科学施肥、去杂除灌、垦复深挖，再到修剪整形、密林疏伐、防病治虫等方面精心制定教案，利用现场传授示范、巡回实地指导等“传、帮、带”形式，为林农、造林大户进行培训。还利用赣州电视台《农民讲堂》平台，自编、自导、自演，成功拍摄了林业新型实用技术教学专题片两部，获得广大林农的好评，在社会上引起强烈反响。

在开展理论培训的同时，刘蕾特别注重增强参训林农的实践操作技能，每期培训都安排50%以上的学时现场实习。同时，分赴兴国、信丰、于都等种植大县的油茶基地进行实训，通过讲解、现场操作，提高学员的专业技术水平和实操能力。

“我原先根本就不懂得种油茶，自从找上林业专家后，刘站长经常上门指导，从油茶的规划到选地，从选苗到种植，从管苗到施肥，从除草到修剪，手把手地教，让我少走了很多弯路。”会昌县西江镇见潭村村民胡运发说。

近年来，刘蕾带领团队先后指导完成油茶低产林改造面积50余万亩，新建赣州市高标准油茶精品基地20多万亩，组织省、市油茶科技服务指导员开展油茶科技培训120余次，发放技术资料5万份，编印工作简报10期，每期参加培训的贫困户和贫困村帮扶干部确保达到总培训人员的30%以上，带动油茶种植户500余户及合作社推广使用良种良法，更多农户、合作社尝到了甜头，走上了脱贫致富之路。

作为赣州市林业局对口支援少数民族村工作队队长，刘蕾不仅积极为全南县陂头镇瑶族村争取科技项目和资金 77.05 万元，还通过开展技术咨询与现场培训指导，让全村 53 户贫困户与村民至少掌握 1~2 门油茶高产、速生丰产林、低质低效林改造、中药材等技术。2018 年以来，因对口支援少数民族帮扶工作连续 3 次受到赣州市政府通报表扬。

刘蕾还先后主持和参加了国家级重点研发和推广项目 20 项、省级项目 10 项、市级 3 项。在省级以上刊物发表论文 10 篇，参与出版专著 2 部。先后获得“梁希林业科学技术奖科技进步奖”“江西省农业科教人员突出贡献奖”“江西林产工业发展论坛优秀论文二等奖”“江西省林业科普人物奖”等多项荣誉和称号；作为主要选育人选育南酸枣新品种‘林枣 1 号’，录入国家林业和草原局科技推广成果库。

在 2020 年江西省政府部署推动油茶产业高质量发展后，根据赣州市委市政府的要求，刘蕾主动作为，认真谋划，推动赣州市林业局出台了《赣州市低产油茶林改造提升科技推广服务实施方案》，积极落实工作经费，优化服务队伍，推动全市油茶科技服务常态化。把科技推广服务活动每年完成情况列入全市高质量发展综合考核。

刘蕾在上犹县黄埠镇合溪村伯婆坑宝生缘油茶提升基地查看春梢（摄影：钟南清）

通过努力，赣州市油茶产业的科技贡献率达到 80% 以上，油茶良种覆盖率达 100%。通过油茶科技服务，与油茶大户签订油茶科技服务活动协议 86 份，服务面积达 20 万亩，她签约的油茶基地种植成活率提高了 5%，保存率提高了 3.5%，病虫害危害面积下降了 25%，油茶树整形修剪普及率达 100%，产量增加 20% 以上。3 家企业公司的油茶基地，成为“全省油茶科技服务示范基地”。

到 2020 年年底，赣州市油茶林总面积已突破 300 万亩，新造油茶林 130 多万亩，老油茶林 160 多万亩。2020 年茶油产量 2.7 万吨，综合产值达到 103 亿元。刘蕾和她的科技团队为油茶发展作出了自己的贡献。

随着赣南苏区振兴的实施，刘蕾肩上的担子更重了，但她仍将自己工作的重点放在山林、农民身上，她要继续将希望播撒在油茶林中、播撒在赣南老区农民的心中。刘蕾告诉记者：“我的父亲也是一名老务林人，曾是南开大学和南京林业大学的高才生，却用半辈子的时间在赣南红土地上消灭荒山、造林绿化。我 19 岁在赣州林校就光荣地加入了中国共产党，党龄比工龄要长，我会不忘初心、牢记使命，接力父亲服务赣南老区群众，为赣南油茶产业发展再贡献自己的一份力量。”

（撰稿：钟南清）

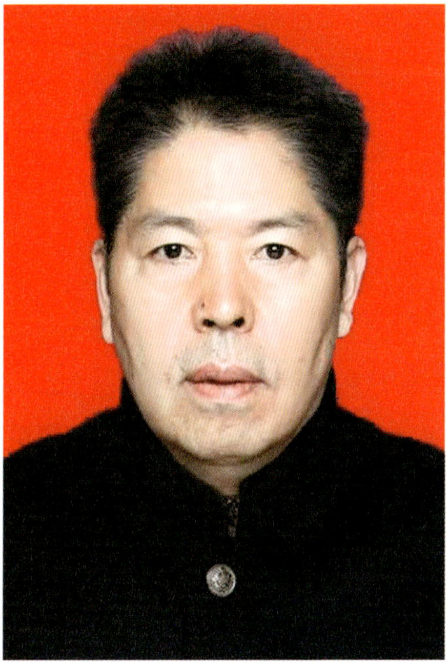

最美林草科技推广员

赵之峰

男，汉族，1963 年 2 月出生，中共党员，本科学历，山东省林业保护和发展服务中心三级研究员，山东省经济林协会会长，山东省科技厅科技扶贫服务团专家，山东省林业产业发展首席专家，山东省林业科技创新项目木本粮油岗位专家。曾获国家林业和草原局“最美林草科技推广员”“全国生态建设突出贡献先进个人”，山东省五一劳动奖章、山东自然资源“十大人物”、山东省林业科技工作先进个人、山东省文化科技卫生“三下乡”先进个人，感动定陶“十大人物”等荣誉，先后荣记 3 等功 4 次、嘉奖 9 次。取得科研成果 20 多项，发表论文 50 多篇，选育和引进新品种 100 多个，推广新品种、新技术 100 多万亩，累计培训果农 5 万人次。

奔忙齐鲁乡间　助推林茂果香

——记山东省林业保护和发展服务中心研究员赵之峰

“作为一名林业科技人员，不能为了论文而论文，不能为了成果而成果，要让自己的科技知识在果园里‘开出花、结出果’！”这是赵之峰经常对身边林业科技工作者说的话，也是他孜孜不倦追求和毕生践行的工作理念。

2021 年 4 月 28 日，对山东省林业保护和发展服务中心三级研究员、山东省经济林协会会长赵之峰来说，是一个大喜的日子。这天，一纸“山东省五一劳动奖章”获奖证书送到他手上。这是继 2019 年荣获“全国生态建设突出贡献先进个人”荣誉称号，2020 年被评为山东自然资源“十大人物”，2021 年获得国家林业和草原局“最美林草科技推广员”等荣誉称号之后又一项殊荣。

荣誉来自实干。30 多年来，赵之峰爱岗敬业，甘于奉献，上山下乡，是大家公认的最接地气的实干家，他把自己的知识和汗水洒在了齐鲁大地上，为绿满齐鲁、农民增收致富作出了显著贡献。

脚踏实地，干事创业

赵之峰，作为一个主要从事经济林管理和研究的专家，35 年来，他经常是不在果园就在去果园的路上，足迹踏遍了大半个山东，涉及林果数十个品种，身上总揣着一把果枝剪。

2000 年，吃苦能干的赵之峰受单位委托，被借调到山东省林木良种繁育中心，负责生产管理和技术推广工作，一干就是 5 年多。5 年中，他积极协助中心领导，培养并带领年轻的业务骨干，完成了 3000 多亩新基地建设任务，引进日韩梨品种 30 余个，建成出口黄金梨标准化示范区 500 亩，累计繁育雪松、马褂木、北美红枫等绿化和果树苗木 500 多万株，直接经济效益达 1 亿多元。

2012 年 3 月，年近半百的赵之峰被山东省林业厅选派到菏泽市定陶县杜堂镇杨店村担任“第一书记”，开展党建和扶贫工作。在那里，他带领大家制定了《杜堂镇万亩林果发展规划》和《杨店村林果发展规划》。当年，杨店村发展高标准果园 200 多亩，枣粮间作地 800 亩，杨树育苗 60 亩。一年后扶贫工作结束，村民自发把一面写着“滴滴汗水见真情，科技帮扶第一人”的锦旗，敲锣打鼓送到他办公室。目前全镇果园面积已发展到 5000 多亩，果品收入已成为农民增收致富的重要来源。每年，赵之峰都会抽出时间，主动回定陶看看，对果树管理进行指导。实现了他“今生与定陶结缘，从此便魂牵梦绕”的肺腑之言。

2015 年，赵之峰带领山东省经济林管理站全体人员在山东省林业科技培训中心济阳基地建立苹果、梨、枣和核桃起垄栽培、宽行密植、纺锤形整形和肥水一体化等现代栽培模式的 30 亩经济林示范园。与 10 多年前一样，赵之峰身先士卒，带领全站人员一起干，取得 3 年生梨亩产 1602 公斤、枣亩产 750 公斤以上的好成绩，研究成果处于国内领先水平，年接待参观人数 1000 多人次，示范带动了全省现代果业的发展。“我这辈子，就是爱较真，一件事接手，千方百计，竭尽全力去做好！”赵之峰这样评价自己。

勇于担当，争创一流

当地人都知道，这些年赵之峰用实际行动在为他所喜爱的经济林事业默默耕耘，认真负责，开拓进取，成效显著。他带领团队深入调研论证，加班加点，先后高质量编制完成了“十二五”“十三五”山东省经济林产业发展规划，有力推动了

赵之峰（左一）指导果农开展桃树夏季修剪（摄影：吴文峰）

全省木本油料产业转型升级和提质增效。2019 年，他还牵头向省政府提报了《山东省关于推动支持木本粮油产业发展的意见》《全省板栗产业发展指导意见》和《全省核桃产业发展指导意见》，为助推产业发展当好参谋。

2011—2018 年，赵之峰负责现代农业生产发展资金核桃产业项目的组织实施，累计总投资 10 亿多元，涉及 21 个项目县，建立核桃基地 25 万亩，辐射推广 50 多万亩，培训林农 3000 余人次，年直接经济效益 23 亿元。承担了山东省林业科技创新项目“榛子新品种选育与栽培技术研究”课题，引进新榛子品种 53 个，建立试验点 3 处，示范园 50 亩，助推全省榛子快速增长到 10 万亩。他经常深入基地指导、精心组织观摩交流、督导检查项目实施，经专家绩效考核，项目县全部达到良好以上。先后主持和参与中央财政林业科技推广及省良种产业化工程项目 10 余项，引进新品种 50 个，建设示范园 1 万亩，示范推广 6 万余亩，培训林农 2000 余人次，年直接经济效益 3 亿多元，示范效果显著。

2019 年赵之峰又承担了枣庄市山亭区冯卯镇 3 万亩桃园科技服务任务，在 9 个村建立了增施有机肥和生物菌肥示范点，培训果农 300 多人，增产提质效果显著，受到当地果农的一致好评。同时还受聘为济南市 40 万亩核桃产业振兴的岗位专家，积极组织成立了项目创新团队，引进良种 30 多个，进行核桃低产低效园良种改接和高光效改造 2000 多亩，绿色防控 10 万多亩，并开展了核桃雄花的综合加工利用，提高核桃园的经济效益。

一心为民，甘于奉献

2018 年 6 月，赵之峰辞去了山东省经济林管理站副站长一职，作为研究员兼任山东省经济林协会会长，他不安于现状，抱着一腔一心为民、服务社会的热情，开始了全方位为会员服务的新征程。他先后组织成立了榛子、花椒等 7 个分会，建立了 8 个信息交流群，会员 3500 多人。每年召开技术培训和产业论坛，培训会员 3000 多人次，为产业发展出谋划策、提供科技服务。他的微信和电话早已成为各地果农们的“免费咨询热线”。为解决果农“融资难”，协会还与中国农业银行、省农业信贷担保有限公司联合开展了金融服务。

2020 年秋天，为减少新冠疫情对林果业销售的不利影响，赵之峰主持召开了首届全省果品销售洽谈会，邀请 4 家果品电商、2 家果品经销企业和 100 多家果品生产企业参加，当场签订了多份果品销售合作意向协议，解决了部分果农卖果难的问题。

为降低农药、化肥的使用，成立了山东省经济林生产绿色联盟。开展果园病虫害预测预报和科学防治、增施高效有机肥和生物菌肥的示范试验，在全省共设置示范点 50 多个，建立远程病虫害预报点 10 处，采集土样 1270 个，提出了 125 套施肥方案，制定了以生物农药为主，高效低毒化学农药为辅的苹果、枣等 8 个树种的有害生物防治年历，实现了减少化肥 30%~40%，减少农药 50%~60%，增产 10%~30%，亩增效益 719~1955 元的显著成效。在全省经济林主产区推广应用面积 29.4 万亩，年增经济效益 3 亿多元，助推了全省 2000 多万亩经济林产业的转型升级和提质增效。

2021 年，随着机构改革，山东省经济林管理站划归到新成立的山东省林业保护和发展服务中心。单位名称变了，从事的业务范围更广更宽了，赵之峰的敬业精神却没变。现在正着力编制《山东省林业产业发展“十四五”规划》。他说，我把微信冠名“春华秋实”，就是希望像果树一样，春天开花、秋天结果，做一名林业技术的实践者、推广者、奉献者。

老骥伏枥、志在千里，烈士暮年、壮心不已。干了一辈子林业的赵之峰，把青春和心血默默奉献的同时，正收获着一个个喜悦和果实飘香的未来。

（撰稿：吴文峰）

最美林草科技推广员

吴全宇

男，汉族，1964年9月出生，中共党员，本科学历，山东省菏泽市林业产业发展中心二级研究员，享受国务院政府特殊津贴。曾获国家林业和草原局“最美林草科技推广员”，山东省劳动模范、山东省有突出贡献的中青年专家、山东省林业科技带头人，中国林产品交易会工作先进个人等荣誉称号，26项成果分别获原林业部林业科技进步三等奖、中国林业产业创新奖、山东省星火科技一等奖、山东省科技进步二等奖、市厅级科技进步一等奖等奖项。先后提出并创建菏泽市林木良种繁育推广体系、林木良种栽培示范推广体系、市场化科技推广机制、中国林产品交易会科技推广平台机制，推广56个林业新品种、26项林业新技术、22种林业新模式、48项林业新成果，推广总面积达13.8万公顷。

让科技成果支撑菏泽林业发展

——记山东省菏泽市林业产业发展中心研究员吴全宇

既要将杨树培育好，还不能让杨树飘“雪”，这要靠科技支撑。作为菏泽市林业局专家委员会主任、二级研究员的吴全宇，下决心要啃下这块硬骨头！

菏泽是黄泛区，历史上风沙肆虐，生态环境十分恶劣。杨树、柳树以其生长快、成活率高、效益好，而成为防风固沙的主力军、农民增收的好树种。但是杨柳树大规模种植，飞絮成为一大污染源，给群众生活生产带来不便。

针对这一现状，吴全宇早在2003年就提出在山东省推广无絮黑杨、无絮白杨、无絮柳树三大无絮杨柳系列品种。利用10年的时间，吴全宇走遍菏泽主要城区公园、林场苗圃，通过反复试验选出了以山东柳树良种‘9901’为代表的20个无絮柳无性系。‘中菏1号’等适合菏泽生长的无絮黑杨良种也在这个时期脱颖而出，得到大面积推广。他不但让这几个品种落地生根，还将其“远嫁”河南、安徽、江苏、河北、北京等8个省份50个县区。同时，他不断挖掘无絮新品种，先后有‘窄冠白杨3号’‘鲁毛50’等无絮白杨良种在农田林网建设中得到应用，‘无絮黑杨鲁林9号’良种及配套栽培技术得到了推广转化，加快了无絮杨良种的迭代更新。

既要能挣“钱”，还要不讨“嫌”。推广无絮杨柳新品种的时候，正是砍伐杨树的呼声高涨之时。吴全宇从杨树的经济和生态价值出发，为市民进行答疑解惑，呼吁科学有序更新飞絮杨。他利用单县、鄄城、郓城杨树实验林、育苗对比试验作示范开展培训，收到了良好的效果。110多场近3000人次的培训，在广播电视、会议、新媒体等多种传播媒介的帮助下，困难立地条件下无絮黑杨的育苗、造林关键技术得到了广泛传播。趁热打铁，顺势而为。在宣传培训的基础上，他依托林木良种繁育体系，在全市国有场圃、育苗专业村，共建设无絮黑杨育苗示范基地120公顷，为实现源头治理，筑牢了“根基”。菏泽市开发区丹阳街道办事处67岁的退休职工胡立新女士说，这几年菏泽春天杨絮很少了。菏泽春天“大地飞絮”正慢慢变成人们的记忆。

以林为家是吴全宇的真实写照，为了林子他付出了太多！

“林子就是他的家。”妻子偶尔的揶揄也会让吴全宇心里感到愧疚。老屋岁月深，杨柳岁月留。少年时期，吴全宇家门口就有3棵大杨树，树下玩耍的时光喧闹着春夏秋冬，村子林场里的苹果树，更是陪伴了他整个青春的酸甜。高考填志愿时，家人劝他报考师范或是医学院校，他“擅自决定”报考了山东农学院林业专业，并如愿以偿。大学毕业后，老师建议他到济南、青岛等城市就业，可他毅然决然回到家乡，献身林业事业。工作35年来，吴全宇跑遍菏泽11个县区和产业重点乡村，结交了众多林农朋友，可心里唯独缺一块家人的位置。结婚蜜月期，他下乡搞实验、培训林农，让妻子“独守空房”。孩子哺乳期，他经常深夜在书桌上被叫醒。孩子入学期，他很少接送，也没有给孩子开过家长会。2011年，国家林业局在南京林业大学组织林业重点项目验收，吴全宇需要汇报所承担的研究成果。就在准备去南京前，母亲查出患食道癌，他白天在医院陪母亲治疗，晚上加班加点写材料。临行前，他与医生商定好化疗方案，忍痛前往外地汇报。几个月后，母亲病逝，成了他心中永远的痛。坚守林业生产一线是吴全宇的工作常态，在一次次的苦与乐中砥砺个性，带动一批批群众走向林业致富之路。菏泽市林业技术服务中心主任温增军曾说：“全宇干起工作来，家都不要了。”

菏泽林业发展道路上，吴全宇付出的心血可圈可点。新品种、新技术、新模式和新成果得到了有效推广，取得了显著的经济、社会和生态效益，搭建了比较完备的菏泽市林木良种繁育推广体系、林木良种栽培示范推广体系，让菏泽林木良种打了一个漂亮翻身仗，在全省第一个实现林木良种化。

酒香也怕巷子深。吴全宇的初衷就是要把成果推出去，所以建立市场化科技推广机制是他的重要环节。他发起成立众多的行业协会，与林业企业、合作社、林农、果农合作，定期举办产业发展论坛、技术研讨会和培训班、基地观摩和科技成果展，实现林业新成果、新技术、新品种与林业企业、生产基地和林农零距离无缝对接。一年一度在菏泽举办的中国林产品交易会，都会使上万个新品种、上千项新工艺新技术新成果得以转化和推广，成为林业科技推广强大的展会平台。吴全宇和他的团队走出了一条科技助林、兴林富民之路。

提起“木瓜树”成为菏泽“市树”的事，至今仍为菏泽人津津乐道。

2013年，“牡丹”当选为“中国牡丹之都”菏泽的“市花”在众人意料之中。“木瓜树”为何被定为菏泽“市树”？这缘于吴全宇的建议。参加工作的35年来，吴全宇将文化内涵融入林业科技推广工作之中。他深入田间地头、林场苗圃，观测树木、推广技术，从基层实践中不断认识林业发展的规律，积淀对林业发展新的思考和憧憬。《菏泽县志》记载，曹州木瓜小规模栽培始于明朝中期，距今已有 500 余年历史，且品种繁多，品质优良，明朝时就已经驰名中外。这个记载给吴全宇新的启发，他结合菏泽木瓜产业发展的实际，动起了推荐“市树”的心思，他要让文化与产业结合起来。2012 年，他在城市规划修编《发展城市林业》中提出建议：评选市树市花，这个建议得到市委市政府的高度重视并迅速付诸实施。2013 年菏泽市人大审议菏泽“市树”，他依托对木瓜的系统研究，从木瓜历史、文化、价值、特色、前景等方面倾心力荐。最终木瓜成为菏泽“市树”，他被誉为“市树”木瓜奠基人。

责任和使命油然而生。吴全宇心里清楚，木瓜树作为“市树”绝非“徒有虚名”，而是有富民之实的。他依托木瓜树发展方面的“深厚积淀”持续发力，牵头实施的“曹州光皮木瓜新品种选育及标准化技术研发”项目，对木瓜品种进行了产业定位和分类利用。他还积极开展木瓜专用品种及配套栽培技术的创新推广，带动木瓜发展 1400 多公顷，加快了木瓜标准化基地建设，培育了王浩屯、冉堌、安兴等三大木瓜基地。8 届木瓜文化旅游节、4 次木瓜高峰论坛的举办，5 个木瓜协会和研究所的成立，为促进木瓜科技成果推广和木瓜特色产业的形成提供了支撑和保

吴全宇对菏泽“市树”木瓜疏花疏果（摄影：白万峰）

障。目前，他正在推动设立中国林产品交易会木瓜产业分会场并举办全国光皮木瓜科技创新论坛，在全国积极布局、合力推进木瓜产业高质量发展。

除了“玩”树，他也爱“花”，一直为花农的盈亏操心费力。为了找到菏泽牡丹花期之外的接续品种，让花农有更长的花卉经营期，吴全宇盯上了花期接近的芍药，一盯就是5年，确定和推广了3个早花观赏品种、20个切花芍药品种，经过团队与花农的探索和实践，仅仅5年时间，菏泽芍药种植呈爆发式扩张，总面积达1500多公顷，菏泽成为全国芍药栽培面积最大的地区。

林业如情，痴者知；林业似玉，珍者惜；林业像山，护者重。从这位林业人身上，我们看到并坚信：每一滴辛勤劳动的汗水，都将浇灌出最美丽的幸福之花。

（撰稿：张　啸　任金生　王瑞群）

最美林草科技推广员

周耀伟

男，汉族，1973年12月出生，中共党员，本科学历，河南省鲁山县林业技术推广站高级工程师。曾获国家林业和草原局“最美林草科技推广员”“最美森林医生”“全国生态建设突出贡献奖先进个人”，“河南省劳动模范助力脱贫攻坚十大领军人物”等荣誉。累计举办林果技术培训班300多期，培训林果农5万人次以上，引进推广优良果树品种80多个，先进实用技术160多项，在河南12个地市建立甜柿新品种试验示范基地68个，推广面积达到6000多亩。

伏牛山下林技推广的“好把式”

——记河南省鲁山县林业技术推广站高级工程师周耀伟

鲁山县位于伏牛山东麓，是河南省林业重点县和林果生产大县，林业科技推广事业大有可为。作为一名伏牛山下的基层林业技术人员，周耀伟大学毕业后25年如一日，一直扎根基层服务林农、服务生产，把汗水洒向田间，把论文写在大地，成为当地林农们赞不绝口的林技推广“好把式”。

周耀伟个头儿不高，穿戴朴素，经常衣服灰尘两脚泥，脸上胡子也很少刮，黝黑的脸上常常挂着微笑，说起话来大老远都能听得清清楚楚。在陌生人眼里，他就是一个普通农民，认识他的人则称呼他老师和专家。47岁的周耀伟，在平凡的岗位上作出了不平凡的业绩。

果树医生&技术推广

从1996年毕业至今，周耀伟一直从事基层林业技术推广工作。凡是果树种植的技术难题，他都要想方设法攻克。他说：“咱们做技术推广的都没法，那群众咋办？”

“今年俺的梨又脆又甜，好吃得很，这都要感谢周老师！”董周乡铁家庄种植户慎大群说。原来，上一年发现自家果园的梨出现“铁头梨”情况，40%的梨都只能扔掉，慎大群又心疼又着急，急忙打电话请教周耀伟。周耀伟来到现场一研究，认为其成因与药害、病毒病、缺钙、缺硼等多种因素有关，便对症下药，解决了慎大群的苦恼。

一年夏天，在鲁山县张店乡刘湾村，周耀伟在桃园里查看桃树种植情况，身上的汗湿了干，干了又湿。这片桃园的主人秦文向毕业于中国农业大学。说起桃树种植的具体问题，这位高学历的农民也忍不住连连竖起大拇指，说：“好多问题都得向周老师请教，他可是理论与实践的专家啊！”

周耀伟高超的林业技术离不开他的勤奋。有时候，为摸清各类果树问题的发生规律，他每天吃住在果园里，白天查资料，晚上钻到果林中打着手电筒观察，顾不上蚊虫叮咬、天气炎热，一熬就是几个通宵。30 多次调整农药配方，研究出能彻底治疗板栗干腐病、且愈合好后复发率低的农药；试验近 50 次，解决了巨峰葡萄坐果率低的全国技术难题；用了 2 年时间，采用 80 多种对比研究试验，在全国首次提出巨峰葡萄成熟期的黑筋病是葡萄高产造成的生理病害。在他的办公室里，有不少核桃树、柿树、梨树、葡萄等枝干和叶子。周耀伟说，这些都是果农拿着来找他求助的。因为问题遇见得多了，有时他不用实地查看，果农只要把树叶和枝条拿过来，他总能找到解决方法。“有时候真的很累，但每次解决问题后，看到乡亲们的笑脸，心里就觉得踏实。”

2015 年，周耀伟在网上开通了微信公众号，开辟了“我与果树聊天系列”专栏，用生动有趣的语言和故事，让林农轻松学到新技术。由于对话生动有趣，先进实用好操作，每期省林业技术推广站都会转发，让全省果农从中学到知识。

真心助农&实意为民

周耀伟说，除了有过硬的技术，还需要有一颗为乡亲们服务的真心。除了平

周耀伟给果树整形修剪（摄影：周营会）

常在推广站的工作，他一年有 100 多天都在下乡。“在办公室吹空调我也坐不住，急得慌，光想到果园里走走。”在采访过程中，周耀伟的手机响个不停。他有个习惯，24 小时不关机，群众都打趣他的手机号是“林果服务专线”。

前段时间，家住董周乡大元庄的种植户李双义园子里的猕猴桃出了点问题，便打电话请教周耀伟。谁知第二天凌晨 5 点，天刚蒙蒙亮，周耀伟便风尘仆仆地出现在李双义家门口。“哎呀，咋这么早就来了？”“我 8 点多还要回局里上班哩，怕你着急，这不就早点过来。”回想起这件事，李双义还是很感动，“他是真心真意地帮助咱林农！”

每次听说周耀伟下乡，附近十里八乡的种植户就像赶集一样凑到一起去咨询。“一点不夸张。”平顶山市林业局原副局长温拥军证实了这件事，“耀伟的技术没得说，谁家的果树遭了病虫害，第一时间找的人就是他，他大致一看，几乎都能药到病除。”

2011 年，周耀伟被国家网络森林医院聘为“森林医生”，他服务的林农范围更广了。汝州市农民吴现周种植葡萄 5 年，遭遇过不少病害，每亩收入不足 2000 元，通过网络森林医院向周耀伟取经后，每亩效益提高到 5000 元。辽宁省鞍山市一个农业大户种植的葡萄落果十分严重，喷洒了各种药剂都没效果，在周耀伟的帮助下，问题很快得到解决。山西省忻州市的老丁拨通了他的电话，说自己种植 8 年的上百亩云杉树苗得了怪病。他让把照片发过来仔细研究，确诊为云杉炭疽病，给老丁推荐喷洒 800 倍的治疗炭疽病的特效药剂咪鲜胺。过了一段时间，老丁打电话感谢说自己的云杉树“康复”了……由于表现突出，周耀伟被授予“全国最美森林医生”称号。

奋斗圆梦&乡村振兴

2010 年鲁山县尚未摘掉贫困帽，作为县林业推广站站长的周耀伟曾反复思考，如何让老乡们快速的脱贫致富？通过 3 年考察，周耀伟发现甜柿是一种新型果树，全国刚开始发展种植，栽培面积小，国内外需求量大，价格也高，又适应河南山区，就决定带头试种。从 2013 年周耀伟建立起自己的甜柿试验基地，让甜柿新品种首次扎根河南，到去年亩产 8000 余斤，亩年产值突破 2 万元；从最初的尝试探索，到今天每年推广 20 万株，在全省建立示范基地 68 个，面积达到 6000 亩，带动全省发展甜柿面积 1.2 万亩，年产值超过 1 亿元，受益群众 6000 多户……这里面不仅包含着周耀伟几年的心血，也彰显着他作为林果人的高超技艺、高远目光和担当作为。

“我有一个梦想，那就是把咱河南建成甜柿特色产业省！加快技术推广模式创新，再过两三年，随着在全省建立的68个示范基地进入盛果期，一定会带动更多山区群众发展甜柿产业，走上致富路，助推乡村振兴。”谈起未来，周耀伟信心满满。

（撰稿：佟金权　任学勇）

最美林草科技推广员

何长敏

男，汉族，1963 年 4 月出生，中共党员，本科学历，教授级高级工程师，现任河南省新乡市林业技术推广站站长，享受河南省政府特殊津贴。曾获国家科技进步二等奖，国家林业和草原局“最美林草科技推广员”，河南省科技进步一等奖、星火二等奖等多个荣誉和奖项。先后主持或参与完成中央、省级林业科技推广等科技项目 40 余项，参与制订《树莓苗木质量分级》（GB/T 35240—2017）国家标准 1 个及省市级地方标准 18 个，建立封丘树莓、金银花国家级农业标准化示范区 2 个，省级农业标准化示范区 4 个，建立树莓贮藏与加工企业 1 个。

送科技下乡永葆农民本色

——记河南省新乡市林业技术推广站站长何长敏

“何站长，几个月没咋下雨，果园要不要浇点儿水？”河南省新乡市林业技术推广站站长何长敏一进果园，果农王勤华来不及寒暄，张口就问。

何长敏轻轻捏捏树莓的枝尖，又弯腰抓了几把土察看后说：“墒情还可以，苗基本没受冻，注意这几天要有倒春寒，可以适当浇些水。”

“去年没舍得剪枝，光长枝子不结果。今年，我一定听你的！”王勤华说。

在新乡市林农眼中，何长敏就是他们的科技领路人

何长敏毕业于河南农业大学，1992 年 10 月到新乡市林业技术推广站工作。近 30 年来，他扎根基层，几乎走遍了新乡的山水、沙岗、滩区，推广优良树种和先进造林技术，指导林农生产，解决太行山区发展经济林过程中的技术难题，全力为山区增绿、林农增收保驾护航。

新乡，南临黄河，北依太行，既有黄河故道滩区，又有太行丘陵和深山区。

为解决绿化树种单一、病虫害严重等问题，何长敏先后主持引进了‘中林 46’‘107’及‘108’等杨树新品种，以及四倍体泡桐、速生楸、豫新柳等多个树种，创新了宽窄行、速生密植等栽培模式。

由于技术配套完整、服务及时跟进，‘107’‘108’杨树育苗及造林成本大大降低，造林成效好，5 年间迅速推广至 42 万亩，全市林木覆盖率提高 3.41%，年木材生长量（材积）41.98 万立方米，年收益 12892 万元，获新乡市科技进步一等奖。

在太行山绿化中，何长敏重点推广侧柏容器育苗、鱼鳞坑及地膜覆盖造林技术，推广应用了 ABT 生根粉、GGR 植物生长调节剂等抗旱造林技术；总结推广了山区苹果、桃、石榴等经济林抗旱丰产栽培技术，解决了太行山经济林生产中遭遇的干旱、冻害等问题。

通过实施省科技攻关项目“生物质能源树种选育及集约化栽培技术研究”，完

成了新乡市太行山区黄连木的优株选育、种子小蜂防治、嫁接育苗等相关研究工作，制订林业行业标准《黄连木育苗技术规程》和《黄连木丰产栽培技术规程》。

帮助林农脱贫致富，是他的梦想

1997年至2000年，他参加省财政“梨枣冬枣等鲜食枣引种与推广”项目，建立示范园100亩，培育出丰产栽培树体模型，创新春季带木质部芽接、插皮接以及配套栽培技术，繁育良种苗木300余亩，出圃良种壮苗80万株。在辉县南村镇，进行野生酸枣嫁接梨枣冬枣1.5万亩，年增效益800余万元，2000年获河南省星火二等奖。

2002年，封丘县留光乡青堆村的树莓专业合作社引进树莓新品种28个，建立试验园20亩。何长敏像带孩子一样，常年到基地指导生产实践，推动建设树莓新品种示范园1000亩，辐射带动封丘县12个乡镇50多个村发展树莓3万余亩。

从2005年起，他长年服务于封丘县青堆树莓专业合作社，指导生产实践，选择出表现良好的‘萨尼’‘凯欧’‘海尔特兹’‘托拉米’‘维拉米’等品种进行推广，并先后与新乡市农业科学研究院、中国林业科学研究院合作开展组培育苗试验，创新高低垄栽培模式和避雨栽培、保护地栽培及丰产优质试验，克服了冻害、日灼烧、雨害、风灾4大灾害影响，制订国家标准《树莓苗木质量分级》及省、市级技术标准4个，建立了树莓标准化体系，建成国家级农业标准化示范区、国家地理标志保护产品，为产业发展提供了技术支撑。

2008年，树莓新品种推广至黑龙江、吉林、辽宁等20多个省份。

如今，树莓已成为封丘县留光乡青堆村的招牌。

果树致富，盐店庄村同样是他的得意之笔

盐店庄村地处黄河滩区。2008年以前，盐店庄村以春麦、秋粮为主，年人均收入不足1500元。2009年春，何长敏在盐店庄村实施桃主干形栽培技术成果转化项目，选定关元永等10户农民引种‘春蜜’‘突围’等6个品种，建园80亩，第二年就实现了每亩收益3000元。

2011年，帮助该村确立种植优质早熟桃并实施标准化生产的产业发展思路，从现有栽培品种中选择‘四月红’‘春蜜’‘突围’的品种组合，实施统一品种（种苗）、统一栽培技术、统一销售的发展模式，迅速打开了国内市场。

他正式被聘为该村桃产业发展“技术顾问”，不管是严寒酷暑还是风雨季节，都

能看到他在田间地头忙碌的身影，同时还积极谋划引进国家、省、市级林业科技推广项目，先后完成项目6个，加快了盐店庄桃产业的规模化、标准化生产步伐。

2013年，鲜桃种植面积达3000亩，盛果期果树亩均收入达1万余元，市场供不应求。到2017年，该村44个精准识别贫困户185人依托桃产业走上了脱贫致富之路。2020年，该村桃树种植面积10000亩，鲜桃果品年收入达4000余万元，并带动周边22个村种植桃树，辐射带动面积达30000亩，产品销至北京、上海、武汉、深圳等大中城市并出口俄罗斯，桃产业已成为该村的支柱产业。

现在，盐店庄村正在全面提升桃产业，发展森林特色小镇、生态文化村等文旅建设，它也早已从过去典型的贫困村发展成远近闻名的富裕村、乡村振兴示范村，来这里赏花游玩的人常年络绎不绝。

产业发达，乡村振兴有了新希望

“林业科研与科技推广必须紧密结合，这样才能实现创新、有所突破，才能真

何长敏在盐店庄村桃基地开展技术指导（摄影：姜魁）

正送惠于民、助力乡村振兴。”何长敏说。

目前，何长敏正在思考林业现代化给生产格局带来的影响，如生态用材林树种优化与经营、果树智能化生产、果品贮藏加工、林木生物产品综合开发、生态文旅、乡村振兴战略等，希望通过建立现代林果生产技术模型及其配套的技术体系与标准体系，来适应现代林业发展对技术支撑的新要求，促进乡村林果产业换代升级，促进乡村振兴。

送科技下乡服务，晴天一身土、雨天一身泥，活生生的一个农民模样，这就是何长敏的本色。

（撰稿：王胜男　唐红英）

最美林草科技推广员

肖之炎

男，汉族，1972 年 8 月出生，民盟盟员，硕士，高级工程师，现任湖北省武汉市林业工作站副站长。曾荣获国家林业和草原局“最美林草科技推广员”，“武汉市优秀农业科技工作者”“武汉市绿化先进工作者”等荣誉，参与的“菊酯类农药量子点快速检测技术”项目获武汉市科技进步三等奖、武汉市林业综合地理信息系统被中国地理信息产业协会授予“优秀工程银奖”。作为“武汉市林果专家大院”的首席专家，组成专家团队，通过多年研究，成功筛选、推广‘曙光油桃’等新品种近 20 个，推广高效栽培技术 20 多项，繁育推广优良苗木 1000 多万株，带动林业产业发展 10 万亩以上。

林果科技的行家里手

——记湖北省武汉市林业工作站副站长肖之炎

在武汉的林果基地时常能见到一位林果专家，或手拿笔记本，记录着林间万象；或手持修枝剪，修剪出花果飘香；或手握扩音机，传送出致富之音。这位林果专家就是武汉市林业工作站的高级工程师——肖之炎，他从大学毕业时的年轻小伙，到如今年近半百，一直奋斗在林业科技一线，为广大林农传经送宝、排忧解难，为林业发展奉献了青春而无悔。

1996 年从华中农业大学果树专业毕业后，肖之炎就被分配到武汉市林业科技推广站（现武汉市林业工作站）工作，从事林果新品种、新技术、新模式的引进、试验、示范及推广等科技工作。出于对林业事业的热爱，对林农深厚的感情，他长期扎根基层，全身心投入到林业技术的研究与推广应用，为武汉市林业产业发展及生态建设作出了积极贡献。

长期不懈坚持优良品种引进

肖之炎出生于农村，从小就深知优良品种和技术对农业、林业意味着什么。20 世纪 90 年代，是林果产业化的快速发展期，林果新品种成为当时的稀缺资源，但由于当时信息闭塞，且缺乏权威部门的引导，导致很多林农轻信广告、盲目发展，在不经过先期试种的情况下就大面积种植，最终由于气候、立地条件不适合，不少林农以失败告终，利益受损。

为了保护广大林农的利益，促进林果产业健康发展，当时的武汉市委市政府明确要求，要通过建设林业科技示范园将“林果新品种引种风险控制在示范园内”。

此时，肖之炎刚参加工作。在武汉市委市政府的支持下，武汉市林业工作站正选址在江夏区郑店街开展林业科技示范园建设。肖之炎主动向单位领导请缨，选择到示范园工作。尽管当时示范园地处偏远的农村，工作、生活、交通等都不便利，基础条件较差，但是肖之炎决心以示范园为家，全身心投入到林果科技事业，只要能从事自己热爱的事业，一切困难都可以克服。

为提高业务水平，肖之炎一直虚心学习，不论大学教授、林果专家，还是林农，他都虚心求教。其中，华中农业大学夏仁学、蔡礼鸿、彭抒昂等几位教授，市林业工作站的正高级林业工程师张宝蕴，都对他进行过悉心指导，使他深切感受到前辈们的敬业精神，受益匪浅。

肖之炎和他所处的团队先后与华中农业大学、郑州果树研究所、浙江省农业科学院、湖北省农业科学院、湖北省林业科学研究院等高校院所合作，20多年坚持从事林果新品种的引种工作，累计引进国内外优良林果品种200多个，成功筛选、推广新品种近20个，其中包括‘曙光’油桃、‘春蜜’桃、‘春美’桃、‘翠冠’梨、‘阳丰甜柿’、‘大五星’枇杷、‘荸荠’杨梅、‘东魁’杨梅等优良品种，为武汉市林果产业的快速发展发挥了重要作用。

每个品种的成功筛选、推广，其背后都有一个不平凡的故事，都是经过了很多次的失败、无数次的探索，都包含着肖之炎在每个品种上的默默付出。

1999年，为了引种‘翠冠’梨，肖之炎随张宝蕴高工多次到浙江省农业科学院和附近基地去考察，为了加快引种、试种进程，直接引种了50株6年生大树到武汉建立‘翠冠’梨引种试验园。2014—2017年，肖之炎到华中农业大学读在职研究生，专门从事‘翠冠’梨套袋技术的研究，通过采取适度增加田间湿度的措施，解决了‘翠冠’梨外观问题。从引种、试验、示范、种苗繁育，到最后的‘翠冠’梨栽培技术研究及推广，经过了10多年的努力，才让‘翠冠’梨在武汉及周边地区开花结果。目前，‘翠冠’梨在武汉乃至湖北区域成为了梨的主栽品种，发展面积3万多亩，为梨农带来了丰厚的收益。

2000年，为促进‘大五星’枇杷的引种及推广，肖之炎多次辗转于武汉与成都之间，采取直接引种5年生大树的方法，加速了‘大五星’枇杷在武汉区域的推广应用。

2007年，肖之炎多次到郑州果树所引种‘春蜜’‘春美’等桃品种，通过建设品种试验园，花了6~8年时间进行桃新品种对比试验，最终让优良品种在武汉落地生根，为广大林农所接受，并从中受益。

成功的背后往往是更多次失败。历年来，‘巨森’苹果、‘黄金’梨、‘七月’酥梨、‘梨枣’、‘台湾青枣’、‘中油4号’油桃、‘秋火焰’红枫、‘红点’红枫……一系列品种不胜枚举，这些品种因不适应本地气候条件，引种失败，未能推广。但是，肖之炎不这样认为，他说，不管最终引种成功与否，对于他的工作来讲都是成功的，引种成功的品种能为广大林农增产增收，脱贫致富；引种失败的品种，他可以通过自己的亲身经历，告诫林农不要再重复引种，避免给林农造成不必要的损失。这也是武汉市委市政府支持建设林业科技示范园的目的所在。

深入基层开展林业科技推广

好品种、好技术，如何推广出去，让广大林农切实受益，是一项重大课题，肖之炎也在孜孜不倦地研究着。在林果新品种的推广过程中，他始终秉承严谨的科学态度，只要是能产生效益的好品种、好技术，他趋之若骛，但又不急功近利，对于不成熟的品种坚决不予推广。

深入一线，与农民密切联系是肖之炎一贯的工作作风。如武汉市东西湖区有一位葡萄种植示范户蒋汉斌，专门从事葡萄栽培研究 20 多年，积累了大量的葡萄栽培实践经验，但他不善书面总结。针对这种情况，肖之炎多次上门，与他探讨、总结葡萄数字化及设施促成栽培技术，并专门替他申报林业科技推广项目，争取资金支持，总结、完善栽培技术，编写葡萄数字化及设施促成栽培技术资料，发放给广大葡萄种植户，并多次在蒋汉斌葡萄园组织现场推介会，让蒋汉斌的经验在全市加以推广，取得了很好的推广效果，大多数葡萄种植户的收益在 1 万元 / 亩以上。

肖之炎对林农怀有真挚的感情，总是想林农之所想，急林农之所急。他经常在武汉各林果产区进行课堂讲授、现场指导和教学，或通过广播电台、专业 QQ 群、微信群等平台进行专家答疑，对林农在林果种植上的技术难题总是有求必应。

作为“武汉市林果专家大院”的首席专家，肖之炎组织湖北省、武汉市一批林果专家，组成专家团队，连续多年开展林果技术研究、推广与应用，承担了省、市级的科研、推广项目 10 多项，推广高效栽培技术 20 多项，繁育优良新品种苗木 1000 多万株，重点解决林果产业上重点、难点问题，引领、指导、带动的林业产业基地面积累计 10 万亩以上，对武汉市及周边地区林业产业的发展起到了很强的科技支撑作用。

开拓创新助推林业现代化

随着现代信息化、智能化技术兴起，现代高新技术在传统林业上的应用与融合发展是大势所趋，也是未来林业发展的方向。肖之炎意识到，新时代林业的发展，要求科技工作者开阔视野，开拓创新，用超前的眼光，借助高科技手段，助推现代林业高质量发展。

从2014年开始，肖之炎作为主要参与者参加了武汉市林业综合地理信息系统建设，在国内首创按“生态资源一张图”“监测管理一张网”模式，建设全网络化系统平台和数据库系统。经过3年多科学谋划、潜心研究、缜密设计，该系统圆满建成，通过专家验收，达到全国先进水平。武汉市林业综合地理信息系统被中国地理信息产业协会授予2018年“优秀工程银奖”。目前，肖之炎也正在加紧推进林业综合地理信息系统在全市林业资源管理、种苗市场信息发布等方面的推广应用，全力助推武汉市林业信息化工作。

进入2019年后，肖之炎又开始在林业科技示范园开展林业智能物联网及水肥一体化项目研究与示范。通过建设精准的环境监测系统，将气象监测、土壤监测与自动灌溉系统整合起来，实现对空气和土壤环境的温度、湿度、风速、雨量等因子的实时监测。并根据相应植物的需水特性、生育阶段、气候、土壤条件等做合理设计，制定适时、适量的科学灌溉方案，有效保持土壤中水、肥、气、热等各相的良好状态。目前，智能物联网及水肥一体化技术在示范园的油茶、甜柿、梨等树种及林业苗圃生产上得到了推广应用，具有省水、省工、节能、节肥、增产增收等诸多

肖之炎调查苗木种子发芽情况（摄影：孙巧峰）

优点。这项技术加快推进了传统林业生产向现代高科技林业转型升级。

肖之炎正是凭着对林业的热爱和对林农的深厚感情，激发出极大的工作热情。他热爱自己的专业、热爱自己的岗位，他还将以更高的工作热情和过硬技术，带领着自己的工作团队，为武汉林业发展服务。

（撰稿：苑铁军　唐红英）

王国晖

女，苗族，1968 年 11 月出生，中共党员，正高级工程师，现任湖南省怀化市林业科技推广站站长，湘西地区特聘专家。曾获国家林业和草原局“最美林草科技推广员”，省、市级林业科技工作先进个人，省、市级科技进步奖、怀化市三八红旗手、优秀专业技术骨干等荣誉和奖项，从事林业专业技术工作 30 多年，先后主持和参加几十个新技术引进、试验示范项目，选育新品种（良种）2 个；主持制定湖南省地方标准 1 项；参与出版专著 1 部。通过科技下乡、现场指导、授课讲学、编写技术资料等方式先后培训林农上万人次，推广新技术、新成果 40 余项，承担和协助实施国家、省级林业科技推广项目 20 余项，指导建设名特优示范基地 2 万余亩。

武陵山区的绿色使者

——记湖南省怀化市林业科技推广站站长王国晖

怀化市位于湖南西部武陵山区，这里是我国南方著名的集体林区，是国家武陵山片区扶贫攻坚的主战场。在这片广阔的土地上常年活跃着一位女性的身影，她时而进村入寨传授林业生产知识，时而深入山间林地指导中药材栽培，时而联系专业合作社指导林果生产，时而蹲守试验地观察苗木长势，被林农亲切地称为“绿色使者”。她就是怀化市林业科技推广站站长、高级工程师王国晖。

王国晖出生于1968年，1990年毕业于中南林学院（现中南林业科技大学），先后在乡林业站、县林业局、市林科所、市林业科技推广站从事林技推广工作30个春秋，是一位从最基层成长起来的林业技术骨干，她用自己无悔的青春默默耕耘，为林业增效、林农增收贡献了自己的才智和力量，她用朴素的人生经历，演绎了当代林业人的不凡历程。

乐于奉献，巾帼不让须眉

武陵山区，山高路陡，地广人稀，交通不便，对基层林技员而言，常年奔走在生产第一线，其辛苦程度是可想而知的，尤其是女性，还要克服生理上和家庭上的许多困难，付出更多的艰辛。面对这些，王国晖没有退缩，她以旺盛的斗志和巾帼不让须眉的气概，满腔热情地战斗在自己热爱的岗位上。

1990年，王国晖大学毕业后，分配到芷江县土桥乡林业站工作，当时正逢湖南省启动世界银行贷款造林工程，土桥乡是项目试点乡镇之一。那时交通不方便，也没有交通工具，下乡全凭两条腿走。为保质保量完成造林任务，她每天早出晚归步行10多公里来回于工地，指导林农整地造林，饿了就啃点干粮，渴了就喝一口山泉，有时为了减少上厕所的麻烦，连水也不敢多喝。经过半年多时间的努力，共完成造林任务2100亩，造林面积和质量居全县各乡镇前列，受到省、市林业部门的充分肯定。王国晖晒黑了，瘦了，但人更精神了。当时群众和县林业局的领导断言：这个学生妹子不错，有一股子拼劲，是棵好苗子。

1993 年，王国晖选调到芷江县林业局工作，并光荣地加入了中国共产党。当时该县杨公庙乡杨公庙村有位名叫杨跃华的农户种植五倍子，但倍蚜虫越冬技术不成熟，产量上不去，很犯愁。王国晖知道情况后主动与他联系进行技术指导。当时她正怀有身孕，领导和同志们都劝她不要下乡，但她急林农之所急，坚持要去。为破解蚜虫越冬难题，她拖着带孕的身子乘坐班车下乡，妊娠反应加上车辆颠簸，每次坐车都吐得一塌糊涂，但一到杨跃华家她不顾身体不适，马上深入基地观察寄主苔藓和倍蚜虫的生长发育状况，指导他改进培育技术措施，有时晚上回不来，就索性住在农户家里。在她的精心指导下，杨跃华全面掌握了倍蚜虫越冬技术，成为当地有名的五倍子专业户。调到市里工作后，王国晖不忘初心，一如既往地保持着不怕困难、奋力拼搏的工作作风，深受大家好评。每当遇到时间急、任务重、标准高的工作，她都会主动加班加点，早来晚走，保质保量按时完成工作任务，决不拖拉推诿。在做项目材料和整理试验报告时，晚上连续加夜班，工作持续到深夜对她而言是司空见惯的事。单位里每年下乡最多的是她。多年来她没休过一次完整的公休假，有时好不容易请了假但单位有事又赶了回来。

王国晖在给大花红山茶整形修剪（摄影：袁春）

对这个大忙人，办公室的同事笑称她“王国晖，忙得飞”，家里爱人调侃她为“王总理”。

斗转星移，怀着爱岗敬业的赤诚之心，王国晖从未离开过自己热爱的林技推广岗位，每当看到乡亲们开心的笑脸和同志们赞许的目光，她觉得再忙再累也值！但她也有遗憾，为了工作，小孩5个月就断了奶、2岁多就送幼儿园全托，父亲患癌症住院也没能好好服侍，每每提及这些她两眼就会泛起泪光，流露出她内心深处对家人愧疚的一面。

心系林农，俯首甘为孺子牛

王国晖长期在林技推广第一线默默耕耘，始终把提升林业经营水平，致富广大林农作为己任。多年来，她穿梭在山区的村村寨寨，将科研新成果、新技术带到山头地块，引导林农科学经营，通过定点定人一对一技术服务、组织开展科技下乡活动、上山进村现场指导、举办技术培训班、编印实用技术资料等各种行之有效方式，为林农排忧解难，帮助他们解决生产中遇到的各种技术问题。王国晖办公室经常围坐前来咨询林业技术的群众，手机也时常被专业户、种植户的电话“占线”，同事们称她办公室为“科技信访室”、称她的手机为“问林热线”。林农则亲切地称她为“林业的绿色使者”“我们的王姐”。

2010年冬，芷江县新店坪镇黄双坪村青年农民向先凯回家创业，投资引种栽培青花椒，在项目起步阶段，资金、技术都遭受严重困难，200多亩花椒基地面临失败的风险。正当向先凯一筹莫展的时候，王国晖主动找到他，一方面用自己所学对他进行技术指导，另一方面联系中南林业科技大学等单位的专家教授帮助进行技术攻关，并积极为他奔走呼吁，争取到中央财政林业科技推广资金100万元，使他渡过了技术和资金上的难关。几年中，她时刻牵挂着向先凯的花椒基地，每到抚育、修剪、开花结果、采收等关键时刻，都要深入现场察看指导，帮助发现问题和解决问题。平时她与向先凯保持着电话热线联系，有什么事随时可联系沟通，哪怕是休息时间打来电话她也毫无怨言。在王国晖的帮助下，向先凯打破了湖南没有成片花椒种植的历史，如今的他已成为当地有名的“花椒大王”，他牵头成立了鑫满园花椒专业合作社，发展社员近100人。在他的技术带动下，青花椒推广辐射面积达2000多亩，其中投产面积300亩，年产鲜花椒2万多公斤，产值突破百万元，为所在地老百姓脱贫致富开辟了新的途径。

回顾创业历程，向先凯感慨地说：“我这辈子在关键的时候遇见了贵人，这个贵人就是市林业科技推广站的王姐，我永远不会忘记她。”

湖南山核桃是靖州县的一个经济林乡土树种，过去一直是任其自然生长结果，产量不高。2006 年春，排牙山林场湘龙村村民杨天元人工营造湖南山核桃 20 亩，由于缺乏栽培技术和生产经验，产量一直上不去，光长树不怎么结果，他非常着急。王国晖知道情况后，不辞辛苦，多次到杨天元家进行走访指导，并帮助联系中南林业科技大学和湖南省森林植物园的专家到现场传授丰产栽培技术。通过采取密度控制、加强水肥管理、整形修剪、人工授粉、病虫害综合防治等综合措施，杨天元种植的山核桃产量逐年上升，2015 年单株结果达到 28 公斤，成为靖州县湖南山核桃栽培的丰产示范点。尝到甜头的杨天元不仅自己扩大造林 200 多亩，还带动其他群众造林近 3000 亩。如今该县山核桃新造林面积达到 1.8 万亩，成为一大特色产业。

2009 年 5 月开始，湖南在全国率先启动了林地测土配方信息系统的建立及推广应用工程，怀化作为全省面积最大的林区，承担着极其巨大的工作量。王国晖是该项目的市级主持人，她先后组织市、县技术骨干 500 余名，在第二次农业普查的基础上，开展小班外业核查、内业数据录入及土壤样本的采集等工作，为信息系统提供了较为完善的数据资料，其中核实的样地小班数量达到 83.4 万个。2011 年 4 月在数据采集和录入工作基本完成后，又在数据维护更新，以及将林政资源系统、林权体制改革系统和林地测土配方信息系统三网合一方面做了大量工作，并通过逐乡逐村宣传、逐级开展应用培训等方式，将林地测土配方信息系统的推广运用普及到千家万户。几年中，共印发宣传挂图 2600 份、实用手册 4000 余本、宣传单 5 万多张，发送手机短信 10 万多条，举办培训班 60 多期、培训 3000 多人次，并利用广播电视、村级黑板报等载体以及科技下乡等活动进行宣传，林农知晓率达 90% 以上。如今，怀化广大林农通过输入身份证号码或林权证号进入湖南林业网，就可在手机上随时了解自家林地的地理位置、土壤状况、适宜种植的林木种类等相关信息，进而指导农户开展林业生产活动，深受群众欢迎，称赞其为“便民工程”“惠民工程”。林地测土配方信息系统是利用现代信息手段打通林业科技推广“最后一公里”的典型案例，几年的辛苦换来老百姓的便利和认可，对此，作为项目的直接组织者和实施者，王国晖感到由衷的喜悦和自豪。

汗水浇硕果，科技当尖兵

打铁还需自身硬，作为林技推广战线的一员，王国晖深感提高自己知识水平和业务能力的重要性。为此，她坚持不断自学和参加培训教育及学术交流活动，从不放过任何一个学习机会。她善于带着问题、带着思考去学习，不论是知识渊博的教授，还是实践经验丰富的林农，都是她的老师。通过不懈的努力，王国晖成长为一位素质过硬的技术骨干和业务尖子。她先后主持和参加的各种新技术引进、试验示范项目达到几十项，荣获省、市科技进步奖 10 余项，其中省级科技进步三等奖 3 项、市级科技进步一等奖 1 项；选育林木新品种（良种）2 个；在省级以上学术刊物上发表论文 9 篇，参与专著出版 1 部；主持或协助实施中央财政林业科技推广项目 20 余项，为基层争取科技成果转化资金 2000 余万元。王国晖在林技推广和科技工作中取得的突出成绩，得到各级的充分认可，她先后 20 多次被评为优秀党员和先进工作者。

转眼间 30 年过去了，王国晖由青春少女步入了中年，她为武陵山区的林农和林业科技事业奉献了人生最美好的年华。回首往事她问心无愧，面对未来她初心不改，献身林业，服务林农是她一辈子的信念。

（撰稿：杨　兴　佟金权）

最美林草科技推广员

梁远楠

男，汉族，1975 年 2 月出生，中共党员，硕士，正高级工程师，现任广东省肇庆市林业科学研究所所长，兼任肇庆市科学技术协会第九届常委、肇庆市林学会第七届理事会理事长、市林学会科技服务站驻站专家、肇庆市科技专家库专家成员。曾获国家林业和草原局“最美林草科技推广员”，广东省农业技术推广二等奖、三等奖，肇庆市科技进步二等奖、肇庆市农业技术推广二等奖等荣誉和奖项。累计主持国家、省、市级科研项目 6 项，参加科技项目 28 项，合作专著 1 部，发表学术论文 28 篇。

用科技提高珍贵树种含金量

——记广东省肇庆市林业科学研究所所长梁远楠

如果问广东省肇庆市在20年间有什么变化，那回答可能会多种多样；如果问广东省肇庆市的林业在20年间有什么变化，那不少市民可能会回答：“树变多了，特别是值钱的珍贵树种变多了。”

“这几棵降香黄檀是阿楠十几年前送给我的，我种在房屋后，现在有15厘米粗了，值不少钱了。”肇庆市高要区蛟塘镇的一位林农陈老伯自豪地说。

自1998年从华南农业大学毕业后，梁远楠就到肇庆市林业科学研究所工作，致力于南方珍贵树种栽培技术研究和推广应用，用科技提高珍贵树种的含金量。

把树种出了与众不同

过去，广东省肇庆市造林主要以西江流域针叶、阔叶乡土树种为主，林分结构单一，经济效益不高。20多年工作时间里，梁远楠跑遍了众多南方珍贵树种原产地，持续引种降香黄檀、金花茶、沉香、印度黄檀、交趾黄檀、喜树、印度紫檀等珍贵树种，将肇庆的珍贵树种资源优势转化为全市重要产业之一，目前全市珍贵树种种植面积达32.6万亩。

在开展珍贵树种引种过程中，梁远楠严格要求研究团队必须先了解树种的生物学特性，深入树种原产地调研其生长情况及栽培技术措施，然后结合肇庆地区的气候条件筛选适宜引种的品种。在确定引种树种后，研究团队通过育苗技术、造林技术、抚育管护技术等试验研究，最终筛选出适合肇庆种植的珍贵树种40余种。比如，在降香黄檀的早期研究中，梁远楠收集了广东、海南、广西及福建等地区10个降香黄檀家系，在肇庆开展培育试验研究。通过调查比较分析不同家系的早期生长表现，最后筛选出了适合在肇庆生长的优良家系。此外，在引种金花茶的研究中，梁远楠从广西引种9种金花茶组植物，通过造林后的苗木生长综合指标值分析，筛选出防城金花茶在肇庆地区的早期生长表现最好。

由于珍贵树种生长周期较长，一般成材需十几年甚至20年以上，绝大多数林农不愿意种植，导致推广种植难度极大。为此，梁远楠带领研究团队从珍贵树种种质资源收集、良种选育、促进心材形成等方面深入开展一系列研究，取得了显著成效。在自然生长条件下，降香黄檀成材至少需要30年，而最有价值部分的心材开始形成时间至少需要6年，10年生其面积心材率约0.5%，15年生其面积心材率约10.0%。针对降香黄檀心材形成时间长、心材率低等问题，梁远楠从良种选育、平衡施肥、整形修枝、生长调节剂等方面着手，开展降香黄檀促进心材形成研究，最终研究出一套能促进降香黄檀心材形成的技术。应用该技术，降香黄檀种植4年即开始形成心材，10年生其面积心材率可达1.3%，15年生其面积心材率达20%。

帮林农增收是最大的愿望

曾有人劝梁远楠用手中掌握的林业专业技术去自主创业，可以在经济上获得更丰厚的回报。一边是个人的经济利益，一边意味着更多的无私付出，梁远楠选择了后者。做了20多年林业科技推广工作的梁远楠说："林业科研成果技术推广可以促进产业发展，提高林农的收入，能得到更多人的认可，这才是我最大的愿望和追求。"

珍贵树种的引种及栽培技术研究只是第一步，更重要的是要把新技术推广开，让更多的林农掌握这些技术，让他们获得更多收益。但是，林农更容易接受摆在眼前的成果。于是，梁远楠就带着团队在高要区蛟塘镇建设了1600多亩珍贵树种示范基地，其中200亩为珍贵树种优良苗木繁育基地，在苗木繁育过程中严把苗木质量关。与此同时，以示范基地为依托，大力宣传推广降香黄檀、沉香、印度黄檀、交趾黄檀、金花茶、樟树、版纳黑檀、闽楠、喜树、印度紫檀等珍贵树种培育技术，取得良好的示范效果。

示范基地是科研实验基地，更是推广林业科技成果最直观的教学场所。在担任珍贵树种培育技术推广员期间，梁远楠常常到林地指导林农掌握珍贵树种造林及施肥、整形修枝等抚育管护技术。针对林木种植过程中存在的共性问题，在肇庆市各县、区举办珍贵树种栽培技术培训班来答疑解惑。20多年来，梁远楠累计参加林业科技推广活动100余次，主讲珍贵树种种植技术培训班20多期，2.5万人次从中受益。

梁远楠的付出让林农受益匪浅。蛟塘镇村民刘伯告诉我们，近10年高要区蛟塘镇金龙水库周边主要以桉树林为主，经营模式较为粗放，施肥喷药全凭经验，桉树效益不高，还出现了一系列破坏生态环境的问题。梁远楠指导林农逐步改造桉树纯林为珍贵树种混交林并发展林下经济，在保持经济效益的同时有效改善了生态环境。

多年来，受益的不仅仅是肇庆的林农。梁远楠带领团队建立的珍贵树种培育示范基地，不仅吸引了广东省内云浮市、清远市、台山市、惠州市、梅州市等的林农，还吸引了江西省赣州市、吉安市，广西壮族自治区南宁市等省外林业工作者前来参观学习。

用科技推广助力乡村振兴

通过多年的不懈努力，梁远楠引导肇庆林农从过去粗放管理逐渐变为集约经营，使原来单一的针阔叶林变成生态和经济效益更高的珍贵树种林，使亩产值几千元的林分升级为万元以上的林分，有效促进了肇庆林业产业转型升级，提高了森林质量，用科技推广来助力肇庆乡村振兴。2007 年以来，肇庆市林业科学研究所与广东省林业科学研究院、中国林业科学研究院热带林业研究所、华南农业大

梁远楠（右一）在讲解降香黄檀育苗技术（摄影：陈水莲）

学等科研单位和院校合作，持续开展降香黄檀、金花茶、黑木相思等珍贵树种及红锥、油茶等乡土树种课题研究，进行了选优、育苗、造林、抚育措施等研究，制定了广东省地方标准 1 项，取得科技成果奖 8 项，建立了降香黄檀、金花茶、黑木相思等珍贵树种及红锥、油茶等乡土树种良种推广示范基地 10 个，总面积 1.0 万亩，带动推广应用面积 10 多万亩。

为助力乡村振兴、提高林地生产力，梁远楠还带领团队指导林农们大力发展林下经济，充分利用丰富的林下资源发展种植业，因地制宜开发林果、林花、林菌、林药等模式，比如在阔叶林、针阔混交林下种植金花茶、灵芝、白及、牛大力等。结合肇庆市林业局扶贫项目，梁远楠在肇庆市德庆县三叉顶林场和高良镇官村营建了林下仿野生灵芝基地 80 亩，利用绿色天然的生境仿野生种植灵芝。经测试分析，该基地生产的仿野生灵芝有效成分接近野生灵芝的有效成分。随后，以该灵芝基地为依托，梁远楠鼓励和带动周边农民群众和贫困户大力发展林下仿野生灵芝种植，逐步将灵芝产业发展成为当地促进农民增收的特色产业。

为了加快全市林业科技新成果新技术的推广应用，打通林业科技创新成果应用的“最后一公里”。“十三五”期间，在梁远楠的积极沟通下，肇庆市科学技术协会、市林学会以市林科所为依托，成立了公益性的林业科技服务平台“肇庆市林学会科技服务站”。目前，服务站已累计为林企、林农开展实地技术指导 50 多次，免费为林企编制辣木、嘉宝果、金花茶等树种的种植可行性研究报告多份。此外，梁远楠还带领团队主动加强与各县（市、区）林业科技推广站的联系，开展送林业科技下乡服务，累计派送珍贵树种优良苗木 100 多万株，并指导林农种植，加快产业发展服务乡村振兴。

潜心珍贵树种种植研究和技术推广，为林农群众开辟了更多发家致富的财路，也为梁远楠实现人生追求开拓了广阔道路。他一定会把未来绘就得更加精彩。

（撰稿：李　娜　唐红英）

最美林草科技推广员

吴艺梅

女，汉族，1978 年 10 月出生，中共党员，本科学历，高级工程师，现任广西壮族自治区岑溪市林业局营林股负责人，广西壮族自治区第十一次党代会代表，广西林木良种选育科技支持专家组专家，广西林业科技特派员，岑溪市优秀人才。曾获国家林业和草原局“最美林草科技推广员”荣誉和省部级奖励 3 项、市厅级奖励 5 项、县级奖励 4 项。20 多年一直扎根在岑溪市软枝油茶种子园从事油茶良种选育、育苗与丰产栽培技术推广工作。带领团队积极开展科技扶贫工作，为广西实施油茶“双千”计划提供技术服务。在油茶苗木繁育方面获国家发明专利 2 项，制订地方标准 3 项。

“油茶花”开香四溢

——记广西壮族自治区岑溪市林业局高级工程师吴艺梅

20多年来，她不畏艰苦扎根基层一线，潜心钻研油茶种植技术，是群众眼中值得信赖的技术专家；20多年来，她跟随岑溪软枝油茶在市场经济洗礼下盛衰起伏，从不言弃，是逆境中铿锵绽放的“铁娘子”。她就是岑溪软枝油茶种子园的高级工程师——吴艺梅。

怒放青春钻种园

20世纪90年代，考中专、早工作，成为当时很大一部分青少年的读书升学思维导向。1994年，吴艺梅也报考了中专，幸运地考上了，“当时在选择志愿时内心挣扎，不懂报读什么学校，恍惚中想起小时候，家里很困难经常吃白饭，放几滴茶油拌饭，那种美味永远难忘，突然间对大山、树木无比向往，就报读了广西林业学校。”在种子园的山坡上，吴艺梅回忆起那段备受考验的青春，至今还是记忆犹新。

1998年，吴艺梅从广西林业学校毕业，焦躁苦等几个月，被分配到岑溪软枝油茶种子园工作。她坐上班车，沿着满是坑洼灰尘的山村公路，摇摇晃晃半个多小时来到岑城镇11公里路口，然后一路询问、走了近3公里的黄泥小道来到种子园报到。

当她站在园区，看到的不是脑海中的满山茶枝摇曳、茶花如雪，却是一片破败、荒芜的景象。一位好心老职工悄悄对她说：“小妹啊，园里连工资都发不出啦，你看，好些林地种竹的种竹，种果的种果，油茶没啥希望的了，有其他门路就快走吧！”

命运弄人，吴艺梅到种子园恰恰是岑溪软枝油茶最低迷、沉寂无声的时候。遥想当年，软枝油茶被发现之日起便声名鹊起，1976年，数千人参与2610亩种子园建园大会战的情景至今令人心潮澎湃。1978年岑溪软枝油茶获得全国科技大会奖。与广西林业科学研究院共同选育的岑软‘2号’‘3号’两个高产无性系，

1986 年通过省级鉴定，经过 4 年连续测产，年平均亩产油达 123.3 斤和 125.1 斤，为国内最高产无性系之一，1992 年获得全国科技进步奖。但那段光辉岁月在 20 世纪 90 年代初便戛然而止，当时人民温饱问题刚解决不久，且很多行业都需体力劳动，茶籽油助消化能力强，会感觉越吃越饿，此外加上一些快收益的水果产业冲击，油茶热慢慢减退，继而全国油茶业开始步入漫长的冰河期。

种子园工资都发不出了，在前不着村后不着店的种子园，上班基本上等于野外度假，看看天、看看地，打打扑克等日落。如此日复一日，是继续毫无价值地消磨下去？还是蓄势以待？

吴艺梅选择了后者。2001 年，吴艺梅毅然报考了自考大专，就读广西大学林业生态环境管理专业，白天在山窝工作，晚上在被窝看书，考一科过一科。同时吴艺梅自己搜寻有关软枝油茶的各种资料，学习、记录、思考；2002 年，她向组织提交入党申请书，以更高的要求不断激励自己。2003 年，她顺利转正成为一名光荣的共产党员。

机会终于来了。2004 年，广西林业科学研究院在种子园开展全国油茶优良无性系区域性试验，来自湖南、江西、贵州等省份以及岑溪的软枝油茶进行大树换冠嫁接，开展一场独特的竞赛。试验需要对油茶树进行生长测定与物候期观测，吴艺梅经常一个人走在崎岖山路，细心观察，以掌握油茶的生长和变化。

每个无性系什么时候芽萌动、抽梢展叶、木质化、花芽分化、开花，都需要每周一次雷打不动地精心、准确观测记录。此外还要分季节对树高、冠幅进行生长测定。有一次已是天将尽黑，刚学会骑摩托车不久的吴艺梅从种子园赶回家，车轮子在砂石路一滑，人摔车倒，手脚磨穿，鲜血直流……初为人母的吴艺梅不畏艰辛，虽然心中对嗷嗷待哺的孩子有千般不舍，但她绝大部分时间扎在园里，只为等待一个灿烂的明天。

守得初心见繁花

书本的学习、经验的累积、技术的提升、工作的刻苦，2006 年，吴艺梅当上了种子园副场长，分管营林和生产技术工作，有了更好的发展平台，且油茶迎来了发展的春天，种子园承担广西油茶良种基地建设项目得到了国家补助资金，重新规划建设了苗圃基地和生产办公用房，令种子园渐渐焕发生机，职工们看着种子园一天天在改变，那消退的激情又慢慢地凝聚在这片曾经炽热的土地上。

随着经济发展，人们在生活水平提高的同时更加注重健康养生，茶油逐渐热销起来，并带动了市场对油茶苗的需求。2009 年，来自福建的客商在糯垌镇租地 100 亩培育软枝油茶苗，种子园全程提供技术支持，大家各施技艺、各展身手。随着种子园自有基地及外来客商苗圃的联合发力，岑溪软枝油茶远销区内外，甚至远在泰国、越南，都有岑溪软枝油茶的身影。

油茶产业的发展，良种苗木是关键，如何提高育苗的成活率与苗木质量是摆在作为自治区定点育苗单位的种子园面前的一大难题，当时嫁接成活率极不稳定，最低成活率仅有 30%。2009 年，吴艺梅带领种子园的科研团队开展嫁接、扦插育苗技术攻坚。

她经常在苗圃地里一待就是半天，从种子催芽、苗圃整地、育苗大棚遮阴、营养杯与育苗基质选择、营养土配比、基质消毒，到芽苗砧（种子）生根、杀菌处理、嫁接容器消毒、穗条处理与保湿，嫁接、再到种植、淋杀菌药，薄膜覆盖……几十道工序环环紧扣，每一个环节、细节均会影响育苗成活率。

吴艺梅怀着一颗匠心，用穿针绣花般的精细和毅力，在春夏秋冬的轮回中一次次试验、实践、修正。如此不断反复枯燥地摸索、总结，育苗成活率逐年提高，吴艺梅利用岑溪得天独厚的气候环境条件开展芽苗砧春接，如今嫁接成活率达到

吴艺梅（右一）指导贫困户进行油茶产量测定（摄影：黎明锋）

令人欣喜的90%以上，且一年苗龄达到两年苗的出圃标准。

多年来，吴艺梅持续进行油茶优良种质资源调查、收集、保存和开发利用工作，与广西林科院合作，带领职工共同努力，共收集油茶种质资源315份。对岑溪软枝油茶进行优良无性系选育和品种创新研究，先后选育出‘岑软2号’‘岑软3号’以及二代新品种‘岑软11号’‘岑软22号’‘岑软24号’‘岑软ZJ11’‘岑软ZJ14’‘岑软ZJ24’等，通过国家和自治区林木良种审定委员会审定的良种8个。2019年3月，成果“岑溪软枝油茶二代改良及应用”获广西科技进步二等奖。

不仅如此，吴艺梅主持完成广西科学研究与技术开发计划课题“岑溪软枝油茶1.5代良种培育”，在苗木繁育方面获国家发明专利2项。其中，“一种油茶秋季根部嫁接繁殖方法”创新了油茶秋季根部嫁接繁育技术，延长了油茶嫁接育苗时间，夏梢穗条得到充分利用，大大提升了种砧的利用率，有效地节约了育苗成本。

目前，种子园年产以岑软2、3号为主的良种苗木200万～450万株，累计育苗3000多万株，为苗木规模化生产、油茶产业发展提供了基础性保障。

服务三农笑开颜

在岑溪市三堡镇平山村召开油茶丰产栽培技术培训班时，吴艺梅了解到该村两户贫困户种植有36亩油茶，由于抚育管护技术不到位，导致产量很低，对种植油茶没信心，想放弃了。

吴艺梅到实地了解油茶的生长情况与往年施肥的时间、方式方法，发现林农没有采取科学的施肥和修剪方法。找到问题根源后，2019年冬，吴艺梅到油茶地里示范油茶修剪技术，打掉顶端优势即徒长枝、交叉枝、重叠枝，培育圆头状丰产形树冠。

为了增强贫困户对油茶种植的信心，吴艺梅自掏腰包买了保花保果叶面肥、农药给贫困户喷施，春季指导科学合理施肥，2020年油茶长势喜人，茶果挂满枝头，贫困户看到了希望，增强了种植油茶的信心，带动了附近的农户种植岑溪软枝油茶。

作为一名广西林业科技特派员，吴艺梅带领团队发挥技术优势，为广西实施油茶“双千”计划提供优质良种壮苗、技术咨询服务，经常接听全区各地农户打来咨询油茶苗木与种植技术的电话或微信，耐心回答从良种选择、无性系配置、造林地选择、整地的方法到造林密度、造林时间、造林后抚育管护的各类技术问题。遇到种植上的问题，她还通过微信发视频或相片进行“现场办公”，既快捷又方便。2015年，她被自治区科技厅评为优秀农村科技特派员。

20多年的兢兢业业，吴艺梅由一个黄毛丫头，成长为岑溪林业系统屈指可数的高级工程师。除了守住那满山满眼的油茶，她经常利用空闲时间或节假日到广东、海南、广西各地及本地市多个油茶种植公司及广大林农种植户、贫困户为他们开展油茶育苗、丰产栽培等现场指导与技术培训。她还经常奔波在各镇乡村山野，就农林经济发展、农民脱贫致富写议案、出点子、献计策，做到“科技指导直接到户、良种良法直接到山、技术要领直接到人”，近年来已累计举办技术培训班39期，培训林农和生产技术工人3600多人次；指导油茶造林10万多亩，带动就业3500多人，其中贫困人口720人，年产经济效益可达5.5亿元。

在很多人把物质、财富定义为成功的今天，吴艺梅其实很早就有机会到一些省内外民营企业任技术要职，坐在宽敞舒适的办公室里领取高薪，但她从不曾有一丝念头舍弃这远离繁华的种子园，她依然是朴素、平凡，喜欢看着茶枝摇曳、茶花如雪的吴艺梅。

（撰稿：张　雷）

最美林草科技推广员

陈喜蓉

女，汉族，1967 年 9 月出生，硕士，高级工程师，现任海南省林业科学研究院（海南省红树林研究院）林副特产品研究室主任。曾获国家林业和草原局“最美林草科技推广员”荣誉。多年来从事热带、亚热带食用菌生产，灵芝种源标本采集、菌种选育和栽培、多菌种微生物菌肥研究与科技推广工作。分管和指导的海南省林业科学研究院定安龙州试验基地荣获“2014 年度海南省林下经济示范基地”称号；指导的定安新竹次滩旅游观光专业合作社、定安龙湖南科食用菌有限公司等返乡青年创业基地发展林下经济，并荣获 2016 年“海南省林下经济示范基地”称号；指导的返乡青年开展农产品电商销售，荣获“海南省 2017 年农村电商创业大赛创意组”一等奖。

橡胶林下为群众寻“宝”

——记海南省林业科学研究院林副特产品研究室主任陈喜蓉

“陈老师筛选了适合在橡胶林下养殖的菌菇，还手把手教我们技术，村里好多人栽培菌菇，收入比以前高多了。”

在海南省定安县的一片橡胶林，村民们正在采摘成熟的菌菇。他们口中的陈老师就是海南省林业科学研究院林副特产品研究室主任陈喜蓉。多年来，她致力于食用菌种源筛选、产业化培育技术研究与推广，在定安县推广林下菌菇种植技术，带动当地贫困户脱贫。

海南省橡胶林种植面积大，林下空间资源丰富，如何帮助林农“不砍树也能致富”，在林下空间发展产业、实现增收致富，一直是陈喜蓉想要解决的难题。

1991 年 7 月，陈喜蓉从海南师范学院化学系本科毕业，为了自己的追求和梦想来到海南省林业科学研究院工作。她在不同的工作岗位上苦练基本功，扎扎实实学习掌握了采种育苗、苗木嫁接、扦插、压条、组织培养、盆景修剪等技术，参与生产研发的组培香蕉苗、芦荟苗、兰花苗等推广到海南各地，大受市场追捧，带领科室成员在单位里第一批实现致富，承担的“芦荟试管苗工厂化大规模生产技术研究与应用”还获得 1999 年海南省科技进步四等奖。

从 2005 年开始，市场看好灵芝发展，在单位资金困难的情况下，陈喜蓉与琼中企业家陈才雄合作，由企业投入 3 万元开发了琼中第一个灵芝种植示范基地，在红岛牧场一个简陋的旧仓库里，开始了林下种植灵芝的探索之路。在营根镇的新丰村，陈喜蓉与当地干部一起在橡胶林下种下了海南第一批灵芝种苗，从此开启了她在橡胶林下为群众寻“宝”之路。

当时她的儿子还小，在童年成长期最需要妈妈陪伴的时候，她把年幼的儿子托付给家里人，带着科室的 2 名同事，轮流驻扎基地。由于交通不是很方便，乘坐公共汽车来回海口要 3 个多小时，所以每次出差都是待一个月才回家。她在琼中红岛牧场的旧仓库里用最简陋的油桶架起来做消毒蒸汽炉，用汽车帆布做蒙古包灭菌气库，生产菌棒培育灵芝种苗，长年驻扎在牧场，观察和守护种植试验的结果。

2007 年她承担的省科技厅项目“海南野生灵芝优良菌株的选育及高产栽培技术的试验与推广”获得 40 万元经费支持，于是她带着项目来到省林业科学研究院五指山分院，开始建设第二个灵芝示范基地。当时仿野生种植的赤芝和紫芝非常漂亮，加上灵芝在五指山当地是老百姓熟悉并推崇的保健品，因此在当地掀起了学习灵芝种植技术的热潮，这个项目也为当地政府争取到了中部扶贫资金的支持。

为了给当地的企业“五指山万家宝科技有限公司”提供技术服务，她在阿陀岭山脚下开发了第三个灵芝种植示范基地，靠着乘坐公交车在五指山阿陀岭和南圣镇之间来回奔波。

琼中的黎族乡什寒乡由于海拔高，温度低，种植槟榔不挂果，上下山的路不方便，村民农耕技能非常落后，生活较为贫困。她主动把在海南省林业科学研究院五指山分院培育的灵芝种苗送到什寒乡，手把手教当地村民种植灵芝。

2010 年，陈喜蓉在省林业科学研究院定安龙州苗木试验基地建设了第六个食用菌基地，希望根据当地复杂的农业种植环境培育筛选出一种耐高温、少病害、易种植、经济价值高且药食同源的菌类。她带领科研团队每年都到中部山区深山老林采集野生菌种，采集了野生灵芝、竹灵芝、云芝、虎奶菇、黑皮鸡枞、竹荪等野生菌株样本。经过对每个菌种 3~5 年的观察和试验种植，深入研究了其生长季节、产量、菇棚改造技术、成本、利润及药食同源应用等相关问题。2012 年，她编写完成了省级规划书《海南省中部山区食用菌产业发展规划》，重点规划种植巨菌草，以巨菌草代替木材原料制作菌包，在橡胶林下种植无公害紫芝等菌类。

目前，陈喜蓉的科研团队已筛选出经济价值较高且适合在橡胶林下推广种植的虎奶菇、云芝、赤芝、黑皮鸡枞和长裙竹荪 5 个高温菌种。

筛选出适合在橡胶林下种植的菌种后，陈喜蓉带领科研团队在定安县等地开展了林菌间作模式及相关技术的推广示范。2015 年以来，她在龙州基地旁边橡胶园种植竹荪和生姜，组织龙州基地的 6 户农户成立蘑菇园合作社并注册了“五喜源”商标。为充分利用食用菌资源、增加产业链附加值，她积极开发新产品，拓宽市场渠道，联合企业研发生产的“虎奶菇柠檬浓缩酱”等产品，大受市场好评，形成了农户种植、企业收购原材料的良性循环，帮助农民增收致富，助力企业提升效益。

卜效村是定安县“十三五”规划的重点贫困村，全村基础设施薄弱，土地贫瘠，农业产业结构单一。从2017年开始，陈喜蓉在指导村民栽培菌菇的基础上，向村民传授灵芝鸡养殖技术，协助配合驻村第一书记王燕燕做好宣传工作，还注册了“琼剧村”商标。卜效村村委会组织发动全村52户贫困户全部加入种养专业合作社，采取“村集体＋合作社＋贫困户”的发展模式，积极发展林下养殖。在陈喜蓉指导下，村民采用“灵芝粉＋益生菌水＋菌糠＋玉米＋稻谷”的喂养方法，鸡在林下散养180天以上，养出的灵芝鸡肉质鲜美、营养价值高且绿色无公害，深受市场欢迎，农户也拿到了分红。

卜效村贫困户梁海花是一名50多岁的农村妇女，为了守护残疾的弟弟和年迈的母亲选择终身不嫁人，日子过得比较艰难。陈喜蓉向她倾心传授养鸡技术，连续2年使用灵芝菌料与益生菌发酵菌糠养殖灵芝鸡，她养殖的灵芝鸡被酒店老板看中抢购一空，获得了4万多元的收入，帮助她顺利渡过了疫情的困难时期。

陈喜蓉还积极指导返乡青年创业，为发展农村生态种植养殖循环农业提供技术支撑。她指导返乡创业大学生胡诗泽在橡胶林下建矮棚种植虎奶菇菌，在槟榔树下散养灵芝鸡和开办自然学堂活动，帮助搞活大学生创业项目定安新竹次滩观光旅游专业合作社，打响“龙州河畔、醉美次滩”生态旅游品牌，年均接待游客

陈喜蓉（中）示范虎奶菇种植技术（摄影：吴彪）

5000 多人次，旅游净收入达 22 万元。她还在次滩村文化室定期举办农民培训班，带动更多人参与虎奶菇和云芝种植。

近年来，陈喜蓉一直在探索林下经济发展之路，主持、参与了“海南野生灵芝优良菌株的选育及高产栽培技术的实验与推广”“吊罗山食（药）用菌长裙竹荪的驯化研究及示范”“海南林菌间作模式与草料培育菌苗技术推广示范”“海南药用真菌云芝的规范化生产技术研究”“白背木耳栽培基质的配比筛选及品质对比研究”等 13 个研究推广项目，发表论文 18 篇。她联合企业成功种植食药用真菌灵芝（包括赤芝、紫芝）、云芝、桑黄、长裙竹荪、白背毛木耳、黑皮鸡枞、猪肚菇、茶树菇、银耳、香菇、草菇、姬松茸、金福菇、榆黄蘑、秀珍菇、虎奶菇、灰白平菇、红平菇、凤尾菇等 20 个菌株 14 个品种，每个菌种都具有特殊的食疗药用功效，是解决人类“健康”问题不可估量的一笔珍贵财富。

2021 年，陈喜蓉被海南省林业局选派为林业科技特派员，她奔走于定安、琼中、白沙、海口、五指山等市县，为当地林农推广高效、实用的科技成果。“科研成果最后要落实在林间地头，我们开展科学研究的最终目的就是让科技成为乡亲们致富的法宝。”陈喜蓉如是说。

如今 5G 时代来临，为了帮助企业和种植户推广产品，她主动学习直播带货，每年的海南冬季农产品国际交易会陈喜蓉均带团参加，还积极指导返乡创业大学生活跃在互联网各类电商平台上，推广宣传乡村特色农林产品。

（撰稿：李　娜　楼暨康）

最美林草科技推广员

吕玉奎

男，汉族，1965年1月出生，中共党员，本科学历，正高级工程师，现任重庆市荣昌区林业科学技术推广站站长。曾获全国绿化劳动模范、全国生态建设突出贡献奖、全国优秀林业科技工作者，国家林业和草原局“最美林草科技推广员”“中国林业产业突出贡献奖”，中国科协“全国优秀科技工作者”，重庆市“优秀共产党员”“首届科普工作奖”“重庆林业10年突出贡献人物”、科技特派员工作先进个人等荣誉和奖项。从事林业科技工作36年，主持制订行业标准2项，选育林木良种3个，获得发明专利授权2项，发表论文130余篇，主编出版著作9部，主持或主研完成国家、市级涉林科技项目36项，相关成果获省部级科技进步一等奖2项、二等奖5项、三等奖6项。

坚守初心 情系富民

——记重庆市荣昌区林业科学技术推广站站长吕玉奎

“今年花椒收成怎么样，现在雨水季节，有没有长虫？”4 月 8 日，重庆市林业科技特派员吕玉奎来到重庆市荣昌区铜鼓镇刘骥村姚文达家，了解花椒的生长情况。这是他 2021 年第 5 次到刘骥村开展花椒栽培技术咨询服务。

“花椒是刘骥村的主导产业之一，全村 5000 亩花椒，去年就为村民增加收入 600 余万元。这一株株看似娇弱的花椒苗，可是村民们的宝哟。”说到这里，吕玉奎显得十分兴奋。

36年坚守，初心始终不改

吕玉奎 1985 年 7 月从四川省林业学校林业专业毕业分配到重庆市荣昌县林业工作站，看到光秃秃的大山和贫穷落后的山区林农，从那一刻起，他就暗下决心，要把所知所学为林农、为社会做一点有用的事情。

“当时我的想法真的很简单，就是想做点事，也没有想做大事业的念头。”到荣昌县林业站工作后，为了做点事，吕玉奎扎根林业基层，工作经常加班加点地干，节假日也很少休息，在单位一直是上班来得最早、下班走得最晚的那一个。这一干，就是 36 年。

记得 1998 年下半年，国家启动了天然林资源保护工程和退耕还林工程试点工作，吕玉奎接到了当时荣昌县天然林资源保护工程、退耕还林工程实施方案和总体规划编制工作任务，他通过自学将电脑制图技术应用到方案编制工作中，加班加点完成的荣昌县天然林资源保护工程、退耕还林工程实施方案和总体规划，不但获得了市林业局专家组的普遍好评，也得到了当年国家林业局重点工程科技项目支持。“当时的项目叫‘适合西部省区的以桉树为主的优良速生树种及培育技术示范’，科技经费是 80 万元，这是荣昌第一次获得国家级林业科技项目支撑，很不容易。”说到这里，吕玉奎露出兴奋的笑容。

随着退耕还林工程的铺开，选择种什么树成了萦绕在广大林农心头的一个问题。吕玉奎敏锐地看到了速生桉树的巨大潜力，开始大力推广。“刚开始推广时，农民根本不相信。他们怀疑，他们种了几十年的大叶桉树都没有人要，难道这个只有十几厘米高的小小桉树苗就能让他们增收？”吕玉奎就挨家挨户去做工作，并且自己承包土地进行示范，还向农民承诺，如果加上国家退耕还林政策补助，每年亩均收入达不到 500 元的，就给他们赔偿损失，大家这才慢慢接受。结果，速生桉栽培示范大获成功，栽培当年 12 月底速生桉树平均胸径 3.27 厘米、平均树高 4.04 米，6 年生平均胸径 17.35 厘米、平均树高 23.39 米、单株立木材积 0.21 立方米，比当地栽培的大叶桉分别增长 63%、120% 和 361%；速生桉树与传统种植的大叶桉相比，亩均增收 1400 元 / 年以上。速生桉树试种成功的经验得到了迅速推广，彻底解决了川南渝西大叶桉退化和四旁、溪河、公路选择绿化树种的难题，在荣昌推广栽植 600 余万株，辐射推广到川南渝西 10 多个区（县）造林 100 余万亩，同时还在荣昌广富工业园新建桉木生态板生产企业，为农民增收开辟了一条新路。

36 年来，吕玉奎辛勤耕耘，国家级、省部级荣誉也纷至沓来，面对众多的荣誉，他最看重的却是“最美林草科技推广员”这一个。

“我只是一个普通人，我最想做的就是为林农做点实事，把技术教给他们，让他们早点脱贫致富。”面对纷至沓来的荣誉，吕玉奎初心依旧。

技术要实用，推广才管用

“技术必须实用，大家才容易接受，推广出去才管用。”这是吕玉奎常挂在嘴边的一句话。

重庆市荣昌区花椒栽培历史悠久，品种以九叶青花椒为主，是重庆火锅的重要食材之一。但由于其杆、枝皮刺多而密，花椒采摘成本高，经济效益低，影响农民种植积极性。

能不能选育出一种无刺花椒，方便林农采摘，并让大家来种呢？这个难题一直困扰着吕玉奎。2003 年 6 月，吕玉奎在吴家镇团结村“巡山”时，意外发现周家大院生长着一株茎、叶柄及叶两面均无刺无毛的无刺花椒品种。他如获至宝，开始了长达 10 多年的无刺花椒品种的选育工作。

为了繁育荣昌无刺花椒良种，他首先想到了播种繁殖的方法，为此他精心选择了粒大、质好的花椒种子，满怀希望地播种下去，施肥、浇水、修枝……他像呵护自己的孩子一样精心照料花椒苗，希望能尽快培育出无刺花椒良种来。然而，希望越大，失望也越大，播种繁殖出来的花椒存在着严重的“返祖”现象，依然是有刺的。

于是，他又尝试采用扦插繁殖方式，试图解决无刺优良性状的保持问题，但扦插繁殖的成活率太低，不到 10%。他再次改变思路，通过采取高压繁殖的方式，成功解决了种苗成活率低的问题，成活率达到 90%。但与此同时，新的问题又出现了，高压繁殖出来的无刺花椒虽然成活率高，但优良单株少、繁殖速度慢，难以大面积繁殖育苗。屡次失败后，他转而寻求同行们的帮助，为此他先后跑了重庆文理学院、西南大学、重庆市林业科学研究院、中国科学院成都植物研究所等高校及科研院所，积极寻找解决问题的办法。在同行的帮助下，他采用组培的方式开展育苗繁殖，但也未能突破难关，没能实现出苗。虽然不断经历失败，但是他探索的脚步从未停止。

2013 年，在一次偶然的下乡途中，吕玉奎看到了当地的柑橘嫁接苗，他突然想到能否像柑橘嫁接一样尝试用当地野生竹叶椒、九叶青花椒等做砧木，采用荣昌无刺花椒一级优良单株的枝芽为接穗进行嫁接繁育呢？说干就干，他就在广顺街道游小军花椒园先后进行了枝接、芽接试验，由于当地技术工人只有柑橘嫁接经验而无花椒嫁接经验，完全照搬柑橘嫁接技术，结果嫁接成活率仅 40% 左右。2014 年，他决定从四川省东坡区聘请有花椒嫁接经验的技术工人到现场进行嫁接，2~4 月枝接平均嫁接成活率达 60% 左右、7~9 月芽接平均嫁接成活率达 55% 左右，结果也不是很理想。问题出在哪里呢？经检查发现，大多数嫁接失败的情况都是因砧木水分不足而导致接穗干枯死亡所致。能否将嫁接时间提前，从而使穗条早萌发从而避免春旱对接穗的影响呢？为此，2015 年他提前到 1 月，选择野生竹叶椒播种苗作砧木、通过嫁接前 3~5 天对砧木充分灌水，然后聘请嫁接经验丰富的技术工人进行枝接。这一次，平均嫁接成活率达 93.8% 以上，荣昌无刺花椒嫁接技术终于获得了成功。

目前，在市区林业等相关部门的大力支持及当地党委政府的积极推动下，荣昌区无刺花椒已建立示范基地 300 亩，3 年生荣昌无刺花椒平均亩产鲜花椒达 750 公斤，年总产值达 225 万元。2021 年已推广种植 1000 亩，预计今后 5 年辐射推广 1 万亩，进一步带动荣昌区花椒油、火锅底料加工等相关产业发展。

把一门复杂而生涩的新技术变得简单明了、通俗易懂，让林农能够接受，这并不容易，为此他阅读了大量文献资料，并结合自己的基层工作经验，撰写了

《荣昌无刺花椒优良品种选育报告》《荣昌无刺花椒嫁接繁育技术研究》《荣昌无刺花椒丰产栽培技术研究》等论文和《荣昌无刺花椒栽培技术》专著，一步步将荣昌无刺花椒的研究开发推向深入。

脱贫攻坚战打响后，为了让更多的林农走上脱贫致富的道路，他结合平时研究及推广工作中积累的经验，又组织编写了《优质笋竹产业化生产与经营》《200种常用园林苗木丰产栽培技术》等专著，这都是他根据多年的工作经验，熬夜加班写出来的心血之作。不仅如此，他还在《世界竹藤通讯》等专业期刊上发表论文 130 余篇。

带着林农干，干给林农看

“要让大家相信你、跟随你、依靠你，你得先做示范、当火车头、做领路人。”吕玉奎不仅是这样说的，也是这样做的。

荣昌区是西南地区麻竹种植面积最大的区县之一，是“中国麻竹笋之乡”和“国家麻竹生物产业基地”。但在几十年前，荣昌区并没有种植麻竹的历史，通过吕玉奎这一代人的坚持和努力，麻竹才真正在荣昌区生根发芽，成为荣昌区农业

吕玉奎检测荣昌无刺花椒嫁接苗生长情况（摄影：杨文英）

支柱产业。

荣昌区麻竹产业是如何从无到有，再到做大做强的呢？吕玉奎介绍，1998 年，荣昌引进麻竹产业前期，发展并不顺利。由于荣昌之前没有种植麻竹的历史，林农对麻竹相关生产技术不了解。同时，传统的竹产业因品种单一、种植密度大、管理粗放，导致产量低、效益差、发展慢。因此，在当时对麻竹产业的发展前景大家都顾虑重重。

如何提高认识、转变大家的观念，是大力发展荣昌麻竹产业的关键一步。为此，吕玉奎在充分考察论证的基础上，积极开展麻竹引种试验。1998 年，他从广东英德引种了麻竹笋头苗 700 株，在荣昌南部古佛山建立了麻竹引种试验基地。至 2002 年，该试验基地实现平均亩产菜笋 300 公斤、加工笋 700 公斤、竹材 500 公斤，年均亩产值达 1400 元。引种试验取得成功，让荣昌人第一次对麻竹有了新的认识，从而为荣昌麻竹产业发展奠定了坚实的一步。

然而，吕玉奎明白，要让林农及市场能真正接受麻竹、发展麻竹，还须在提高产量及产值上下功夫。对此，吕玉奎决定自己亲自来做示范。2002 年，他在麻竹笋试验林附近，承包了 300 多亩陡坡耕地作为基地，开展笋材叶三用麻竹高产栽培试验。经过近 3 年的研究和摸索，他研究的适当降低麻竹种植密度、加大水肥管理、适度增加麻竹母竹留养数量等一系列笋材叶科学栽培技术，实现了笋材叶大幅增产增收，平均年亩产麻竹笋 1000 公斤、竹材 2000 公斤、麻竹粽叶 300 公斤，年均亩产值达 2700 元以上，相比传统种植模式，实现了产量与产值的双翻倍。笋材叶三用麻竹高产栽培技术的应用，将荣昌麻竹产业推入了发展的快车道。

随着越来越多的人加入麻竹种植行列，荣昌麻竹产业面临进一步做大做强的问题。2010 年，吕玉奎通过调研发现，荣昌猪是世界八大、中国三大优良地方猪种，品牌价值达 36.81 亿元，在荣昌猪饲养过程中产生的大量粪便，不仅污染环境，而且造成资源的极大浪费；而麻竹笋出笋期主要集中在高温、高湿的夏秋季，麻竹笋高产稳产需要大水、大肥。为此，吕玉奎把荣昌区猪竹两大农业支柱产业有机结合起来，创新性地开展“猪沼竹循环利用技术”研究，通过建立猪—沼—竹循环经济模式，解决了竹笋生长期缺水缺肥的难题，将麻竹笋、材、叶、苗单产分别提高 150%、10%、10%、100%。双河街道岚峰社区居民王祥清 2 亩麻竹林，通过采用“猪沼竹循环利用技术”，5 年生麻竹林实现年亩产麻竹笋 5000 公斤、麻竹粽叶 500 公斤，年亩产值达 7675 元，几乎相当于全县平均年亩产值的 10 倍。

在市场经济环境下，麻竹产业发展也不可避免会面临市场波动的问题。如何保障林农获得稳定收益、着力解决麻竹增产不增收的问题，吕玉奎也是操碎了心。他积极引进竹削片、竹笋、竹粽叶等加工企业 8 家，在采取“公司 + 专业合作社 + 基地（农户）”的管理方式上，创新性实行“最低保护价 + 二次返利”的利益分配方式，实现林农一次收获多次获利。丰厚的回报，不仅提高了林农种植麻竹的积极性，也为荣昌区林农脱贫攻坚、实现增收致富做出了积极贡献。截至 2020 年，荣昌区已种植麻竹 15 万亩，麻竹种植户达 8 万余户，实现麻竹年产值达 2.8 亿元，占当地林业总产值的 20%，竹农户均增收 1250 元，带动 600 多户贫困户实现脱贫致富。

（撰稿：吴世军　刘盈含　佟金权）

最美林草科技推广员

何长斌

男，汉族，1964年8月出生，大专学历，四川省平昌县花椒产业发展办公室林业工程师，平昌县林业科技特派员，曾先后任平昌县政协常委、巴中市政协委员。曾获国家林业和草原局“最美林草科技推广员”、四川省松材线虫防控先进个人、平昌县“三农”工作先进个人等荣誉。组织编写《平昌县社区林业模式研究》《平昌青花椒栽培技术规程（DB5119/T 20—2020）》等论文和标准，编印《平昌青花椒丰产栽培技术手册》等著作，成功探索出适合本地实际的平昌青花椒高桩弱剪控枝技术。

解决林农科技难题随叫随到

——记四川省平昌县花椒产业发展办公室林业工程师何长斌

"老何，我的花椒树死了好多，快帮我看一下吧！""我那树生的啥虫子啊，老何你说我得用啥药？"椒农亲切称呼的老何名叫何长斌，一位专职从事平昌青花椒栽培管护技术推广服务工作的科技工作者，解决林农科技难题随叫随到。

年过半百的老何出生在农村，从小就对山林有着深厚的感情。1981 年，何长斌考入四川省林业学校，毕业后分配到平昌县林业局从事科技推广工作。刚到县林业局时，何长斌主要从事造林工作。为提高育苗及造林成活率，他组织科技人员开展桤木半旱式育苗试验，深入荒山秃岭进行土壤等立地因子调查，合理规划马尾松人工撒播造林，有效提高了全县荒山造林质量和效率。

2008 年，林业专业出身的何长斌调任森防站站长，成为森防站的第一个"外行人"。有人质疑他不懂森林病虫害防治，无法胜任工作。他说："只要愿意学，没有办不成的事。"他几乎把工作之余的所有时间都用在学习林业有害生物防治知识上，还经常深入林区采集松褐天牛、桤木叶甲等各种害虫标本，准确掌握全县各年度林业有害生物的发生种类、发生期、发生量、发生范围、危害程度等实时动态信息。

有一年，平昌县大面积暴发蜀柏毒蛾危害，何长斌看到大片郁郁葱葱的柏树林被毒蛾吃掉，非常痛心。为降低下一代虫口密度，他组织人员在 6 月成虫羽化期，全面开展灯光诱杀活动。由于最佳诱杀期仅 7 天左右，为保证用电安全及诱杀效果，每天傍晚，他都带着森防站工作人员深入各乡镇的村社、山头、林地察看虫情、指导诱杀，直至第二天早晨四五点才回家。休息不到 2 个小时，他又上班进行汇总统计，安排下一步工作。连续高强度工作了 10 多天，何长斌一下瘦了 10 多斤，有一次还差点被草丛中窜出来的毒蛇咬伤。后来，平昌县在巴中市率先采取蜀柏毒蛾飞机防治，何长斌同工作人员一起深入现场，动手调配苦参碱药物浓度，几天下来眼睛红肿，皮肤发生药物过敏反应，但他仍然坚持工作、"不下火线”。在他担任森防站站长期间，平昌县林业有害生物测报准确率达到95%，森林病虫成灾率控制在3‰以内，无公害防治率达100%，种子、种苗产地检疫率100%。经过几年的学习和积累，曾经的“外行人”成为平昌县最懂病虫害防治的“专家”。

2015年，平昌县成立花椒产业发展办公室，推进全县青花椒产业发展，何长斌就此担起青花椒技术服务推广的重担。对于花椒的栽植和管理，他也是初次接触，但万物同理。他说：“地里的东西，只要掌握了其生长规律和关键环节的技术要领，我想难度也并不大。”他一方面查阅了大量的资料了解花椒的种植历史、生长习性、种植要领、产业现状和发展前景，一方面多次到花椒主产区重庆江津，四川洪雅、金阳、汉源，甘肃陇南等地实地观摩学习，逐步掌握了花椒育苗、栽植、施肥治虫等方面知识。对技术的严谨程度他更是一丝不苟。记得是2016年7月的一个周末，在澌滩镇四坪村指导花椒修枝整形技术时，因来年结果枝的预留问题拿捏不准，第二天是星期天，他硬是搭车几百公里亲自到江津区先锋镇向花椒专家实地请教学习。事后同事们笑他“倔”，说打个电话、拍个视频不就解决了，非要跑一趟。他说：“兄弟们，这一剪下去可都是椒农的血汗钱啦，万一影响了来年的产量咋办，以后又怎么开展技术指导呢？”

花椒产业发展初期，工作千头万绪，立地条件的选择、栽植要领的传授，都需要技术人员到场指导。何长斌和他的同事们整日穿梭在林间地头，到各个乡镇、村社选择适宜花椒种植的地块，指导村民砍杂除灌、清除前茬作物、整地拌地。一个季度下来，何长斌穿烂了2双皮鞋。在他和同事们的共同努力和当地政府的有力推动下，2015年平昌县境内的江口、涵水等13个乡镇当年就发展青花椒种植面积3.7万余亩。为更好地指导全县花椒生产，他在借鉴其他地方先进生产经验的基础上，结合本县气候、土壤特征，牵头制订了《平昌县青花椒种植技术规程》，编印了《平昌青花椒丰产栽培技术手册》等书籍，建立起“县、乡、村、业主”四级技术服务体系，制定了全县花椒产业发展技术服务规划，为平昌县后来的全域花椒产业的发展奠定了技术基础。

澌滩镇天花村是典型的旱山村，2016年，村党支部把发展青花椒作为脱贫攻坚的支柱产业来抓，成立了花椒种植合作社。由于缺乏技术，一些村民及干部信心不足，天花村村支书向金平请求花椒办的支持，何长斌主动担任了该村的花椒产业技术员。为保证指导到位，每到管理关键节点，何长斌都会去天花村现场指导，察看花椒管理情况，提供管理技术方案，培训指导生产人员。

不仅是天花村，不管哪里的花椒种植户有疑难问题找到何长斌，他都会有求必应，随叫随到。2017 年 10 月，在接到土兴镇农科村业主李兵辉的求助电话后，何长斌立即赶往花椒林。他看到部分花椒树开始萎蔫，经过仔细观察后他说："这是根腐病，主要原因是理沟太浅，土壤排水不畅，导致根部腐烂，必须理沟排湿，再用甲基托布津 500 倍液灌根。"每次下乡为业主提供技术服务，何长斌都要"望闻问切"：看花椒生长状况和田间管理日志，听业主讲种植情况，耐心询问栽植、管理及用药用肥情况，看花椒根部发育和虫情，查清病灶、对症下药、因地施策，力争拿出最佳的解决方案。他常说："医生如果下错了药就会致人伤残。作为林业技术人员，如果判断不准就会造成树木死亡，给业主造成损失，必须要慎之又慎。"

时间进入到 2019 年，在何长斌等林业技术推广人员的努力下，平昌县青花椒连片栽植面积达 30 万亩，农户和贫困户发展小椒园近 5 万亩，产业基地规模走在了四川省的前列，但有部分业主就是做不出产量，出现了收益不高信心不足的现象。如何提升单株产量，扩大种植户的最大收益，花椒的丰产、高产、稳产技术又成了何长斌和他的技术团队们的研究课题。在总结县域历年花椒栽培管护技术的基础上，结合县域内不同种植区域的土壤特征、海拔高度和温差变化，他们提出了在

何长斌（前）指导花椒病虫害防治（摄影：王永杰）

花椒采摘期间因地制宜试行矮化重剪、高桩弱剪技术，通过多年来实践摸索，技术改良行之有效，单株产量提升了 30% 以上，亩产由原来的 500 多斤提升到了 800 斤以上，种植户的眼里又重新燃起了希望之光，纷纷表示要把小小花椒树种成致富树。看到乡亲们脸上洋溢着的收获喜悦，老何欣慰地笑了。

近年来，何长斌每年深入田间地头指导时间在 180 天以上，每年接受县内外技术咨询 500 多次。在何长斌等林业技术推广人员的努力下，平昌县实现花椒产业综合产值近 3.6 亿元，累计受益农户达 15 万余人。

（撰稿：李　娜　苟　灿　贾召军）

最美林草科技推广员

杨承荣

男，侗族，1964 年 6 月出生，本科学历，正高级工程师，现任贵州省黎平县林业局林业科技推广站站长，享受贵州省政府特殊津贴。曾获国家林业和草原局“最美林草科技推广员”，贵州省优秀科技工作者称号、贵州省科技成果转化二等奖，黔东南州科技成果转化二等奖、科技进步三等奖等荣誉和奖项。主持完成国家林业和草原局重点生态工程天然林保护和退耕还林科技支撑，中央财政林业科技推广示范，农业综合开发，省、州植被恢复等 10 余项示范项目。参与编制油茶、茯苓等 8 项技术标准，参与选育认定 4 个油茶良种。主持完成油茶良种引进试验示范及推广应用研究项目，发表论文 20 余篇。

油茶林技推广改变侗乡群众生活

——记贵州省黎平县林业局林业科技推广站站长杨承荣

黔东南州黎平县是贵州省十大重点林区县，是全国木本油料特色产业示范县，也是国家森林公园、国家湿地公园县。森林资源丰富，森林覆盖率达 72.75%，多少年来，生活在这里的 37 万侗族群众却守着绿水青山过穷日子。如何在“生态美”中实现“百姓富”？怎样让“绿水青山”变成“金山银山”？这不仅是历届黎平县委、县政府工作的重中之重，也是县林业科技推广站站长杨承荣从事林业科技推广工作的初心和使命。

杨承荣出生在林家铺子，他年幼时随父母成长生活在林区，他幼小的心灵已深深地埋下对林业的情感。1980 年初中毕业后报读了黔东南州森林工业技术学校。1983 年毕业分配到基层林业技术推广一线工作了 38 年。他立足岗位、奋发进取、更新知识、开拓创新、勇于奉献，将自己毕生所学的知识，运用到林业科技推广的实际工作中，为黎平县林业产业跨越式发展作出了应有的贡献。

“在决战脱贫攻坚、决胜同步小康的进程中，守着绿水青山过穷日子就是‘美丽贫困’。林业科技就是解开‘美丽贫困’的一把金钥匙。”这是他在工作中经常挂在嘴边的一句话，也是他行动的指南和动力。

油茶是黎平县传统产业，栽培历史悠久，种植面积在贵州省名列前茅，全县有着 13 万亩的油茶低产林，但由于品种良莠不齐、经营技术水平低，全县油茶长期平均亩产量不足 3 公斤，存在着广种薄收、事倍功半的现象。杨承荣看在眼里，急在心上，如何破解这一瓶颈，是杨承荣思考最多的问题。经过多方学习，他发现，品种和栽培技术是黎平发展油茶产业的短板，也是阻碍油茶产业发展的瓶颈。他积极主动向领导汇报，解决问题的唯一出路就是引进油茶良种，开展种植试验示范。进入 21 世纪，黎平县委、县政府开始大力调整林业产业结构，任县林技推广站站长仅 2 年的杨承荣挑起油茶品种改良和技术提升的重任。

说干就干。2002 年，在南京林业大学专家的指导下，杨承荣从中国林业科学研究院亚热带林业研究所引进 13 个油茶良种共 4 万余株苗木，在黎平县高屯镇小里村、绞便村和肇兴镇肇兴村创建了贵州首个面积300亩的油茶良种试验基地。经过6年观察、筛选，2008年亩产油30多公斤，按时价计算，平均亩产值1500元，较传统油茶产值增加10倍。

时任黎平县林业局副局长杨序成说："建试验林他总是不放心，每周都要去观察生长情况，如果死了一株苗木，是他最痛心的事。他总要求管理试验林要像管理菜园子一样细致，他将推广油茶良种作为毕生的事业在坚持着。"

"靠山吃山，我家有10多亩油茶林，是父辈留下来的，树老了没有效益了，杨站长来村里培训油茶栽培管理技术，我按照他讲的去改造，现在油茶产量提高了30%，每年收入增加了1万多元。"肇兴村陆成标说。

引进油茶品种试验成功了。如何在全县推广，让油茶产业成为黎平林农的"绿色银行"和"绿色提款机"？杨承荣坚信，种苗培育是关键。如何突破这个科技推广的"最后一公里"呢？他思来想去，鼓励时任小里村村主任的欧安烈尝试开展育苗。欧安烈起初不了解育苗技术，存在畏难情绪，他耐心动员，手把手教，几个月下来，欧安烈从"门外汉"成为技术骨干，并成立首家生产经营优质油茶苗木的专业合作社，杨承荣还为他请来中国林业科学研究院亚热带林业实验中心专家，

杨承荣（左三）在培训油茶修剪技术（摄影：李振东）

为合作社苗木培育提供技术支撑。该合作社已累计培育 1000 余万株优良苗木，为 300 多户贫困户提供了育苗技术培训，并通过苗圃劳务用工，带动贫困户户均增收 6000 余元。目前，欧安烈已成为远近闻名的“油茶老板”，同时发挥了很好的示范带动作用。小里村村民刘世忠在其带动下种植油茶良种，他告诉杨承荣：“我种了 20 亩油茶新品种，种植第 4 年就开始挂果了，比本地茶籽产量高，现在每年都有 3 万余元收入，解决了我家的经济难题，2 个孩子读大学的钱总算是凑齐了。”

“我家住在高山上，开门见‘山’，如果不在山上讨生活，我们无法提高家庭收入。”黎平县孟彦镇宝霞村的柴大文是村里的劳动模范，他感激地说道：“2012 年通过杨站长给我们培训油茶技术，了解到油茶良种经济效益高，我承包了 300 亩荒山，贷款种油茶，他亲自来山上指导我，种植 5 年就开始得收益了，去年已得了 30 万元的收入。真的感谢他，没有他推广的油茶新品种，我可能还是一穷二白。”

为将油茶新技术送进千家万户，送到田间地头，近 10 年来，杨承荣的足迹踏遍黎平县 26 个乡镇（街道）。为方便侗族群众了解油茶栽培技术，他坚持用“侗汉双语”方式进行宣讲，亲自编写油茶栽培技术资料，建立油茶微信群、QQ 群等，组织培训 300 余期，培训基层干部、农户、技术骨干达 3 万余人次，发送油茶栽培技术要点和解答技术咨询问题数千条，辐射带动农户 5 万余人，接受群众咨询 2 万余人次，发放技术手册 3 万余册。此外，杨承荣还负责几个贫困村的科技扶贫工作，他经常利用公休、节假日时间深入村里指导产业发展，村民们也非常喜欢听他讲，亲切地称呼他“老杨”。

“怎么剪枝，怎么除草，怎么管理？杨站长用侗话跟我们讲课，讲得很生动，我一听就会了。按照杨站长说的话去做，我家的油茶林增加了 2 成收入。”黎平县永从镇三龙村的侗族村民吴丕芳在杨承荣的指导下种上 50 亩油茶，现在每年增收 2 万多元，她乐观地估计，过 2 年后争取增收 5 万元以上。

杨承荣作为县里的油茶专家，也是一名脱贫攻坚扶贫队队员，负责的几个贫困村都有大量的低产低效油茶林，亟待提质增效。各村的扶贫干部，为了让贫困户尽快脱贫，都请他去为贫困户培训油茶低改技术。此时，杨承荣就会在几个村之间来回跑，手把手教群众低改技术，恨不能有三头六臂。“那段时间是我最紧张的日子，每天晚上我都睡不好觉。整天都在想怎么才能让更多的群众在短时间内富裕起来。”扶贫工作时间紧、任务重，不管再忙，他都不曾拒绝，“白天去不了，那就晚上去，只有将油茶低改技术传授出去，提高效益，才能使贫困群众尽快脱贫。”

黎平县水口镇纪流村主任石德明说道：“老杨在我们这里特别受群众的欢迎，

他不仅会讲汉语，还会讲侗语，平易近人，跟村里面的老老小小都有说有笑。特别是他给我们带来了许多新的知识和观念，村里的脱贫攻坚他给了极大的帮助和支持，全村的群众都感谢他。”纪流村石仕成说：“我现在终于明白油茶嫁接技术了，多靠县林业局的老杨，来村里扶贫时教会我的，现在嫁接的都快结果了。我准备明年春天把产量低的油茶树换成新品种，提高产量，把油茶产业搞好。”

通过推广良种、技术培训和示范带动，截至2020年年底，黎平县新建和改造油茶达35.7万亩，种植油茶良种23余万亩，涉及26个乡镇街道403个村，实现年综合产值4.8亿元，带动贫困户2万余户，解决就业岗位6.5万余人次，人均年收入达3000元。仅2020年春季，黎平县就新增油茶种植4.5万亩。

习近平总书记说，“人不负青山，青山定不负人”。从事林业科技推广工作的杨承荣，扎根基层38年，每个山坡上都留下过他的脚印，每片树林里都撒下过他的汗水，每个村寨都留下过他的声音。伴随着油茶一天天地长高，杨承荣的身子却一天天矮了下去。“让侗乡黎平的绿水青山变成金山银山，坚守这颗初心，杨承荣从青丝到白发，为黎平青山崛起、后发赶超贡献了自己的智慧和力量。”谈到杨承荣对林业推广工作所作的贡献时，黎平县林业局局长石庆茂这样说。“油茶林技可以改变侗乡群众生活”，这是老杨同志常挂在嘴里的“口头禅”，纵使芳华留不住，岁月已白头，每谈到“科技兴林”时，仍有青云志。

（撰稿：陈彦君）

最美林草科技推广员

唐红燕

女，哈尼族，1976 年 10 月出生，九三学社社员，硕士，正高级工程师，现任云南省普洱市林业和草原科学研究所研究室主任，享受云南省政府特殊津贴。曾获国家林业和草原局“最美林草科技推广员”，云南省科技进步奖、省“技术创新人才”、省“林业科技工作先进个人”、省“五一巾帼标兵”和普洱市科技进步奖、市“巾帼标兵”等荣誉和奖项。从事林业科学研究及技术推广工作 25 年，先后主持和参与了 30 余项科技项目，获得国家发明专利 5 项，选育良种 7 个，编制云南省和普洱市林业地方标准及规范 8 个，发表学术论文 40 多篇。

让林草科技之光闪耀普洱的哈尼族女子

——记云南省普洱市林业和草原科学研究所研究室主任唐红燕

哈尼族是我国55个少数民族之一，主要聚居于云南元江和澜沧江之间。长期以来，哈尼族艰难跋涉的迁徙过程和艰苦卓绝的梯田农业发展历程孕育了“天人合一、自强不息”的哈尼梯田精神。哈尼族人民不仅具有“尊重自然、顺应自然、保护自然”的生存智慧，更有“坚忍不拔、不屈不挠、勤劳简朴”的民族性格。在普洱茶的故乡，就有这样一位典型的哈尼族女子，25年如一日不懈追求、坚持梦想，崇尚自然、热爱自然，将自己的青春汗水都奉献给了她所挚爱的绿色事业。她就是唐红燕——普洱市林业和草原科学研究所一名普普通通却又充满能量的少数民族女科技工作者，多年来始终醉心林草科技工作，潜心研发林草实用技术，热心服务林草基层，尽心林草成果转化事业。

学无止境，醉心林草科技事业

唐红燕和许多女孩子一样，小的时候就爱上了绿的草、红的花，心里总编织着一个美好的梦。于是，带着梦想，初中毕业后便报考了思茅林业学校。1996年7月，19岁的她从林学专业毕业后，带着五彩斑斓的青春之梦，被分配到普洱市林业科学研究所（现林业和草原科学研究所）工作，从此开始了自己为绿色而奋斗的人生旅程。

从事林业工作并没有她想象的那么浪漫和美妙，虽然出工作成果时大家看到的是光环，但工作的过程除了枯燥就是艰苦，还有需要学习和解决的技术难题。尽管有充分的思想准备，但一到单位，她发现现实和理想相去甚远，只有中专文凭的她只能从学徒做起，主要工作是在单位苗圃地从事育苗工作。这小小的育苗工作，要做好还不容易，怎样播种育苗，如何浇水、施肥、防治病虫都是技术活，唐红燕除了上班时间认真仔细工作，下班了还经常趴在苗地里观察、记录。工作2年后她发现自己的中专知识远远满足不了工作的需要，于是她参加了成人高考，云南农业大学园艺专业专科毕业后，又参加华南农业大学自学考试，热带作物栽培专业本科毕业后，又用近3年时间获西南林业大学农业推广硕士学位，她就是这样一个好学上进的人。但唐红燕不是盲目追求学历的人，在提升自己学历的同时，学以致用，作为一名基层林业科技工作者，她长期扎根基层、深入一线，勤于学习、勇于创新，扎实工作、乐于奉献。唐红燕立足普洱林业发展实际，按照“革新先试验、推广先示范”的原则，始终坚持科研推广与生产相结合，在林业科学研究、科技成果推广转化和科技下乡服务等方面真抓实干、挥洒汗水。

潜心研发林草实用技术，攻克思茅松育苗难题

思茅松是普洱市重要的材脂两用乡土树种，具有速生、优质、高产脂及生态适应性强等特点，在普洱市林产业发展中具有举足轻重的地位。普洱市为思茅松的中心分布区，普洱市现有思茅松林124.8万公顷，占全市森林面积的40.6%，现有思茅松相关企业400多家，年产值达50亿元以上。作为普洱市的“当家”树种，思茅松长期以来却存在着良种使用率低、扦插生根难、无性系扩繁慢的问题。当时没有人相信思茅松可以通过扦插技术成活，普洱市林科所从浙江省请来的专家指导思茅松扦插育苗试验，扦插成活率也只有60%左右。

唐红燕20余年来始终持之以恒加强思茅松基础研究，推动科研、推广与生产相结合，有效解决了普洱市“当家树种”——思茅松良种使用率低、无性扩繁速度慢等问题。在试验初期，扦插的穗条不仅没有萌发根系，而且全部腐烂死亡，唐红燕为之操碎了心，为了攻克这一技术问题她放弃周末休息日，放下年幼的孩子，一心扑到苗圃地中，一次次的试验、分析，最后找到了原因，原来是外源激素浓度、基质、湿度等因素直接影响着扦插苗成活率，找到了问题的关键点后，思茅松扦插苗成活率达90%以上。

2006年单位安排唐红燕到景谷县试验示范林场嫁接思茅松。她每天背着两个军用包，左边是穗条，右边是绑扎带，嘴上含着刀片，手上拿着枝剪，还要带着一张图纸漫山遍野地跑，到下午的时候累得只能坐在地上搞嫁接，几天工作下来，右手食指关节由于拉绑扎带，又肿又痛，同事叫她休息，她说：“大家都在干活，我不能掉队。”也因为有了这次工作经历，她一直在暗暗地思考：“有没有什么方法，既可以提高嫁接成活率，又可以让女同志也能轻松搞嫁接。”功夫不负有心人，唐红燕连做梦都想找到的新方法终于有了眉目。一次，她去广州出差，发现了湿加松的嫁接方法可以借鉴，她像发现了“宝贝”似的，未及返回就开始策划

思茅松的高效嫁接技术实验。她通过优化思茅松砧木苗培育、穗条质量选择、嫁接方法、嫁接苗管理等手段，成功发明了思茅松容器嫁接苗培育技术，使思茅松嫁接平均成活率从75.3%提高到88.9%，每天嫁接60多棵提高到100多棵，降低了育苗成本，提高了嫁接速度，并且在苗圃培育容器嫁接出来的苗木质量更高。此外，她通过施用微生物菌肥和缓施肥对思茅松壮苗培育的影响研究，有效解决了思茅松扦插苗造林后有5个月的时间生长缓慢、严重影响造林效果的问题，使一年生思茅松扦插苗平均苗高、地径生长量高于对照145%、110%。

唐红燕研究出的这套技术简单易学、可操作性强、节约成本，不论是在苗圃，还是在造林地附近的临时苗圃，都可以培育思茅松扦插苗，非常值得推广和运用。宁洱县林业技术推广站李智慧说："我很佩服她呢！在没有接触到唐老师以前，我们想都不敢想思茅松扦插苗成活率可以到90%，扦插苗根系多，生长好，以前我们也做过些试验，扦插苗容易发生根腐病，成活率只到20%~30%，侧根只有2~3条，而且出现扦插苗发黄、长不高的现象。"

在思茅松扦插育苗技术攻关的那些年，唐红燕几乎没有休息日，风里来雨里去，每天都在苗圃地，天天都是忙到天黑才下山，雨季的时候就与林农同吃同劳动。她因长年在野外工作，皮肤红里透着黑，地地道道的一个被太阳使劲浸泡过的朴实的林家人，经常被同行亲切地称为"小黑妹"。在唐红燕带领下，她的团队认真研究生产中遇到的每一个技术问题，经过一次次科学试验，攻克了一个又一个技术难关，研发出了思茅松良种无性扩繁、容器嫁接等实用培育技术。正因其出色的工作实绩，年仅42岁的她就晋升为正高级工程师，成为当地林草系统年龄最小的"正高"。

热心服务基层，尽心成果转化

唐红燕始终把"从实践中来、到实践中去"作为林业科研和推广工作的出发点和落脚点，针对基层、企业和广大山区群众对林业科技的需求，筛选出适合普洱当地的林草先进技术进行推广应用。林业项目，都在山头地块，而且雨季是林业项目实施的黄金时间，造林地调查、试验布置、林农指导等，唐红燕都亲力亲为。雨季林区路滑，车子经常会陷进泥泞之中，或掉进水沟，她经常得把车子推出来，有的时候车子实在出不来，就干脆走路去造林地。造林地一般都在很偏远的地方，她经常是早上上山，晚上才能下来，唐红燕都会提前买好糯米饭、包子、馒头和一些咸菜，中午饭就在山上解决。项目在哪里实施，哪里就留下她忙碌的身影，耐心地给林农讲解各种技术要点，还反复亲自操作示范，直到林农学会为止。因为她平易近人，不管到哪里总能很快和大家打成一片，大家亲切地称她“唐妹”。

唐红燕经常到普洱市西盟佤族自治县进行科技下乡服务工作，因项目技术工作具有连贯性的特点，她甚至放下身患甲状腺癌晚期、脖子上带有气切口的爱人投身于林业一线战场。在西盟出差的一天晚上，是唐红燕终生难忘的日子，她接到朋友的电话，告诉她爱人因气切口大出血病危已住进普洱市人民医院抢救室，需要家属签字后做手术急救，经与医院沟通后是单位领导代她签的字。唐红燕一路抹着泪水连夜赶回普洱，心里不停责怪自己对爱人关心太少。幸运的是经过治疗，爱人的病情得到了控制。没过多久，她又开始到西盟指导澳洲坚果丰产栽培技术，同事问她为什么不在家里多陪陪她的爱人，她说：“爱人养病是一个长期的过程，我有工作在身，不可能一直只守着他，示范基地建好了，可以带动一方百姓致富，是大事情。”通过品种选择和搭配、修剪、施肥，唐红燕在班箐乡指导建成澳洲坚果示范基地 500 亩，辐射带动种植 10000 多亩。

她长期深入基层、企业、农户、生产第一线，参与林业科技下乡、科技咨询、

唐红燕在进行思茅松林生长量调查（摄影：李晓燕）

实用技术培训、技术交流等服务，普及林业科技知识，不断为基层、企业、林农解决林业生产中遇到的技术难题。近 5 年来，累计开展林业科技培训 20 多期，印发林业科技宣传资料 1 万多份，培训基层、企业科技人员和林农达 5000 多人次，使林业科技知识得到了有效普及应用，提高了基层、林农林业科技水平，赢得了广大基层干部和山区群众的尊重和认可。

科学技术是第一生产力，成果转化则是实现这一目标的必经途径。唐红燕按照林业生产需要，积极推广林业适用技术，促进科技成果转化。她创新应用思茅松扦插育苗技术、思茅松容器嫁接苗培育技术、思茅松良种育苗及造林技术、白及良种引进扩繁丰产栽培技术、滇黄精育苗及丰产栽培技术等多项研究成果，在思茅松适生区累计建成试验示范基地 5000 余亩，辐射带动面积 10 万余亩；建成白及大田集约化种植示范基地白及 300 余亩，滇黄精 200 余亩，辐射带动种植白及、滇黄精 2.17 万亩；应用选育的云南多依良种，建成试验示范林 1000 余亩，辐射带动面积 1 万余亩。普洱市玉林林业开发有限公司负责人张朝玉说："唐高工带来的技术非常接地气，先后指导我们培育了优质苗木 2000 多万株，新增产值 2000 多万元、利润 200 万元以上，还给附近的农民提供了 500 多个就业岗位。"通过将林业科技运用于生产实践，唐红燕有力地促进了林业科技成果转化为现实生产力，并切实推动了普洱生态建设、产业发展和农民增收致富，取得了良好的社会、经济和生态效益。

长期以来，唐红燕一直致力于普洱林业科研和技术推广事业，踏实严谨、求真务实、无私奉献，是普洱林业行业的业务技术骨干和林业科研带头人之一。总是有朋友不解地问唐红燕同一问题：你已经是正高级职称了，还那么拼命做什么？她总是淡淡地回答："国家和单位培养了我，林业工作虽然辛苦，但辛苦是一种磨炼。辛苦中，我体验到了人生的真趣；辛苦中，我锻炼了自己的能力；辛苦中，我充实了奉献的人生。工作虽然辛苦，但我的心不苦。我为这份辛苦而骄傲！"唐红燕就是这样一个执着并默默奉献的人，她的坚持和辛勤付出正在使林草科技之光照耀普洱的千山万岭！

（撰稿：任学勇　马先娅）

最美林草科技推广员

黄佳聪

男，汉族，1966年10月出生，中共党员，本科学历，正高级工程师，现任云南省保山市林业和草原技术推广站站长，享受国务院及云南省政府特殊津贴。曾获中国专利优秀奖，全国优秀科技工作者，国家林业和草原局"最美林草科技推广员"、梁希林业科技二等奖，云南省科技进步特等奖、二等奖、三等奖，云南省最美科技工作者，云南省产业技术领军人才及技术创新人才，云南省政府诤言奖，保山市"兴保人才奖"、科技奖等荣誉和奖项。主持和参与实施国家、省级科技项目19项，发表第一作者论文42篇，专著7部，获国家授权发明专利8件，省级良种14个。

不悔当初务林心

——记云南省保山市林业和草原技术推广站站长黄佳聪

1989 年，黄佳聪从西南林学院（今西南林业大学）经济林专业毕业后，怀揣着对林业工作的憧憬和服务家乡的初心，毅然选择回乡就业，被分配到保山市林业和草原技术推广站，一干就是 30 多年。保山林农的增收致富，离不开黄佳聪及其团队的辛苦付出。

螺旋状交替环剥法解决了大问题

进入初夏，隆阳区板桥镇清水社区三社尹大爹（尹学平）家的核桃林又是苍翠的一坡。尹大妈杨美兰看着毛茸茸的嫩核桃密密麻麻挤在枝杈间，幽默地说，这核桃还是刚出生的婴儿，眼睛还没睁开呢。尹大爹则说，没有黄老师，咱家的核桃就结不出来了，今年应该会有第三个丰收年了。

尹大爹念叨的黄老师，就是云南省保山市林业和草原技术推广站站长、正高级工程师黄佳聪。

黄佳聪与尹大爹家的渊源，还得追溯到 3 年前。2018 年 3 月，尹大爹通过《保山日报》记者找到黄老师，请黄老师帮忙去看看他家的 300 多棵核桃树，树龄 10 多年，前些年结得挺好的，每年都能收好几千斤，近 3 年却不结了，十几斤都收不起，且仁儿还是瘪的。

症结马上就被黄佳聪找到了。核桃树种植在阴坡、种植密度过大、营养生长旺盛，直接导致产量逐年降低。两个月后，黄佳聪再次给尹大爹家送来了自己的发明专利技术——螺旋状交替环剥促进泡核桃早实丰产栽培方法，亲自为核桃树进行了技术处理。2020 年 7 月，经过处理的核桃树，核桃缀满了枝头、压弯了树杈，尹大爹不得不用树干去撑核桃枝。山区农民虽然不擅长表达，但他们对黄佳聪的感谢却是深深地装在了心里。

核桃是保山山区农民增收的主要产业之一，黄佳聪的“螺旋状交替环剥促进泡核桃早实丰产栽培方法”为很多农民解决了大问题。此专利于 2018 年 12 月获中国专利领域最高政府奖——第 20 届中国专利奖，为该年度植物栽培领域唯一获奖的专利技术。该技术在 5~12 年树龄核桃植株应用平均增产达 7.3 倍，解决了制约云南泡核桃生长结果期植株只长树不结果或结果少的关键性、共性难题，是目前云南核桃推广应用最广泛、非传统的单一技术。黄佳聪主动将该技术无偿培训核桃种植户使用，推广应用面积达 30 万亩以上。

科技推广就是兴趣和爱好

黄佳聪真的喜欢科技创新和推广，他常年放弃周末节假日沉下身子传经送宝，深入野外、试验林地开展调查研究。30 余年来，他开展林木种质资源调查研究的足迹遍及滇西崇山峻岭。在野外，最艰苦的工作自己做，最危险的调查线路他总是身先士卒。在 2015 年的一次余甘子种质资源调查优树采样工作时，他因树体折断坠落导致右腿 6 处粉碎性骨折。意外伤痛没有影响他的工作激情，接骨手术稍好后即刻又投入正常工作。他以常人难以想象的坚毅，带伤完成龙川江、怒江、澜沧江、元江、金沙江流域 18 个余甘子自然居群遗传多样性研究 558 份（株）鲜

黄佳聪（前）在向群众传授核桃环剥技术（摄影：杨晏平）

叶样品的采集工作。

在中草药余甘子产业发展初期，黄佳聪就积极对接“奇正藏药”“云南白药”等大型企业介入产品研发、收购和动员，扶持种植大户建厂从事产品深加工，延长了产品产业链，提高了附加值，使余甘子果实市场供不应求，每公斤鲜果产地价格达7元，亩收益达1.5万元以上。其驻点服务之一的隆阳区潞江镇丛岗村傈僳族群众郭竹存是余甘子种植户，2018年、2019年、2020年余甘子种植、加工销售收入均超过100万元，带动周边傈僳族贫困户23户每年增加务工收入8万元以上。

2016年以来，因自主知识产权良种“高黎贡山余甘子”和“螺旋状交替环剥促进泡核桃早实丰产方法”在云南省被广泛应用，先后在省内其他州市开展技术培训21期1745人次。由他主持选育的省级审定良种‘高黎贡山余甘子’在云南省栽培面积30万亩以上，占云南省余甘子产业栽培面积的98%以上，对云南省干热河谷生态修复、产业发展和国土绿化提供了重要支撑，年新增农业产值达1.3亿元。除此之外，他主持创新集成腾冲红花油茶全产业链关键技术支撑体系，技术成果推广应用79.3万亩，新增纯收益3.57亿元。

沉下身子悉心服务

黄佳聪深知，林草科技只有真正掌握在种植户手中，才能够充分发挥其应有价值。他把更多的精力放在林草科技推广工作上，创新工作方法，把毕生所学、所得、所悟倾其所有传递给种植户，让科技惠及更多的群众。近5年来，围绕保山市林草产业发展重点难点，他编制发放技术手册7本30余万册，组织及主持技术培训4.2万人次，主讲培训1.4万人次，科技推广的足迹遍及保山全市乡镇及林果主要栽培村（社区），每年进村入户开展林草技术推广天数多在130天以上，有时从晚上20点开始直到凌晨才结束，在村寨与农户同吃住。为抢抓林果栽培节令，他常常放弃休息，一天培训跑场多点，不说培训场地之间路途奔波，仅培训讲课时间每天即达9小时左右；现场教学总是穿梭在林间指导种植户进行整形修剪，近30年如一日，指导农户修剪、整形、中耕管理步行2万公里以上；越是边远的贫困村他越不会忘记经常去培训指导农户开展良种良法技术应用，每年回复群众技术咨询电话不计其数。2020年，带领技术团队支撑服务保山市林草产业587万亩，农业产值达35亿元以上。

在下乡服务中，整形修剪、石硫合剂熬制配兑、病虫害防治等，通过常规技术培训或者技术指导，群众很难掌握难点、重点，于是黄佳聪连续多年高密度、高频率下乡，且每次要待在村里很多天，每天带领群众工作 12 小时以上，为培养乡土人才专业队伍创造了条件。

更让人尴尬的是，有时他们还要经受林农的特殊考验。2017 年 2 月，黄佳聪到隆阳区潞江镇丛岗村傈僳族群众郭竹存家推广余甘子整形修剪技术。刚开始，户主和乡邻都很配合，后来的两三天里，人越来越少，最后主人都不“待见”了。黄佳聪心里明白，林农对他有疑虑。他要让实力说话！他和团队成员默默整形修剪完 20 多亩余甘子，当年经他手修剪过的品种品质大幅提高、产量成倍增加。郭竹存口服心也服！在黄佳聪的指导下，郭竹存 2020 年通过土地流转又新种植余甘子 104 亩，郭竹存也于 2019 年被中国林学会认定为全国林草乡土专家。现在，郭竹存将黄佳聪当成了主心骨，干什么都先征求黄佳聪的意见。

隆阳区瓦窑镇下麦庄村，山高坡陡，有农户 103 户、459 人，彝族、白族等少数民族占了 71.3%，是典型的山区村、边远村、少数民族聚居村、国家级贫困村，这是黄佳聪的驻村服务点之一。该村 2018 年农户核桃收入 360 万元、2019 年核桃收入 320 万元、2020 年核桃收入 310 万元，基本稳定在人均 7500 元左右。群众都将黄佳聪当作了“摇钱树”和“聚宝盆”。

青山有语，大地有痕，在科技传播的道路上，黄佳聪的身影永远坚毅而执着。

（撰稿：刁丽俊　王佳纯）

最美林草科技推广员

拉顿

男，藏族，1976 年 9 月出生，中共党员，本科学历，现任西藏自治区那曲市林业和草原局党组成员、副局长，第十一届西藏自治区政协委员。曾获全国绿化奖章、全国林业有害生物防控工作突出贡献奖，国家林业和草原局“最美林草科技推广员”，西藏自治区农科教工作先进个人、那曲市优秀共产党员等荣誉和奖项。20 多年来，潜心研究那曲高寒高海拔城镇植树试种，试种各类苗木 65000 多株，改写了那曲种不活树的历史。

那曲种不活树的历史被改写

——记西藏自治区那曲市林业和草原局副局长拉顿

西藏那曲许多老百姓在家门口就没有见过树。

党的十八大以来，习近平总书记一直牵挂着居住在海拔4500米、祖祖辈辈都没有在家门口看到过树的那曲人民。2017年10月21日，习近平总书记在科技部专报信息第140期《科技支撑西藏那曲植树取得阶段性成果》上作出批示，“将持续关注那曲种树”。为贯彻落实习近平总书记关于“那曲依靠科技种树”的重要指示精神，西藏自治区党委书记吴英杰也对林业工作作出了“争取高寒地区有突破”的批示。

而那曲市的现实情况是，平均海拔4500米以上，属于高寒地带，冻土层厚，风大天寒，全年大风日100天左右，年平均气温为-2.2~3.4℃，极端最高气温为23.2~29.4℃，极端最低气温为-42.9~-24.5℃，每年10月至次年5月为风雪期和土壤冻结期，5~8月为植物生长期，全年植物生长期只有100天左右，恶劣的环境、极端不利的自然条件使在那曲种活树长期成为不可能，也是新中国成立后多年没有攻克的难题，而市区所在地也曾是全国唯一一个不长树、无树木的城镇。

在那曲种活树的艰巨任务，既是一项重大的科研任务，也是一份重要的政治责任。

为了打破那曲不长树、无树木的历史，攻克那曲不长树的难题，自1999年开始，20多年来，拉顿一直从事那曲高寒高海拔城镇植树研究工作，通过不懈探索和无数次的失败，那曲植树试种从无到有，终于从失败走向成功。目前已试种各类苗木65000多株，在那曲市区部分行道、单位、学校植树绿化初步形成，终于让那曲老百姓在家门口看到了自己种的树。

色尼区的云杉存活已达10年以上

在色尼区（市区所在地）植树造林是特别艰难的事，也是从事那曲造林工作技术人员遇到的重大课题。自1999年从当雄引进2株当地柳（藏速生柳）开始，他正式发起了在那曲的植树试种攻关。试种当年春季，树苗生长不明显，大多嫩枝处于半死半活状态，到第二年春季，开始长出新枝条，生长旺盛，但进入冬季后，当年长出、未充分木质化的新枝条，因为风大天寒发生生理失水、抽干而干枯。失败的教训让他认识到在高寒高海拔地区要种活树，树种的选择和后续管护至关重要。他随后从阿里、山南、那曲索县引进了高山柳（同一树种，不同品种）、沙棘、北京杨等树种进行试种。为了提高苗木的成活率，采取了新枝修枝、抹芽等办法，使得苗木的高生长、木质化程度有了较大的改善，进入冬季，给苗木基部填土、浇透水，让苗木基部充分受冻，这样苗木存活率也相对提高了很多。2007 年，他从拉萨购买云杉和北京杨树苗 20 多株，在那曲行署办公楼前进行了试种。进入冬季后，他想尽各种办法，采取了阳光板全封闭保暖等多种管护措施，从第三年开始让苗木完全在露天环境下生长，至今少量云杉和北京杨已经存活 10 年以上。

拉顿（前）带头开展高寒植树试种（摄影：多吉）

高寒造林试验基地苗木成活率突破75%

2008 年开始，在自治区林业厅的大力支持下，那曲林业局在那曲镇次曲河边建立了规范、科学的第一个那曲镇高寒造林试种试验基地，总面积 12.3 亩，从此开启了那曲镇境内植树试种工作的新阶段。拉顿既是技术负责人又是一线操作员，他采取防风、抗旱、优选树种等一系列措施开展试种。首先，他采用在种植区建立挡风架、基部填土、夏季修植等办法，并对造林分区进行了不同的措施，使得苗木成活率有了大幅度提高；其次，通过挖井提水和人为浇水，减少冬季抽干、失水等措施；第三，从距那曲镇 200 多公里的嘉黎县引进了 300 多株抗性较强的高山柳种苗进行试种，保证良种供给。当年同时在试验基地内实施了高山柳扦插试验，共扦插 450 株，这也是首次在高寒高海拔地区开展育苗工作。由于措施到位，苗木顺利过冬，到次年其成活率已达 75%。当时培育出的高山柳苗木已经在全露天下存活 10 年之久，个别树长到了 3 米以上。

市直单位高寒植树成活率达到78%

在自治区林业厅的支持下，拉顿将高寒植树作为一辈子的事业，用一棵棵绿树绘就了为那曲铺绿的梦想。

2016 年在那曲规划了近 1 万多平方米试种绿化样地，实施集中连片试种造林，试种树种有云杉、柏树、北京杨等 8 种，共栽植 4560 株，并在地区、行署大院及建设局、农牧局等 8 家地直单位试种栽植 450 株云杉。在地区、行署大院的试种区域，一进入冬季，他就采取阳光板封闭等防风、防寒措施，明显减少抽干现象，试种成活率达到了 78%。

2018 年在自治区林业厅大力支持下，共计试种植树 19898 株，其中，70 多家市直单位大院、中小学校、2 个试验基地试种植树 11971 多株，他选择了耐寒、耐旱、耐盐碱、抗风蚀的高山柳、樟子松、云杉、杨树、柳树、沙棘等 14 个树种。他还在浙江西路两侧开展了那曲历史上首次街道试种绿化，街道绿化总长 1200 米，树种为高山柳、云杉、樟子松、沙棘 4 种 612 株。

2019 年，他选择从阿里地区引进班公柳、从比如县引进高山柳进行那曲迎宾路段植树绿化，绿化总长近 7 公里，植树 33000 多株，并对市林草局 2 个试验基地、11 家市直单位、8 所中小学及浙江西路补植 5200 株，投入资金近 530 万元，当年平均成活率达 70%以上。

2020 年，他又组织引进树苗 8443 株，其中从阿里引进班公柳 4931 株，从山南引进山杨、北京杨、云杉、左旋柳等 12 个树种 2974 株，从索县加勤乡引进云杉 538 株。

20 多年来，在他的艰辛努力下，那曲市区所在地 2 个试验基地，市直 49 家单位、色尼区 15 家单位，浙江西路及迎宾路上，已经挺立着 65000 多株绿树。它们努力地扎下根，倔强地挺立着，坚强地向上生长，迎霜傲雪，就像几十年如一日坚守在艰苦岗位上却甘之如饴的广大西藏党员干部。那曲市区种不了树的历史已经成为过去，本地乡土树种——高山柳和阿里班公柳在那曲推广种植的技术初步成熟，单位院落零星植树绿化成为现实，习近平总书记“那曲依靠科技种树”的批示精神得到了有力践行。

“咬定青山不放松”，拉顿心中一直有个播种绿色、绿化山川的梦想。看呐，现在的他，正卷起袖子向着青山铺绿的目标奋进。

（撰稿：苑铁军　王　辰　吴世军）

最美林草科技推广员

曹席轶

男，汉族，1962年2月出生，中共党员，本科学历，陕西省安康市林业技术推广中心二级正高级工程师，陕西省科技特派员，享受国务院特殊津贴。曾获国家林业和草原局“最美林草科技推广员”“科技服务林改先进个人”“全国生态建设突出贡献先进个人”，“陕西省林业突出贡献先进个人”“陕西省有突出贡献专家”，安康市有突出贡献专家等荣誉称号，累计获得省（部）、市（厅）级科技成果奖励40余项，其中省（部）级科技进步奖和农业技术推广成果奖18项。累计引进林木良种40余个，选育林木良种5个；主持起草制订陕西省地方标准20项、安康市地方标准63项。编制和印发林业实用技术资料50余万册，林业科技成果转化和先进技术推广面积达350余万亩。

为了秦巴山区的树绿果香

——记陕西省安康市林业技术推广中心二级正高级工程师曹席铁

36年来，这个低调务实的陕北汉子远离家乡和父母，一直坚守在安康市林草科研和技术推广第一线，秦巴汉水处处留下了他坚实的脚印。

他是陕西省林草科技推广战线上的名人，曾经带着腰椎伤痛连续几十天下乡开展林草科技推广和科普宣传，经常加班加点，很少休假，却没有一次叫苦叫累。这个把自己毕生精力和理想奉献给安康林草科技事业的人，就是安康市林业技术推广中心原主任曹席铁。

创新造林模式，让汉江沿岸实现绿化美化

安康地处秦巴山区，汉江由西向东穿流而过。全市七座县城近200万人生活在汉江两岸。这里还是南水北调中线工程重要的水源涵养区和影响区，丹江口库区60%的水来自安康。由于受长期的雨水冲刷、交通和水利等基础设施的建设、人为生产生活等因素影响，汉江沿岸水土曾流失严重。过去造林采用的是“挖一镢头、放株小苗，踩上一脚”的方法，加之汉江坡面是“见水却没水”，干旱时苗木多半会干死，涝时树苗会被雨水冲走，造林成活率一直在低位徘徊。

为了使安康市境内340公里的汉江沿岸早日实现绿化美化，2004年以来，安康市委、市政府先后提出瀛湖绿化和汉江绿化治理意见。为此，曹席铁积极牵头组织市县林业技术人员组成勘察设计和技术指导服务团队，深入瀛湖库区调研，经过连续70多天奋战，组织完成了大瀛湖库区绿化治理规划作业设计方案。2006年，他又牵头用4个多月对汉江沿岸实地勘察调查，完成汉江沿岸绿化治理规划作业设计方案。

为提高造林成活率，曹席铁研究提出了创新造林技术模式，加大成果转化力度，在岩石裸露、陡坡、土层瘠薄等不同区域采取不同的整地造林技术模式。针对不同的立地条件，曹席铁采取人工和爆破整地、客土回填、2年生营养钵苗栽植、地膜覆盖技术，形成了一套汉江沿岸困难立地造林综合配套栽培技术体系，使造林

成活率、保存率均保持在95%以上，成为安康在困难立地造林技术上的经典案例。曹席铁主持完成的瀛湖林果丰产栽培技术示范、抗旱造林技术示范、困难立地造林技术研究与应用等多项成果获得省、市表彰奖励。同时，经过多年的努力，汉江沿岸已实现绿化美化，建成了绿色长廊和花果飘香的产业带。

推行标准化，支撑现代林业高质量发展

2006年以来，为了积极推进林业高质量发展，曹席铁带领技术团队先后分产业门类，研究建立了一系列良种及标准化栽培管理技术体系，确立了“柑橘起垄稀植技术”，漆树“一穴双株栽植技术”，核桃、油茶、漆树、茶叶、枇杷、木瓜、拐枣等高产示范园建设技术，低产低效林提质增效示范推广技术，不同矮秆作物、中药材等林下间作套种技术模式等。他认真落实林业工程建设与科技服务“三结合和三同步”技术示范推广法，即：将林业重点工程建设与林业科研推广示范项目相结合，将良种标准化栽培与林业精品示范园建设相结合，将成果转化与深度贫困村产业培育相结合；坚持同步规划设计、同步技术指导、同步检查验收。累计建立核桃、油茶、漆树、茶叶、木瓜、拐枣、大枇杷、板栗、柑橘等科技示范基地5万余亩；编印《林业十项实用技术手册》《林业生态脱贫技术培训手册》《林业技术标准》等技术资料50余万册；每年组织召开技术培训会10余场次，培训市、县林业技术骨干和农民1000人次以上，用通俗易懂的语言，手把手将技术传授给林农，让林农依靠科技兴业致富；通过“安康市林业技术推广”微信平台定期发送技术信息，让林农足不出户就能学到技术，现场打开手机就能按照技术要求指导发展好产业。据调查，截至2020年年底，安康市森林覆盖率达68%，经济林面积逾780余万亩，市级以上现代林业示范园区（示范基地）188个，千村千处林业科技示范点121个，涉林龙头企业34个，林业专业合作社400多个，森林旅游蓬勃发展，当年实现林业综合产值200余亿元。绿水青山就是金山银山的目标正在安康大地逐步实现。

加快成果转化，带领林农脱贫致富

‘安康狮头柑’‘紫阳金钱橘’‘瀛湖大枇杷’是安康的区域特色水果，具有悠久的栽培历史。但由于良种选育推广滞后，群众长期用实生苗栽植，品种退化、重栽轻管，树形混乱，病虫害严重，产量、质量、效益低下，亩产不到千元，有许多园子已撂荒。针对这种情况，曹席铁在广泛调查研究的基础上，采取了多样措施。

他加快优良新品种的转化应用，将选育完成的‘安康狮头柑’‘紫阳金钱橘’‘长崎早生’枇杷良种无偿示范推广给果农，让果农尽快从优良新品种推广应用中获得好收益。

他通过对低产低效林提质增效技术示范推广和大面积经济林标准化栽培管理技术推广，推动小水果规模化、产业化、高效化发展。他先后在旬阳县冬青村、汉滨区九里湾村、紫阳县城关镇、汉阴县平梁镇和涧池镇、汉滨区瀛湖镇清泉村和关庙镇小李村等地建立了一大批‘安康狮头柑’‘紫阳金钱橘’‘长崎早生’良种大枇杷科技示范点。

针对基层和农村缺劳力、缺技术的问题，他加强市县镇（乡）三级基层林技人员的培训，通过集中培训、现场示范、典型引领和现身说法等方式，把技术传授给基层技术人员。结合科技下乡、科技特派员、“三区”科技人才服务、林业科技示范工程建设等，他广泛开展对林业科技示范园区、产业大户和重点户的技术培训工作。他坚持送技术到园区、到农户，现场指导开展整形修剪、嫁接改造、病虫害防治、疏花疏果和套袋技术等，使园区和农户们都能掌握一到两门兴产业、助增收的

曹席轶在油茶低产园开展提质增效技术指导（摄影：曹佳瑛）

实用技术。他还积极组织开展柑橘和枇杷园管理现场观摩会、果品质量品评会及品牌推介活动，并牵头组织编写经济林栽培技术手册免费发放给农民，提高农民的技术能力。

通过一系列科技成果的转化应用、品牌建设、产品营销宣传等工作，‘安康狮头柑’‘紫阳金钱橘’‘瀛湖大枇杷’的果品产量质量显著提高，产业规模不断扩大，市场需求不断增加，经济生态效益显著提升。几个过去无人问津的时令小水果，已培育成当地具有区域特色的优质水果品牌和农民脱贫致富的大产业。

36年来，曹席铁一直热爱着林业科技事业，工作勤勉敬业，取得了显著成绩，先后获得国家、省、市的多项表彰奖励，成为安康市林业行业学术带头人和大专家。目前，他正在带领技术团队认真贯彻习近平总书记的“两山理念”，低调务实，锐意创新，扎实工作，在林业科技事业的广阔天地里挥洒汗水、辛勤耕耘。

（撰稿：曹佳瑛　佟金权）

最美林草科技推广员

张治有

男，汉族，1974年9月出生，中共党员，本科学历，高级工程师，现任陕西省商洛市林业科学研究所副所长，陕西省“三区人才”，陕西省科技特派员，省级核桃专家服务团成员。曾获国家林业和草原局“最美林草科技推广员”、全国科技助力精准扶贫工作先进个人，商洛市优秀科技工作者等荣誉称号，主持实施的“商洛市核桃提质增效关键技术示范”项目被陕西省林业局、林学会评为陕西林业科技成果一等奖。近5年来，累计开展科技推广服务330场次，培训群众2.1万人次，组织录制核桃科普专题片7部，推广核桃实用技术8项，培养农村技术能手3810人，指导果农科学管理核桃园7.4万亩。

核桃科技的追梦人

——记陕西省商洛市林业科学研究所副所长张治有

多年来，商洛大地上活跃着一位“核桃科技追梦人”，他带领身边科技人员精钻细研、攻坚克难，以饱满的工作热情、扎实的工作作风、优异的工作成绩，为商洛核桃产业高质量发展提供了全方位的科技推广服务，用汗水和热血谱写着和核桃一样朴实而丰硕的人生篇章，以实际行动铸就了林业战线科技人员的最美形象。他就是商洛市林业科学研究所副所长、高级工程师张治有。

倾心专注一个产业

张治有参加工作以来，始终对核桃发展事业情有独钟。商洛核桃栽植历史悠久，市域内核桃面积大、分布广，但同时也存在品种杂、产量低、质量效益不佳等实际问题。为强化科技支撑，促进产业转型升级、提质增效，努力攻克影响和制约商洛核桃产业发展的瓶颈技术问题，他几十年如一日，奔波于商洛的沟沟岔岔，终年以核桃园为家。先后组织实施了“不同区域良种核桃适宜品种筛选研究”“商洛核桃地方良种选育”及“区试核桃低温霜冻防控新技术试验与示范推广”等 12 个核桃科技攻关项目，从编制项目计划、起草实施方案到组织实施，检查验收，亲力亲为，一丝不苟，确保了科技成效。

他主持实施的“商洛市核桃提质增效关键技术推广与示范项目”被陕西省林业局、陕西省林学会评为林业科技成果一等奖；主持实施的科技攻关核桃品种区域布局项目和核桃良种选育项目得到业内同行高度评价；参与实施的“核桃高效专用肥示范与推广项目”获陕西省林业厅科技成果特等奖，“商洛市核桃低产幼树高接改造示范推广项目”获商洛市政府科技奖。先后在《中国绿色时报》《陕西日报》《农业科技报》《陕西科技报》《商洛日报》等发表核桃科普文章 19 篇，为果农实施核桃科学管理、提质增效提供了技术支撑。

针对商洛大面积低产核桃幼树急需改造的难题，他不等不靠，组织市、县两级技术人员，采用最先进的嫁接改良技术，高接改造低产核桃幼树51万亩，开创了商洛大面积核桃高接改造工作的先河。针对商洛核桃病虫危害严重的实际，他组织科技人员开展技术攻关，摸清了核桃主要病虫害的发生规律，创新防治方法，从根本上解决了防控技术难题。

为充分引起领导层面对核桃产业发展的重视和支持，他一方面积极呼吁，宣传核桃产业对脱贫攻坚的贡献作用，一方面收集征集相关资料，在市政府《决策参考》等刊物上发表核桃产业发展建议性文章3篇。同时，为推进核桃产业提质增效，他主动为领导决策做好参谋，先后牵头编制了《商洛市核桃产业发展规划》《商洛大力发展红仁核桃的意见》《陕南核桃丰产栽培技术规范》《陕南良种核桃建园技术规范》，撰写了全市《核桃产业规模化发展实施方案》《三书三长包抓核桃示范点实施办法》等指导性文件，为全市乃至陕西核桃产业发展提供了政策支撑和技术依据。

心里装着一方百姓

商洛是国家集中连片的深度贫困地区，长期以来，群众运用传统、粗放式的方式管理核桃园，导致核桃产量、效益低下，许多群众甚至动摇了发展核桃产业的信心。这一切，张治有都看在眼里、急在心里。“群众的难题就是自己的难题！”从那时起，张治有就立志投身核桃丰产技术服务推广工作。他从传授普及林业产业科学技术入手，结合农民技能培训、包村扶贫、项目实施、抓点示范等，深入基层开展核桃等经济林科学管理技术培训430场次，培训群众3.5万人次，培养农村技术能手7820人、“土专家”857人。

张治有（右一）培训核桃病虫害防控技术（摄影：胡刁）

在科技培训初期，群众最难接受的是核桃树整形修剪，一部分群众不理解，不让剪，怕把树剪坏了。面对质疑，他给群众立下军令状："我叫张治有，就在市核桃研究所上班，跑不了，保证修剪的核桃树挂果好，如果不如往年，我负责赔偿"。

2016年以来，他组织技术干部为贫困户修剪核桃园57万亩，挂果量普遍提高30%以上。2020年春，为确保疫情防控、产业增收两不误，他组织多名核桃科技人员，录制16个核桃科技专题片，在微信群、QQ群、抖音等媒体平台宣传，扎实开展核桃科技远程培训，及时解答果农困惑，坚定了群众持续发展核桃产业的信心。

多年来，张治有既是推进核桃转型升级提质增效的指挥员，又是战斗员。为了核桃产业，为了群众增收，他常年奔波在田间地头，奋战在基层第一线。为了工作，他无暇顾及家里老小。2018年6月，正值核桃夏季管理关键时节，恰逢儿子高考，但为了按时完成镇安县25个村的核桃科技培训任务，他毅然放弃"陪考"重任，连续25天带队奔波在大山里，再回到家时，儿子的高考志愿都已经填报结束了。

精心选育一个品种

一粒种子可以改变一个世界。良种是促进核桃产业增产和群众增收的基础，为了扎实做好核桃良种选育工作，张治有带领团队踏遍商洛山山岭岭、沟沟坎坎，经过10年的努力，筛选出83个优良单株，26个极优单株。每年三伏天，他就像拜访老朋友一样，奔赴每个核桃优树生长地，进行详细地调查、分析、研究，测树干，量树高，看长势。2015年夏天，在柞水县曹坪镇中庙村调查测量核桃优树时，头部被当地一种俗称"葫芦包"的毒蜂蜇伤，不到几分钟，脸部便肿到失了形，眼睛肿成一条缝。同事都劝他赶紧去医院，可他却固执地说："往返一百多里山路呢，划不来。"为了不耽误工作，他忍着疼痛，抹了点风油精继续测量调查，直到深夜方才赶到当地镇卫生院进行了简单治疗。

常年的野外工作，他被蜂蜇过、被蛇咬过、也被山洪困过，面对风吹雨淋、蛇虫叮咬、磕磕碰碰，他始终坦然处之、无怨无悔。功夫不负有心人，经过多年努力，终于选育出了本地核桃新品种'商洛紫玉'。据测定，紫玉核桃富含花色苷和鞣花单宁，有较好的抗氧化功效，对预防心脑血管疾病、癌症等有重要作用，具有较高的保健价值和发展潜力。目前该品种已经通过陕西省林木品种审定委员会初审，'商洛紫玉'将成为核桃产业又一张靓丽名片。

同时，张治有参与实施的'美国红仁核桃'引进繁育试验也喜获成功，顺利通过陕西省林木品种审定委员会审定，商洛成为全国唯一引进红仁核桃并获得繁育成功的地区。截至目前，全市发展红仁核桃 1.65 万亩，建设红仁核桃苗木繁育基地 450 亩，采穗圃 900 亩，每年可生产合格苗木 30 万株，可采集红仁核桃良种接穗 15 万根，为打造全国特色核桃产业新高地奠定了扎实基础。

引领十万群众致富

常年在基层工作，张治有总结出一套和群众打交道的经验和秘方。他经常和群众围坐在一起，和群众“闲聊”，将专业的技术知识转化成乡间俗语化入到群众的脑中，往往是三言两语间说服树荫下打牌、闲聊的群众到自家核桃园清除杂草、施肥防虫……金杯银杯不如群众的口碑，每次下乡，都有群众主动过来汇报战果：“张所长啊，我那上十亩核桃园今年卖核桃仁子净收入 3 万多……”就这样，他成了果农的“贴心人”，果农成了他的“自家人”。

2018—2020 年，在脱贫攻坚的 3 年攻坚时期，全市核桃连年喜获丰收。3 年来，他先后指导创建的 23 个核桃生态标准园，经济效益提高 30% 以上；负责创建的 218 个、17.6 万亩核桃产业扶贫示范园，产业经济效益提高 5.9 亿元；组织实施核桃提质增效工程 289 万亩，核桃干果年增产 9 万吨，增加综合产值 23 亿元，带动 3.2 万户、10.5 万人依靠核桃产业实现了脱贫增收。一棵棵核桃树变成了群众手中的摇钱树，使核桃成为商洛名副其实的特色产业，也真正成为商洛贫困群众脱贫攻坚的主导产业和长效产业。付出终有收获，张治有对核桃产业发展的贡献也得到了社会的一致肯定。

“商洛核桃产业提质增效还有非常广阔的空间。”张治有对身边的同事们说：“脱贫攻坚战的胜利，不是我们的终点，而是我们的新起点。”在带领群众增收致富奔小康、实现乡村产业振兴的大路上，张治有和他身边的科技工作者们，正在脚踏实地、昂首阔步地前进！

（撰稿：陈守勋）

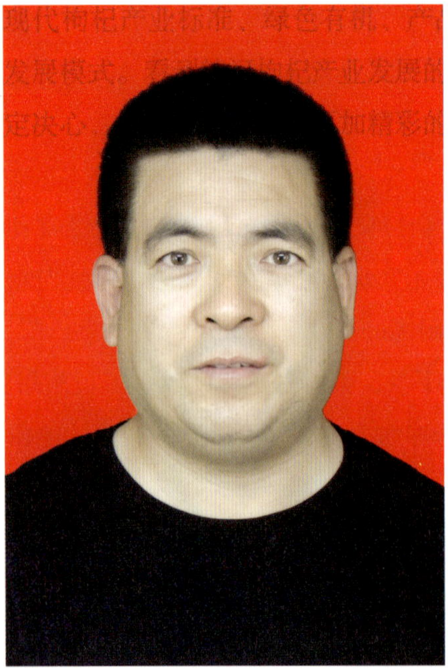

最美林草科技推广员

辛平

男，汉族，1978 年 10 月出生，中共党员，研究生学历，林业工程师，现任甘肃省林业科技推广总站党委委员、副站长，全国林业科技特派员，甘肃省林业科技特派员。曾获国家林业和草原局“最美林草科技推广员”，甘肃省科技进步三等奖、省林业科技进步二等奖、省“脱贫攻坚先进个人”、秦安县“最美扶贫干部”等荣誉和奖项。自参加工作以来，一直从事林业实用技术推广工作，先后完成国家林业和草原局 948 项目 1 项，中央财政林业科技推广示范项目 6 项，甘肃省科技厅、林业厅科技支撑项目 4 项，发表论文 20 篇。2018 年作为第一书记参与脱贫攻坚帮扶工作，所在帮扶工作队被甘肃省脱贫攻坚领导小组评为“全省优秀帮扶工作队”。

泥土地上的林果技术传播员

——记甘肃省林业科技推广总站副站长辛平

“第一书记”发展花椒产业有法宝

现如今的秦安县中山镇肖渠村，平坦的水泥村道在蜿蜒的山脊间伸向远方，漫山遍野的花椒树弥漫着淡淡椒香。2018 年 10 月，“第一书记”辛平来到该村开展驻村帮扶工作，使这个曾经贫瘠的山村焕发出了新的生命力。

辛平是由甘肃省林业和草原局选派到肖渠村担任驻村帮扶工作队队长兼第一书记的。进驻肖渠村后，辛平深入农户家里、走在田间地头，摸实情、察民忧。肖渠村海拔 1800 米以上，以前以种植农作物为主，效益不高，辛平经过认真调研，结合自己专业和单位技术优势，把培育发展花椒产业作为肖渠村脱贫工作的重点，这几年经过全程技术指导和物资帮扶，花椒产业已开始初见成效。

在肖渠村，每家每户的炕头、饭桌上都有一本台历，当地村民将这个小台历称为花椒“致富书”。每页都有应时的花椒种植技术要点，内容简明扼要却很有针对性，非常实用。有意思的是，每页画面上的主角就是村里的乡亲。印制这些台历是甘肃省林业和草原局创新帮扶方式的一个尝试。

“台历图文结合，技术要点都是大白话，图中主角都是乡亲们，这一尝试很受乡亲们欢迎。”辛平说。

此后每年，省林业和草原局都会编制印刷乡亲们喜欢的“致富书”。将挂历改为翻阅更为方便的台历，技术要点力求更为精准、实用，图片选用更加注重细节。

“这两年，能不能上挂历，要凭实力说话。”辛平说，为了鼓励乡亲们钻研种植技术，最近两年，台历上的主角既有花椒种植大户，也有技术能手。身边人现身教技术，大伙不仅更容易接受，而且还能起到鼓励带动作用。

“俺村的台历真起到了鼓劲加油的作用。”70 多岁的肖保林老人说，之前大家都零星地栽种点花椒，任其自然生长，收获了就偶尔赶一趟集市卖掉换点零花钱，就是想好好侍弄，也不懂技术。“有了这本台历，随时可以翻阅查看技术要点，方便得很。”

驻村2年多来，辛平和村两委班子引导带动群众，积极培育发展花椒产业。在甘肃省林草局的大力支持下，全村补植和新植花椒苗木2万余株，花椒建园面积达1800多亩，实现全村农户全覆盖，其中建档立卡贫困户人均2.1亩。他还筹措55万元资金为农户购买发放复合肥、地膜、修剪工具、电动喷雾器、防冻涂干器、太阳能杀虫灯、黏虫板等，为花椒种植提供全过程保障。目前，全村花椒园已有60%进入结果期，经济效益已开始显现。

为加强花椒栽培管理指导，辛平和村干部一道深入田间地头，通过建立党员帮扶示范园，累计开展花椒技术培训20场次1500人次，发放技术资料1000余份，村民由不爱管理不会管理到逐渐掌握花椒栽培管理技术，花椒产业已成为肖渠村农户脱贫致富奔小康的“金饭碗”和“硬保障”。

扶贫过程中，辛平积极推行“党支部+合作社+农户”模式，构建以花椒产业为龙头、多产业并重发展的格局。在花椒建园初期，他指导村民在花椒园间作套种马铃薯600亩，中药材板蓝根300亩，有效利用了土地，提高了椒园的前期收入。他还推广花椒园间作套种万寿菊1000亩，园内养殖中华蜜蜂，构建了种养结合、以短养长、农民多途径受益的发展模式，拓宽了群众脱贫增收的路子。

村民王祥顺以前种土豆，收入不高。改种花椒后，经常会遇到技术问题，有了花椒“致富书”，很多问题迎刃而解。2020年花椒树开始挂果，收入不错。尝到甜头的王祥顺劲头更足了。“花椒树下现在就可以套种万寿菊了，我根据台历上所说的技术要点，这几天开始铺地膜了。我也学会林上林下产业互相配合发展，两条腿走路了。”王祥顺信心满满。

“作为一名林业科技推广工作者和扶贫一线干部，在平凡的岗位上努力践行不忘初心、牢记使命。”甘肃省林业科技推广站党委书记王鼎明对辛平的工作给予了充分肯定。

推广设施延后葡萄有绝招

甘肃河西走廊，光照充足，土壤疏松，降水较少，灌溉便利，这里生产的葡萄成熟充分、糖酸适中、无病虫害，特色突出，是我国优质葡萄产区之一。2011年开始，甘肃省开始实施1000万亩优质林果基地建设工程，葡萄也被列入其中。怎样提高葡萄种植经济效益，让当地百姓能通过种植葡萄增收致富？辛平想到了设施延后葡萄栽培技术，通过综合运用栽培技术、植物生长调节剂及设施等方法，使葡萄上市期延后至国庆和元旦，错开了上市高峰期，葡萄种植效益得到很大提高。看准了就干，他积极争取设立林业科技推广项目，依靠项目基地大力推广设施延后葡萄栽培技术，在河西走廊各大葡萄产区留下了奔波的足迹。

天祝县华藏寺镇栗家庄村，以前以种植传统作物为主，海拔高，气候凉，作物产量低，老百姓收入不高。辛平积极引导村民发展设施葡萄延后栽培，在田间地头手把手地教温室建造、起垄栽培、枝蔓管理、施肥浇水、果穗整理、温度调控等各项技术，当地的老百姓慢慢掌握了葡萄种植技术，收入一年比一年高。

"温室建造要根据地形，背风向阳，温室长度在 60 米到 80 米，跨度不超过 8 米。宽行距窄株距起垄栽培。对葡萄枝蔓进行绑蔓搭架，成 Y 形。温室要注意浇水不能太多，以防病害发生，施肥随水施入，以有机肥为主，配以磷钾肥，提升品质。果穗要留大去小，通过整理，每穗不超过 1.7 斤，果形圆润，这样可以保持品种原有特性。温度前控后促，在 5 月份开始揭棚升温，促进生长，后期进行覆膜控温，延长葡萄供应期。"说起辛平传授的技术，当地的不少果农都能熟稔于心、如数家珍。

华藏寺镇马圈湾台村村民宋文清，以前一直靠种植青稞为生，每亩收入不到 300 元，日子过得紧紧巴巴。后来种植温室延后葡萄，一开始不知道怎么种植、怎么管理，在辛平和天祝县林业局技术人员的多年指导下，逐渐掌握了葡萄栽培技术，种植的 3 个葡萄温室，每年可以生产出 6000 斤优质红地球葡萄，年纯收入达到了 3 万元。"辛技术员和县上的技术员一遍遍地劝我种葡萄，保证在技术上帮助我们，还把我们拉到高台临泽去看，这才让我们打消了顾虑，后来每到葡萄农忙时，他就来教我们葡萄怎么绑蔓，怎样掐尖、留果，把果穗整漂亮，啥时候放帘子，啥时候揭帘子，说得清清楚楚，我们一听就懂。我也把技术学会了，葡萄就是比青稞收入好。"

祁俊堂是天祝县林业局高级工程师，一直从事全县葡萄种植技术服务工作，他说："自从 2011 年以来，辛工程师就把中央财政葡萄跨区域项目带到了我们天祝，和我们一道建温室、抓示范点，让周围的栗家庄、马圈湾台、红大等村的老百姓看到了希望，尝到了甜头。这几年来，每到葡萄管理的关键时间，辛工程师就随身带着剪子来了，我们一起每天跑温室、看长势、查病情、防病虫，一蹲就是半个多月。"辛平还印制了温室红地球葡萄的管理彩页，用乡亲们能看懂的图片和大白话把事情讲明白。"在生产物资上，他也想方设法、通过项目给老百姓切实帮助，这些地膜、有机肥、生物农药、剪刀都是他发放的。村民种植葡萄越来越有信心，现在这些村平均每家有两个温室，年纪大的人在家就可以种好葡萄，一年可以挣 2 万元，乡亲们的日子一年比一年好。”祁俊堂高兴地说道。

多年来，辛平每年在敦煌、瓜州、高台、临泽、凉州、天祝等地送科技下乡达 160 天，每年培训农民 2000 多人次，全省主要林果产区都留下了他忙碌的身影。“送啥不如送技术，科技人员给我们帮了大忙了。”当地村民们无不感慨。

心系推广不停步

2005 年，辛平从甘肃农业大学毕业，作为单位较早引进的硕士研究生，一参加工作，他就在老专家的带领下，开始从事干旱造林技术研究与推广，他认真钻研、虚心求教、不断实践，在干旱造林技术研究、旱生植物光合生理、生态垫应用等方面迅速成长为一名科研骨干；针对在培训过程中发现的老百姓在种植林果时的问题，他联合科技团队开展研究，探索出老百姓容易掌握的实用技术，尤其是近年来在葡萄、梨、花椒等经济林树种的发展过程中，他和团队成员一起奔走在田间地头、温室大棚、农家院落，逐渐探索出一系列实用栽培管理技术，并通过培训逐渐传播给老百姓、应用在生产中。甘肃省林草局湿地管理处副处长苏宏斌说道：“作为一起共

辛平（左一）为群众讲解万寿菊栽植（摄影：徐健）

事的同事，我清楚地记得，刚来单位时我就带着他去后山搞项目，在山上一待就是一天，脸和脖子晒得通红，但是他从来不喊苦喊累，只要是组织交给的工作，总是带头认真地去完成，正是有了这一份踏实肯干的态度和勤奋思考的作风，才逐渐成长为单位的主要科技力量。”

正是这样一种坚持和初心，他先后引进、示范推广了钙果、红地球、梨等林果新品种 10 多个，在全省累计推广面积 5 万亩，主持制定了林业行业标准 1 项，参与完成国家林业和草原局等各类科研推广项目 14 项，发表论文 20 篇，获得各级奖励 5 项，参与的各类科技推广项目在全省范围内起到了标杆引领作用，产生了良好的经济效益、社会效益和生态效益，受到了广大果农的一致好评。

（撰稿：白建军　张　莉　楼暨康）

最美林草科技推广员

赵昌宏

男，汉族，1967年11月出生，中共党员，本科学历，高级工程师，现任青海省海东市互助县北山林场党组书记、场长，青海省人大代表。曾获国家林业和草原局“最美林草科技推广员”、青海省林业科学技术三等奖等荣誉和奖项。长期从事林场经营管理、苗木繁育、高山造林、次生林抚育、植物资源研究等工作，主持中央财政林业科技推广项目1项、省财政支农资金林业科技推广项目1项、天然林资源保护工程林业科技推广项目2项，主持和参与制定林业行业标准1项、青海省地方标准10项，取得了17项青海省科技成果和3个青海省林木良种证书。主持编撰了60余万字的青海省首部国有林场场志——《互助土族自治县北山林场场志》，参编教材2部，发表学术论文10余篇。

用科技创新永葆森林常绿

——记青海省海东市互助县北山林场场长赵昌宏

近年来，青海省海东市北山林区森林生态功能逐步增强，森林覆盖率由2000年的64.3%提高到目前的80.1%，让与森林打了30多年交道的赵昌宏很欣慰。从一名普通护林员到如今肩负重任，作为北山林场场长的赵昌宏，最大的心愿就是林区的林子永远繁茂健康。作为林业一线的一名“老兵”，赵昌宏知道，这一切都离不开林业科技的支撑和广大务林人的真抓实干。

刻苦钻研，科技兴林

一腔热血为北山，更知科技是关键。数十年来，赵昌宏狠抓科技创新、刻苦钻研，深入林区开展调查，结合工作实际开展科学实验，不断提高森林经营工作的科技含量和科学水平。在多年森林经营中，北山林场曾遇到过不少技术难题。

过去，林场一直采用森林腐殖土覆盖种子的传统播种育苗方式繁育云杉等针叶树种苗木，需要大量的腐殖土，对原有森林资源生长产生不利影响。为解决这个问题，赵昌宏带领专业技术人员经过无数次实验，成功推行了细沙覆盖种子的砂播技术。这种技术，不仅起到苗圃保温保墒的作用，还改良了土壤，防止土壤板结。在开展山杨育苗实验时，他积极吸取前辈们的技术经验，大胆采用土壤炕灰消毒法，将山杨种子用炕灰和腐殖土拌匀后播种，出苗整齐、生长良好，这种新方法填补了北山林场山杨育苗的一项技术空白。在森林抚育中，赵昌宏又科学地提出“三砍三留”和“四看留舍”的经营原则，“三砍三留”是指砍劣留优，砍弯留直，砍密留稀。“四看留舍”是指看树冠，保留适宜郁闭度；看树干，保留生长线向上林木，舍去生长线向下林木；看周围，保留适度株距；看树种，按照合理比例选留优势树种。这些科学经营原则和森林抚育措施，有效地提高了北山林场的森林经营质量。

作为林业战线的一名老兵，赵昌宏深刻地认识到“科技”两个字的含义和分量。他对林业工作的热爱体现在组织和带领职工多年持续造林的工作之中，体现在他对森林资源严格而精心管护之中，也体现在他严谨求实的钻研态度之中。他深入林区开展调查，刻苦钻研林业科技知识，认真汲取他人经验，诚心诚意向有经验的老同志请教，结合自己的实际工作不断创新和开展科学实验。林场浪士当苗圃的负责人李长辉说："我们赵场长非常重视科技兴林工作，我所负责的浪士当苗圃是以苗木实验为主的苗圃，每一个品种的实验赵场长都要自己或者带专家现场交流指导，从处理种子、播种、培土、施肥、浇水，都层层把关，亲力亲为。失败了，为啥失败，我们在实验地里反复找答案，是播种环节出问题了，还是环境温度受到了影响，我们都会仔细分析，然后继续实验，一遍又一遍，虽然过程很辛苦，但是成功的那一刻，我们团队每个人都很开心，觉得努力付出都是值得的。"

在赵昌宏的带领下，北山林场多年来始终将科技攻关作为提高森林质量的重要抓手，取得许多国家级、省级荣誉和成果；建立了国家级祁连圆柏良种基地2487亩，使祁连圆柏繁育这一北山林区标志性科研项目研究成果得以扩展。通过科技创新，不仅取得了大量实用的科研成果，为高海拔造林增加了苗木树种，保证工程建设对各类种苗的需求，还获得了较好的经济效益，使林场闯出了一条科技兴林富场的成功之路。

苦干兴业，开拓进取

天道无私酬勤人，专心苦干总不负。互助北山林区总面积11.27万公顷，是青海省东部地区森林分布相对集中、森林面积和蓄积量都较大的天然次生林区之一。为了实施好天然林资源保护工程，赵昌宏面对多方困难，带领党组一班人共同商讨，制定了科学严谨的实施办法。根据林区农林牧交错、人口密集和森林管护难度大的现状，设立了2个营林区，建立了8个天然林保护工作站和24个护林点，组建了森林管护队、森林消防专业队、病虫害防治专业队"三队合一"的森林防护专业队，最大限度地发挥了人力效益。

为确保天然林保护工作深入人心，赵昌宏带头走村入户，从森林管护、营林造林、封山禁牧、发展林下产业等方面认真宣传天然林资源保护工程一系列政策，使林区群众从思想上解除了后顾之忧，林区群众变被动行为为自觉行动，为天然林资源保护工程顺利实施创造了条件。2012年开始全面启动了森林综合保险工作，投资610万元实施森林"三防"智能管控项目，在全省率先建成了森林综合预警中心，实现了对森林资源24小时实时动态监控。为了确保林业重点工程顺利实施，赵昌宏带领林场专业技术人员顶风冒雨，走遍了林区的沟壑梁坡，白天实地察看，晚上制定方案。工程实施后，无论是树种选定、还是绿化实际效果，科学性和可行性都受到了领导的好评。天然林资源保护工程实施以来，取得了连续23年无重大森林火灾、大的偷砍滥伐及盗猎野生动物案件发生的好成绩。

通过多年的工作经验，赵昌宏在森林经营中开展了低产林的科学改造工作，发展纯针叶水源涵养用材林，在树种的选择上改杨树、柳树等阔叶树为油松、云杉等针叶树，采用灌木层下或树冠下造林与人工促进天然更新相结合的改造方法，林分质量得到提高。在更新造林上，改灌木林中造林为疏林地造林，提高了造林成活率。森林抚育中又提出保留林下灌木，防止过度砍伐，并逐步完善了北山次生林抚育间伐技术措施。目前，林区高等植物达1209余种，是青海省植物分布最丰富和分布面积最大的地区。这一切，得益于赵昌宏的科技兴林理念和开拓进取精神在林场经营中“落地开花”。

务实工作，成效显著

植绿守绿为所愿，终将累累硕果还。30多年来，赵昌宏倾心绿色、营造绿色、播撒绿色，用智慧和汗水书写互助北山绿色篇章。他深知，保护森林资源的安全需要全林区乃至周边县区群众的大力协助，无论是普普通通的林区群众，还是驻林区单位的干部职工；无论是甘青两省四县联防区的护林员，还是辖区寺院的喇嘛僧侣，都是他的知心朋友。在他的带领下，经过林场职工的共同努力，使北山林场连续多年超额完成工程造林、封山造林、飞播造林任务。林场共完成人工造林近1.6万亩、封山育林12.8万亩、飞播造林近5万亩、幼林抚育2万亩。目前，林区森林生态功能逐步增强，森林植被逐步恢复，林分结构渐趋合理，水源涵养功能明显增强，水土流失面积逐年减少，林区内小气候作用增强，林区生态屏障作用逐步显现，森林资源实现了“一降三增”，即森林面积、蓄积和覆盖率同步增长，林木消耗量明显下降。

作为一名林业科技推广工作者，赵昌宏始终把科技推广工作放在重中之重的位置上，深知广大农户对新技术新品种的渴望。为了让林区群众脱贫致富，他带领林场专业技术人员在田间地头开展育苗和林业有害生物防治技术指导，手把手传授林农实用技术，切实让群众看得见、学得会、用得上、能致富。林区种植大户互助万山绿苗木种植有限公司负责人石代玉动情地说道：“靠着北山林场的技术指导，我家从种植庄稼改为种植苗木，种了十几亩祁连圆柏、油松、花灌木等苗木，每年苗木收入有20万左右。像我这样原来在林区里种庄稼或者放牛羊，现在改种苗木的人很多，都是在林场的带动下，有些原来很穷的都脱贫致富了，买了摩托车、汽车，还盖起了二层小楼房，我自己也在县城买了楼房。”在赵昌宏的带动下，林区群众育苗积极性高涨，积极参与苗木培育，林区造林大户如雨后春笋般涌现出来，目前林区各式苗木基地（含花卉、苗木、药材基地）达 30 个，经营总面积达 1.3 万多亩，林业产值达 1.2 亿元，林区群众每年苗木收入达 3600 余万元。种苗经营已经成为当地农户脱贫致富的好路子。同时，辐射带动地区延伸至周边天祝县、永登县、门源县，育苗品种从原有的七八种增加到现在的十几种。苗木生产体系正在向着适应市场变化的合理化方向发展，种苗产业已成为林区的支柱产业。

赵昌宏立足基层一线，30 余年来刻苦钻研业务，恪守职业道德规范，创造了一项项值得骄傲的成绩，尤其是担任北山林场场长以来，他锐意改革，不断开拓创新，使北山林场各项工作都走在了全省同行业的前列。林场先后荣获全省天然林资源保护一期工程先进单位、青海省厂务公开工作先进单位、中国森林公园发展 30 周年“最具影响力森林公园”、全国十佳林场、全国生态建设突出贡献奖先进集体、全国厂务公开民主管理示范单位和中国最美林场等荣誉称号。

赵昌宏（右二）与专家交流育苗技术（摄影：吴有林）

赵昌宏用自己的实际行动，在林业战线，以执着的追求、无私的奉献、扎实的业绩和强烈的责任感，用青春和信念搏击于莽莽林海，谱写了一曲为林业发展勇挑重担、呕心沥血的赞歌，实践着一个普通共产党员的人生价值。他用山一样的忠诚、松一样的情怀和持之以恒的忘我工作精神扎根于这片绿色的山林里，坚持用科技创新永葆森林常绿，书写出了自己平凡而又壮丽的人生答卷！

（撰稿：李　娜　任学勇　唐红英）

最美林草科技推广员

韩映晶

男，汉族，1969年7月出生，中共党员，本科学历，高级工程师，现任宁夏回族自治区固原市原州区林业技术推广服务中心副主任，原州区红梅杏、枸杞产业技术带头人。曾获国家林业和草原局“最美林草科技推广员”，宁夏林业工作先进个人、优秀科技特派员，固原市林业系统“技术标兵”，原州区农业科技承包一等奖、林业先进工作者、扶贫先进工作者等荣誉和奖项。主持起草地方标准8项，登记科技成果2项。累计举办林业技术培训班240余期，培训人员1.2万人次，编制和发放技术资料1.26万份，发表论文15篇，出版专著2部。

把经济林培育成山区的富民产业

——记宁夏回族自治区固原市原州区林业技术推广服务中心副主任韩映晶

1986年9月，当韩映晶怀揣着改变家乡面貌的梦想，走进宁夏农学院攻读林业专业时，他不会想到，大学毕业后回到家乡干起林业技术推广工作，一干就是30年。

原州区是宁夏的贫困地区之一，如何让家乡农民尽快脱贫增收致富，是他一直在思考的问题。

产业培育，让山区的农民真正富起来

中学时代，他的家乡通过种植枸杞翻了身，这使他与枸杞结下了不解之缘。1998年他在担任果树站站长后，积极推广枸杞种植。韩映晶在乡村干部动员会议上讲："枸杞浑身都是宝，不怕霜冻，经济价值高，是农耕地上种植作物收益最高的品种，栽培技术成熟，销路畅通，适合大面积推广种植。"宣传动员种枸杞，身体力行做服务，在他的带动下，原州区枸杞种植面积迅速扩大，至2003年，原州区枸杞面积增加到8.6万亩，产值达3.87亿元。他因技术推广成果显著，荣获自治区科技进步三等奖。

2004年原州区因行政区划变更，将种植枸杞的两个主要乡镇划归海原县，境内枸杞面积只剩2.6万亩，枸杞种植适宜区域减少，推广种植难度增大。他曾在单位干部培训会议上讲："枸杞是摇钱树，更应该在经济不发达地区种植，没有条件那就要创造条件。"枸杞在旱地没法种，他提出利用节水灌溉种枸杞，并积极联系水务部门了解原州区节水灌溉位置，哪里有节水灌溉设施，他就到哪个村宣传种植枸杞，几年下来，节水灌溉枸杞面积超过1万亩。

2014年原州区暴发了枸杞黑果病，导致枸杞全面减产甚至绝产，损失达1亿多元。通过查阅资料和向宁夏枸杞研究所专家请教，他制定了一整套防治方案。他经常在田间地头给群众讲："黑果病是真菌性病害，可防可控，雨前防控雨后防治，抓住防治关键时间，这个病就治住了。”为了普及防治方法，他跑遍了全区所有的枸杞种植区，车上带着农药和防治措施传单，走到哪儿发到哪儿，每个区域有多少枸杞，种植户是谁，防治措施执行得怎么样，他都有一本账。受灾群众知道他能防治黑果病，纷纷与他联系，那段时间，他的手机被打爆了，每天总有 20 多个的电话向他请教防治办法，一时间他成了防治黑果病的“网红人物”。通过努力，当年一举攻克了枸杞黑果病防治难题。

2015 年他驻何家沟村扶贫并担任第一书记。何家沟村是典型的贫困村，全村 483 户 1795 口人，有贫困户 175 户 627 人，贫困面达 35%。韩映晶在村民代表大会上做动员：“枸杞是摇钱树，何家沟村的土地适合种植枸杞，去年我就给林业局建议做好了种植规划，现在我驻村提供技术服务，手把手教你们种枸杞，大家尽管放心，保你们发家致富。”当年全村共种植枸杞 743 亩，夏秋季开花见果，第二年枸杞就喜获丰收，平均亩产 60 公斤收入 3000 元，743 亩枸杞共收获枸杞干果 44580 公斤，创收入 222.9 万元，户均收入 9733 元，2 年生枸杞树亩产过百斤价值超 3000 元打破了当地枸杞种植的历史记录。许多村民见到韩映晶就笑哈哈地迎上去，伸手拉住他高兴地嚷：“韩书记，咱们枸杞种成咧……”由于扶贫成效显著，他被原州区委区政府授予“全区扶贫先进工作者”称号。

枸杞产业发展并不是一帆风顺的。2018 年 7 月，枸杞遭受罕见的连阴雨天气，大量鲜果无法采摘晾晒腐烂，群众心急如焚。“党员干部要讲政治站位，群众有了困难，干部就要往前冲，我们要赶紧行动起来”，他对全体干部职工说。在他的督促和带动下，全区 9 处烘干房全部启动，新建防雨晾晒棚 450 栋，新建简易烘干房 5 处，枸杞烘干难题解决了，抗灾夺丰收取得了胜利。就连驻村收购枸杞鲜果的台湾客商方俭也深受感动，他说：“中国共产党真好，中国共产党的干部会为群众实实在在做服务。”此后，他积极动员建设枸杞烘干房，目前全区已建成烘干道 24 条，新的烘干房还在建设中。

示范引领，建设让农民看得见摸得着的基地

为了让群众有看得见摸得着的示范基地，他积极培育科技示范基地、科技示范户，普及推广枸杞栽培技术。韩映晶经常宣传说：“宁夏正杞红枸杞产业发展有限公司是典型的公司化种植模式，何家沟枸杞是典型的农户种植模式，两个模式都不错，各有优缺点，都有学习借鉴之处。”

“我们能把枸杞发展起来，多亏了韩主任指导和帮助，要不然我们早就放弃了，

投资的钱那就打水漂了。”宁夏正杞红枸杞产业发展有限公司总经理张明如是说。2014年该公司由于缺乏技术，枸杞鲜果生虫成了“灯笼果”失去经济价值，企业负责人计划放弃种植。韩映晶苦口婆心地做说服工作：“明年按我开的方子来操作，保证你每亩产100公斤优质干果。”在他的鼓励下，企业恢复了信心。7年过去了，当初差一点放弃了枸杞种植的公司，如今成为固原市第一大枸杞生产企业，年创利税达600多万元。

平时，韩映晶善于发现并培养科技示范户，组织农户相互观摩学习，动员科技示范户带头宣讲好的做法及经验教训，让群众学习身边的人和事，用看得见摸得着的示范作用推动枸杞产业建设。位于东部山区的炭山乡南坪村的村民张富得在听了韩映晶的宣讲后，利用窖水灌溉，种植了3亩枸杞，第三年收入3500元，成为东部山区枸杞种植示范户。在张富得的影响下，全村利用有限的水资源，在石井河道利用窖水种植枸杞50亩，村民戏谑：“张富得，名字起得好，真富得。”

几年来，韩映晶组织培育枸杞示范基地2个，示范户20个，新品种示范点10个，枸杞种植企业和合作社由2家增加到11家。5年时间内通过示范带动促使种植户把老旧品种全部淘汰更换为新品种，新品种枸杞带来了好的收成，他感叹道：“当年开花见果，第二年亩产60公斤收入3000元，第三年亩产130公斤收入5000元已经成了普遍现象。”

科技培训，用朴实的语言将技术渗入农民的心中

在固原市原州区，若要办林业技术培训班请讲课老师，人人都会想起韩映晶，纷纷称赞他讲课生动、有趣，老百姓听得懂、记得住、会操作。他是了解农民的人，也擅长与农民沟通，他知道，农民文化程度低，理解能力参差不齐，要用农民熟悉的语言去讲课，要反复讲，才能确保每一个环节被农民所掌握。

红梅杏是原州区特色经济林树种，每年冬春农闲季节他都要到村子里给农民办红梅杏栽培技术培训班。在新型农民果树培训班上，韩映晶反复强调：“主干相当于大梁、主枝相当于檩条、结果枝相当于椽，果树整形修剪就是要想办法让果树的主干主枝结果枝像盖房子那样合理搭配，分布均匀，做到各个方向都要枝条，这样产量才能上去，质量才能提高。”“听了韩工给农民讲课，我才知道原来果树栽培技术可以这么讲，农民听得懂、记得住、效果好。”原州区农牧局副局长杨波说。“韩工能调动农民的听课兴趣，讲课中间穿插讲解农民喜欢听的内容，他的课很受欢迎！”原州区农业培训中心主任蒽贤讲。为便于技术推广，他还编著出版了《红梅杏早酥梨栽培实用技

术》作为授课教材。

有一年冬天在黄铎堡镇办枸杞培训班，他担任授课老师，每天开车 40 公里去授课。20 天的课程期间天降大雪 3 天，天寒地冻，路面湿滑，他仍然坚持去讲课，在冰天雪地里现场指导农民修剪枸杞树。培训结束后，50 名技术骨干都学会了修剪枸杞。

矢志不渝，把经济林产业培育进行到底

“山区的出路在山，希望在林，经济林是林业与农村结合最紧密的树种，发展经济林，让经济林成为山区的富民产业，这是山区农民增收致富的希望”，这是他常念叨的话，发展经济林产业是他孜孜以求的奋斗目标。

红梅杏易遭受晚霜冻害。他提出发展设施防霜和反季节栽培的思路，并制定了《宁夏南部山区红梅杏日光温室丰产栽培技术规程》。

早酥梨也是原州区培育的特色经济林树种。2012 年河川乡 6000 亩早酥梨滞销，他主动请缨担任骆驼河村驻村科技特派员，每天同农户一道日出而作、日落而息，推广栽培技术，落实技术规程，考察销售市场，办了 6 期培训班，培训技术骨

韩映晶（右一）为村民作修剪技术指导（摄影：陆小明）

干300人次，建立两个百亩示范园。在他的推动下，当年梨园生产大翻身，酥梨销售一空。由于成功化解了河川乡酥梨滞销的难题，固原日报头版头条报道了他的事迹，文章标题写道："外拓市场抓销路，内联农户促生产，韩映晶对症下药抢救梨园六千亩"。2013年原州区人民政府授予他"2012年度农业科技承包一等奖"。

沙棘是原州区的乡土树种，耐干旱，耐瘠薄，根蘖能力强，易于封育成林。无论土层浅薄或深厚均能很快形成沙棘群落。除了自然分布，原州区还通过退耕还林政策营造了20万亩沙棘混交林，如何把沙棘混交生态林转变成生态经济林，让退耕还林的农民通过经营林地获得更多的收入，他积极思考着……

回顾多年来的林业科技推广工作，他感触颇深：农村是一片广阔天地，是科技人员大有作为的好地方，只要一步一个脚印地走，一心一意地去抓，农民增收并不是难事。

（撰稿：李　娜　马永福）

最美林草科技推广员

赵玉玲

女，汉族，1968年2月出生，中共党员，本科学历，高级工程师，现任新疆维吾尔自治区博尔塔拉蒙古自治州精河县枸杞产业发展中心主任，精河县枸杞协会会长，精河县枸杞产业技术带头人、专家顾问团专家、第八批专业技术拔尖人才。曾获国家林业和草原局“最美林草科技推广员”、中国林业产业突出贡献奖一等奖，科技部和自治区优秀科技特派员，自治区林业科技先进个人等荣誉和奖项。累计主持承担各类项目38项，制修订新疆地方标准5个，发表论文12篇，主持制定精河县林业中长期规划16项、枸杞产业规划12项；选育新品种5个，枸杞新品种成果登记5个；引进新品种5个，示范推广枸杞新品种35600亩；示范推广新技术8个，引进新设备362台，获国家专利10项；建立枸杞拔尖人才工作室1个。

让精河枸杞品牌成色更足

——记新疆维吾尔自治区精河县枸杞产业发展中心主任赵玉玲

新疆维吾尔自治区精河县枸杞种植面积从30年前的2万余亩增加到17万亩，优良品种使用率从以前10%提高到90%以上。

小小枸杞不仅发展成为精河县农民增收致富的支柱产业之一，更是精河县的一张“金名片”。2015年11月，精河县13万亩枸杞种植基地获批国家级出口食品农产品质量安全示范区。2017年6月，欧盟正式发布公告，将“精河枸杞”纳入首批100个受中欧地理标志协定保护的中国农产品。

这一切，都离不开精河县枸杞协会会长、县枸杞产业发展中心主任，高级工程师赵玉玲。

30年如一日，赵玉玲执着坚守在枸杞科技研发和技术推广工作岗位上。她以精河枸杞产业发展瓶颈问题为导向，提出自己的创新思路，示范推广的枸杞资源鉴定、枸杞嫩枝繁育、枸杞机械化栽培等多项技术达到国内先进水平，直接服务枸杞种植户6850户，辐射带动受益农民达18860人，赢得了广大枸杞种植户尊敬和认可。

张惟是精河县八家户农场一个普通的枸杞种植大户，也是育苗枸杞合作社负责人之一。在她印象中，赵玉玲就是一个精通枸杞种植、管理、服务群众的“女汉子”。

“精河县所有的枸杞种植户都是她的‘兄弟姐妹’，从枸杞开始修剪、抹芽，到田间管理、收获采摘、烘干销售，她都会准时出现在每一个环节的‘主场’，细微的举动、细小的环节，无处不在的身影，不仅让种植户看到了服务，更让许多见证者为之感动。”张惟动情地说。

她的辛勤付出和悉心指导，凝聚了精河县近74户枸杞种植户的心，也使他们看到了枸杞产业发展的希望，坚定了走发展枸杞之路的信心和决心。

在赵玉玲团队的努力下，精河县枸杞硬枝扦插、嫩枝扦插的成活率已从过去

20% 提高到 85% 以上。全县建成符合集约化、规范化、标准化种植技术要求的枸杞有机出口种植基地 1000 亩，建立绿色枸杞示范基地 2000 亩、枸杞生态健康果园 200 亩。精河县还组织成立了枸杞规范化育苗合作社、企业 5 家，年均繁育枸杞优良苗木 500 万株，年创收 1200 万 ~1500 万元。

“刚参加工作时，精河县种植的枸杞苗木主要从宁夏引进，种植成本比较高。我就和同事们从苗木繁育关键技术入手，积极推广枸杞倒催根育苗技术、滴灌育苗技术、枸杞营养袋、穴盘嫩枝育苗技术等，解决了实际问题。”赵玉玲说。

她不满足于单纯引进外地枸杞品种，带领科研团队经过长期努力，选育出了更适合精河本土的枸杞新品种 5 个、新品系 7 个。枸杞新品种推广种植后效果良好，得到了农民的认可和好评，目前已改造更新老枸杞园 8 万亩。

随着枸杞种植面积的不断增加，科技创新和技术推广成为推动枸杞产业规模化发展的重要动力。

从 2008 年开始，赵玉玲组建新疆枸杞科技服务团队，邀请中国科学院新疆生态与地理研究所、中国科学院华南植物研究所、国家枸杞工程技术研究中心、北京科技大学等数十家科研院所的专家，组成了 56 个技术专家科技服务团队。

赵玉玲（左一）向建档立卡贫困户送枸杞苗木（摄影：努尔古丽·依格力克）

赵玉玲还积极组织营销大户研发枸杞鲜果烘干设备和技术，示范推广枸杞制干设备 352 台（套），年烘干枸杞干果 8000 余吨，每公斤增值 5 元，共增收 400 余万元，解决了阴雨天和秋季枸杞制干困难问题。她带领科研团队示范推广光电色选设备 20 台，通过加工设备的改进，使枸杞产品色泽度提高了 10 个百分点，保证了枸杞色泽度的一致性。目前，赵玉玲已经获得国家专利 13 项，均为枸杞机械产品技术专利，精河县枸杞种植综合机械化率也提升到了 83.5%。

近年来，精河县采用“加工企业 + 服务公司 + 基地合作社”的合作模式，大力发展订单农业，全县组建枸杞专业合作社 25 家。赵玉玲根据形势变化，系统构建了“新品种示范推广、种苗繁育 – 规模化标准化种植 – 枸杞产品初加工 – 创新种植模式 – 创新营销模式”枸杞全产业链，有力支撑了枸杞产业的规模化、规范化发展。她在全县大力推广枸杞新品种配套栽培、高效节水滴灌、机械化栽培、生物防控、盐碱胁迫提质增效、烘干制干、分级包装、质量检测等 8 项技术，技术到位率达 100%，亩均实现增收 20% 以上。她还组织建立 10 个枸杞统防统治服务队，引入两家国内知名枸杞科技服务公司，采取“合作社 + 销售企业 + 电商 + 农户”的营销运作模式，把枸杞生产和销售结合起来，实现了枸杞优质优价的目标。

“普及枸杞科技仅靠科技人员的力量是不够的，我们要培养一批乡土科技人才，从根本上提高枸杞种植户的科技素质。”这是赵玉玲时常挂在嘴边的一句话。

近年来，赵玉玲充分利用自治区“百千万培训计划行动——林果科技进万家”、科技之冬、科技三下乡、自治州新农村建设“百人宣讲团”宣讲活动等时机，发动科技人员大力开展技术培训指导。为学习先进经验，她先后 25 次组织会员赴宁夏、青海进行考察学习，组织枸杞加工、营销、种植、专业技术人员座谈。为提升枸杞种植户科技素质，她带领科技人员举办枸杞生产技术培训班 153 期，培训枸杞种植户 15300 人次，印发技术资料 21200 余份，发放枸杞规范化种植培训教材 3200 余册，培养了一批懂技术、会管理、善经营的枸杞栽培能手。她注意总结枸杞农事生产规律，举办了枸杞示范田田间管理现场会 358 场，向枸杞种植户传授整形修剪、土水肥管理、病虫害防治等技术要领。

在精河，枸杞产业已成为最具特色的富民产业、最显活力的文化产业、最有影响的形象产业、最富前景的生态产业、最为时尚的养生产业。“精河枸杞”先后获得中国枸杞之乡、新疆农业名牌产品、原产地证明商标、新疆著名商标、国家级出口食品农产品质量安全示范区、中欧互认产品、中欧地理标志协定保护名录、第三批全国名特优新农产品名录等称号。

下一步，精河县规划在“十四五”期间增加枸杞种植面积5万亩以上，培育年销售额5000万元以上的企业2家，进一步突出“中国枸杞之乡”战略定位，构建现代枸杞产业标准、绿色有机、产品溯源等体系，实现“产业+文化+旅游”的发展模式。看到精河枸杞产业发展的路子越走越宽，赵玉玲比谁都高兴，她暗暗下定决心，一定要交出一份更加精彩的答卷。

（撰稿：李　娜　戴君峰　佟金权）

帕坦木·艾沙

女，维吾尔族，1970 年 1 月出生，中共党员，本科学历，现任新疆维吾尔自治区阿克苏地区林业技术推广服务中心副书记、主任，阿克苏地区林果业提质增效专家服务团专家。曾获国家林业和草原局“最美林草科技推广员”和新疆维吾尔自治区开发建设新疆奖章、自治区级优秀农技推广员、阿克苏地区劳动模范、“三八红旗手”等 30 多项荣誉。组织开展技术骨干和农民技术员培训 10 万人次，主编《林果业服务手册》《红枣、核桃栽培技术要点》等技术资料，引进新品种、新树种 50 余个，筛选出适合在阿克苏地区推广的品种 20 余个。

冲锋在前的林草科技“铁娘子”

——记新疆维吾尔自治区阿克苏地区林业技术推广服务中心主任帕坦木·艾沙

帕坦木·艾沙，先后任职阿克苏地区阿瓦提县农技推广中心技术员、副乡长，阿瓦提县园艺站副站长、林管站站长，阿克苏地区林业技术推广服务中心副主任、主任、副书记。28年来她在多个岗位锻炼成长，在林草科技推广一线奉献，她始终坚守一个信念——把炽热丹心奉献给自己热爱的阿克苏各族人民群众，用林草科技成果服务回报这片热土上的乡亲。

谁说女子不如男

干起工作来，帕坦木·艾沙和男干部不相上下，有时工作太晚，她就住在乡里，连家都顾不得回。“她是个工作狂！她的身体像是铁打的”“她是我们这儿出了名的‘5+2’‘白+黑’干部”，与帕坦木·艾沙共事过的干部，都这么评价她。

担任农技推广中心技术员时，帕坦木·艾沙经常到地头为农民群众做技术指导，天天在田间地头，俨然一位“老农”。

1995年夏季，阿瓦提县暴发了罕见的棉铃虫、棉蚜虫灾害，为了治虫，帕坦木·艾沙日夜坚守在乌鲁却勒镇柯坪村、也提格然木村、布苏格村的治蚜“战斗”中。棉花地里又潮又热，帕坦木·艾沙就像一个男人，干起活来好像有使不完的劲儿，恨不得一口气把所有的活都干完。因为防治措施得力，她负责防治区域的棉铃虫、棉蚜虫得到了有效的控制，当地领导、村干部、老百姓都为她竖起了大拇指。地、县领导视察防治工作时，多次看到这位头戴草帽、衣服沾满蚜虫的年轻女技术员，都称她为“铁娘子”。

由于工作表现突出、工作能力强、业务精通，1995年10月她被组织任命为塔木托格拉克乡副乡长。在塔木托格拉克乡工作期间，帕坦木·艾沙跑遍了该乡所有的村，每块地都流下了她辛勤的汗水。

农民的女儿变成了园艺师

1998 年 10 月，帕坦木・艾沙担任阿瓦提县园艺站副站长。当时园艺站一缺办公场所、二缺技术人员、三缺交通工具、四缺工作经费。她在积极争取上级支持的同时，带领大家主动克服困难，很快单位面貌好了，大家的干劲儿更足了。她充分发挥自己的专业优势，带领单位干部冒酷暑修建蔬菜大棚，和男干部一样打桩、绑支架，有时从架子上掉下来摔伤、挂伤，都不会掉一滴眼泪。

2000 年至 2005 年，阿瓦提县县委将治理和保护叶尔羌河流域的生态环境这个光荣而艰巨的任务交给了帕坦木・艾沙。为了把工作做好，她几乎把家安在了 200 公里外的工地上，每天要带领几个技术员在沙尘暴中做勘测工作。通过连续几年艰辛的努力，该片区域的生态有了明显改变，原来的荒漠逐步变成了绿洲。

2005 年，帕坦木・艾沙到阿瓦提县林管站任站长，为做好林果业服务，帕坦木・艾沙与大家一起修剪、嫁接、打药。她主编了《林果业服务手册》和《红枣、核桃栽培技术要点》，为果农提供了详实的实用技术资料。如今，活跃在阿瓦提县林果一线的优秀技术员，很多都是帕坦木・艾沙培养起来的。

帕坦木・艾沙先后在《林业科技》杂志上发表了《栽培李子技术》和《黄胡安娜杏子栽培技术》等论文。在《河北林业科技》杂志 2003 年第一期上发表的《红提葡萄在阿瓦提的表现》论文荣获了优秀成果文献一等奖，被评为“自治区优秀农技推广员”。由于业绩成果突出，她还被评为园艺师。

带领群众增收奔小康

2007 年，帕坦木・艾沙担任多浪乡党委副书记、乡长。多浪乡位于阿凡提县县域主要交通干线，地处城乡接合部，情况复杂。她跑遍所有村组、跑遍所有地块，与老百姓谈心、谈话，掌握老百姓的思想状况。为提高农民收入，她积极争取项目，做好农民思想工作，在全乡推广高效节水滴灌项目 1 万余亩。由于工作措施到位，滴灌地产量明显高于普通地块。滴灌项目的成功，为老百姓增收开拓了渠道，在全县得以推广。

林果业作为产业结构调整的重点，关系农民增收致富。在帕坦木・艾沙的精心指导下，多浪乡 1 万亩的林果业示范园，效果明显，果农的收入大幅提高，农民思想得到转变。2009 年，为提高大棚的利用率，帕坦木・艾沙带领技术人员到多浪乡克其克拜什艾日克村 5 组，为农民做冬季甜瓜立架栽培试验。当试验进入到关键时期，一场8级大风袭来。她迅速召集乡干部，第一时间赶到现场，与农民一起给棚膜压土。狂风带着沙粒厮打着她的脸，但是她依然专心致志与狂风抗衡，通过努力最终保住了近50亩的试验田。

在多浪乡工作的5年中，她和班子其他成员一起，带领干部群众为多浪乡创造了十个之最——最好的党建示范点、最好的林果业示范点、最好的新农村示范点、最好的设施农业示范点、最好的棉花高产示范点、最好的妇女靓丽工程示范点、最规范的农村财务管理示范点、最好的村级警务室、最有特点的优秀人物、最好的农村文化基地。自治区领导、地区领导、内地省份领导多次到多浪乡参观考察，多浪乡也连续5年在全县的目标考核中名列第一。

2012年6月，她调任阿瓦提县塔木托格拉克乡担任党委副书记、乡长，她经过调研提出了充分利用该乡的地理优势，合理推进产业结构调整，进一步拓宽农民增收渠道，在“稳粮、调棉、扩果、强畜、建大棚，发展二、三产业，搞好劳务创收”上下功夫，并按照阿瓦提县“人均三亩园”的目标扎实推进产业结构调整，为早日实现农牧民更高收入目标奠定了基础。

2015年5月至2020年2月，帕坦木·艾沙先后任阿瓦提县人民政府党组成员、副县长、政法委书记。期间，虽然她的职务发生了变化，但她始终心系“三

帕坦木·艾沙（左三）正在为果农培训果树修剪技术（摄影：艾则孜·吐尔逊）

农”，时刻不忘自己科技推广员的身份。

不忘科技推广的初心

2020年，帕坦木·艾沙被任命为阿克苏地区林业技术推广服务中心副书记、主任，主要负责新树种（新品种）、新技术引进、驯化、林果科技推广培训、科研项目申报、成果转化与管理及对外宣传等工作。这项工作对她来说既熟悉又陌生，熟悉的是她和林业已经是几十年的“好朋友”了，陌生的是“好朋友”的思维模式是否已经改变，而她却没有及时发现。带着欣喜、带着忐忑、带着希望她大步向前，迎难而上了。

在她的带领下，林果提质增效工程深入推进，林果面积稳定在450万亩，“百千万培训行动计划——林果科技进万家”全面铺开，组织全地区累计培训30余万人次，发送果树管理技术要点12期，开展林果提质增效技术指导服务10次，组织引进新品种、新树种50余个，目前筛选出了20余个可在该地区推广种植的品种。

近几年，根据当地林果业特点和发展形势，她组织制定了《阿克苏地区2020年红枣提质增效实施方案》，还组织相关林果企业参与了第七届新疆特色果品（阿克苏）交易会、第十三届中国义乌国际森林产品博览会、第三届中国新疆特色林果产品博览会等各类展会；鼓励支持中心3名专业技术人员领办创办林果专业合作社；组织各县（市）积极申报2020年自治区林果业提质增效项目47个，申请项目资金900余万元，申报2020年林木良种培育补助项目7个，争取项目资金260余万元，为林果科技成果推广提供了保障。她带领中心干部针对林果业基地建设、果品销售、精深加工、合作社运营等情况，深入疆内外开展调研工作，形成专题调研报告8篇。

她精益求精、始终把林果技术研究和科技推广培训放在重要的位置，不断鞭策自己，勤奋学习，努力提高自己的理论水平。她积极深入县（市）调研林果业，把林果领域新技术、新信息送到基层，送进千家万户。她积极参与科研项目，推动新品种、新技术等科技成果转化，为林果业发展提供了科技支撑。

帕坦木·艾沙很小的时候就失去了父母，是党和人民培养了她，她说：“我今天的荣誉都是党和人民给予的，我要为党和人民奉献毕生精力，努力以最正的品行、最好的表率、最美的形象，来报答党和人民恩情。”

（撰稿：王倩茹　戴君峰）

最美林草科技推广员

裴东

女，汉族，1964 年 2 月出生，农工党党员，博士，中国林业科学研究院林业研究所研究员，博士生导师，首席核桃专家。曾荣获国家和省部级科技进步奖 5 项，其中“核桃增产潜势技术创新体系”（第一完成人）获国家科技进步二等奖。曾获 2021 年全国巾帼建功标兵、国家林业和草原局“最美林草科技推广员”、中国林业科学研究科技扶贫先进工作者等荣誉称号。先后承担了 10 多项国家级重大项目，带领团队培育出 10 个核桃良种，创建了核桃等难生根树木扦插繁殖理论和技术体系，出版学术专著 3 部，发表学术论文 150 余篇，制修订国际、国家和行业标准 6 项，获得发明专利 2 项，研发出核桃优质高效集成技术体系并在新疆等地推广应用。

彝族老乡叫她玛维尔

——记中国林业科学研究院林业研究所首席核桃专家裴东

中国林业科学研究院林业研究所研究员裴东有个彝族名字“玛维尔”，寓意圣花，是四川凉山彝族群众给她起的，要说这个名字的来源，还得从头说起。

1992 年研究生毕业后，裴东就开始从事核桃良种培育研究和科技推广工作。她以核桃生态型经济产业发展为目标，默默耕耘，足迹踏遍核桃主产区的近 100 个市县，创建的核桃等难生根树木扦插繁殖理论和技术体系，为经济林整株无性系化提供了技术支撑；研发的核桃优质高效集成技术体系，在新疆推广应用，种植效果赶超国际先进水平，推动我国核桃坚果走向世界交易市场。这些年，裴东以造福基层百姓为己任，不畏艰苦，上山下滩，将核桃最新科研成果应用于生产，使核桃成了许多百姓的致富之树，变成了改善生态的环境之树，也成为最受尊重和欢迎的核桃专家之一。

近些年来，裴东带领团队勇攀科技高峰，不断突破，使我国核桃科研进入国际先进行列。裴东始终坚信：林业技术创新和推广，就是要在生产一线发现和解决问题，为农民办实事、解民忧。作为一种重要的木本油料树种，核桃结果周期长、产量低、商品品质差等问题长期困扰着科技工作者。为让农民地里的核桃卖个好价钱，裴东去各大核桃主产区蹲点调查，搜集种源，培育和筛选适合当地种植的早实丰产优质新品种。她走遍全国所有核桃产区和分布区采集样本，还从美国、欧洲和中亚广泛引进优异种质，经过 30 年不懈努力，裴东带领团队培育出 10 个核桃良种，其中包括能够有效解决主栽品种早衰和根部病害的首批砧木良种。培育出的早实新品种结果周期大大缩短，3~5 年就可实现早实丰产、稳产，选育的早实核桃良种现已是我国北方地区的主栽品种，近 20 年已推广种植 2000 余万亩。培育出的抗晚霜和高油脂等生产急需优良砧木，初步解决了壮树和防治根部病害的难题，在生产上得到广泛应用。

针对核桃产业发展瓶颈问题，裴东带领团队采用壮芽和提早芽接等措施，提高了核桃芽接成活率，通过“埋干复幼”技术，解决了扦插繁殖难题。根据我国地形、土壤和气候特点，团队科学地划分了我国核桃栽培适生区，分类提出了平原、低山丘陵和山地的主栽和授粉品种，为核桃种植业发展提供科学指导。她带领团队还研制出适合我国劳动力转移后浅山丘陵区的轻简化果材兼用型栽培模式，提出保持水土的整地和种植模式，在华北和西北地区大力推广节水灌溉技术，并确立了丰产树形和树相指标，建立了以花期预测、花果调控和科学采收为主的调控指标体系。这些优良品种和先进栽培技术的推广，使盛果期核桃树平均产量由每公顷373.5公斤提高到1470公斤，提高了3倍多，带壳品种坚果的售价也大幅度提高。河北省易县润源林果种植有限公司经理王呈千是靠科技服务实现致富的一个典型，在裴东的指导下，王呈千由当初的农户发展成为专业文玩核桃种植公司的掌舵者。该公司现有文玩核桃园100亩，每亩经济效益达15000元，它还带动建档立卡贫困户12户，贫困人口就业41人，人均年增收2000元以上。

作为国家公益性研究单位的一员，裴东始终不忘使命，听从组织召唤，到最需要的地方去，服务社会，服务人民。2005年受中央组织部委派赴贵州省赫章县开展历时3月的扶贫工作。2008年2~4月受国家林业局指派3次赴湖北湖南调查南方冰雪灾害天气对经济林树种的影响，现场讲解柑橘等经济林树种受冻后的恢复重建工作，同时作为林业科技专家在网上坐堂应诊，为救灾和灾后恢复提供科学指导。2008年5月和2010年5月受科技部指派，分别参加“振兴老区　服务三农　科技列车贵州行”和“振兴老区　服务三农　科技列车巴中行”大型科普活动，亲赴贵州省毕节地区、遵义市和四川省大巴山区，围绕“科学发展携手创新，建设和谐新农村”主题，开展科普活动，在社会上引起强烈反响。2009年6月作为科技支金专家特派团副团长，参加了民进中央组织的贵州毕节地区金沙县、黔西县的考察调研和智力支边扶贫活动。2010年受北京市科委和北京市园林绿化局指派，参加农业电视科普讲座活动，讲解核桃种植技术，现场解答林农提问。2012年以后受台盟中央委托多次赴贵州省毕节市赫章县开展科技扶贫，用科学指导实践，受到广大群众的诚挚欢迎。赫章县是核桃老产区，采用传统的实生繁殖，果实良莠不齐，效益低。裴东带领当地核桃种植户学习先进的嫁接技术，大幅优化了当地的核桃品种。目前，赫章县已种植核桃约200万亩，年产值超过10亿元，年收入万元以上的核桃种植户达到5000余户。

为把优良品种和实用的科学技术转化为现实生产力，裴东带领科研团队通过开展技术培训、培养技术骨干及建立全国核桃咨询QQ交流群和微信交流群等措施，推广良种和先进管理技术。

四川凉山彝族自治州是四川省最大的核桃产区。从 2011 年开始，裴东与省市县各级行政技术部门一起，开展提质增效技术服务和指导，将良种和新的栽培技术送到田间地头，同时促进核桃基地规模化、专业化和标准化经营，推广辐射面积近 100 万亩，到 2020 年核桃优质坚果率提高 20% 以上，核桃种植户平均每年增收 3000 元以上，为当地的脱贫攻坚出了一份力。会理县益门镇魏家沟是较早接受技术培训的村子，在裴东指导下，他们采用先进栽培技术种植核桃达 2.09 万亩，2016 年核桃年收入 10 万元以上的有 3 户，5 万 ~10 万元有 22 户，2 万 ~5 万元有 18 户，该村核桃产值达 1700 万元。当地彝族老乡感恩裴东带来的变化，亲切地给她取了一个彝族名字“玛维尔”。

科技推广不是一件易事，专家们的不懈努力让老百姓慢慢地接受了新技术和新方法，百姓也将专家们的辛苦付出牢记在了心里。在河南省洛宁县核桃良种实验基地，由于道路不好走，只能靠小型拖拉机出入。一次下雨后拖拉机侧翻，裴东也在车上，虽未造成人员伤亡，但事故传到乡政府，书记和乡长极为震惊，当即决定修建通往基地的水泥路。洛宁县露沟村的群众看着裴东两脚的泥水，就量着她在泥地里留下的脚印，偷偷给她做了许多双棉鞋，临走时送给了她。“这鞋子对我来说很

裴东（左二）指导解决核桃生产技术问题（摄影：张建武）

珍贵。它是农民的一份心意，更时刻提醒我，农民盼望的是专家们可以多去地里看看，多去他们的核桃园里做点事情。”裴东这样说，也这样做着。她利用中国经济林协会核桃分会会长、核桃产业国家创新联盟发起人的身份，积极推动核桃现代种植业、核桃产品创新和互联网销售等，借助创新联盟全产业链平台，帮助种植户与企业负责人对接，促成“京东”和“洽洽”两家大公司联手推出“东洽果园”产业扶贫公益项目，让核桃走出大山，卖上了好价钱。在她的带领和推动下，中国核桃生产正大踏步地向现代产业迈进。

（撰稿：李　娜　楼暨康）

最美林草科技推广员

龚榜初

男，汉族，1964 年 2 月出生，本科学历，中国林业科学研究院亚热带林业研究所研究员，首席专家。兼任中国园艺学会柿分会副理事长、中国园艺学会干果分会常务理事、中国林学会经济林分会常务理事、国家林业草原柿工程技术中心执行主任、柿产业国家创新联盟副理事长、浙江省林学会经济林专委会副主任委员。曾获国家林业和草原局“最美林草科技推广员”，浙江省科技进步奖、省农业科技先进工作者、省优秀科技特派员、省农业科技成果转化推广奖、省林学会先进个人、森林浙江良种推广行动先进个人，中国林业科学研究院科技扶贫先进工作者等荣誉和奖项。主持国家和省部级重点课题 30 多项，选育出柿、栗良种或新品种 18 个，获部省科技进步二等奖 4 项，发表论文 100 多篇，制订林业行业标准 3 项，主编学术著作 5 部。

甜柿让林农生活变甜

——记中国林业科学研究院亚热带林业研究所首席专家龚榜初

“龚老师，我家的柿树长虫了，您看这是啥虫该用啥药？”

“龚老师，我家的甜柿子咋提前变软脱落了，您快给想想办法。”

……

为了回答柿农的问题，常常忙到深夜1~2点，但中国林业科学研究院亚热带林业研究所首席专家龚榜初仍然乐此不疲，每天都在柿子微信群里一丝不苟回复柿农的留言咨询。

经过36年的辛勤耕耘，龚榜初已经将甜柿发展成为浙江、云南、江西等地山区农民的致富产业，锥栗发展成为浙南闽北山区的特色富民产业。选育并推广柿、锥栗良种18个，推广实用栽培技术20多项，足迹踏遍柿、栗主产区10多个省100多个市县。

2018年，经亚洲果蔬产业博览会网络投票评选，中国林业科学研究院亚热带林业研究所选送的‘太秋’甜柿成为“2018年度中国最受关注的水果品种10强”。富阳‘富有’甜柿售价从2008年的每公斤2~4元提高到2014年的20~24元，五六年生甜柿林的亩产值约六七千元。“太秋”甜柿近5年每公斤达到了60~70元，7~10年生盛果期亩收入达8万~10万元，在中央7台、17台，新华网、人民网、中国科普网、《中国绿色时报》《中国科学报》《经济参考报》《浙江日报》《钱江晚报》等大量报道，全国反响很大。

甜柿得到林农认可，缘于龚榜初的辛勤付出。他通过中国园艺学会柿分会、国家林业和草原局柿工程技术研究中心和柿产业联盟等机构和平台，联合国内柿研究领域优势高校、科研院所和企业，共同推进产学研结合多赢技术创新，协调产业资源，提升技术研发能力和产业水平。

全国柿生产和科研进展研讨会、柿子界“选美赛”全国首届‘太秋’甜柿优质产品鉴评会、各地甜柿节，各种技术培训班及新品种推介会，这些活动使甜柿新品种、新技术得到迅速推广，使‘太秋’甜柿在全国掀起了发展的高潮。

时间倒流到2004年，龚榜初开始在浙江省杭州市富阳区等地推广‘富有’‘太秋’优质甜柿品种及配套栽培技术，他带动富阳当地柿农成立了2个甜柿专业合作社，培训林农，发放技术资料，建立了800亩示范林，推动‘太秋’及其亲和性砧木良种在全国南方20个省（自治区、直辖市）进行了推广示范。

甜柿新品种栽种不易，一些地方造林成活率较低，这是制约甜柿培育的一个瓶颈。龚榜初就深入山区，实地进行示范操作，手把手地教农民种植，多次去浙江、江西、广西、安徽、江苏、山西等地的偏远地区进行指导。

2019年春安徽宣城许某、合肥茅铺黄某2个农户种植300多亩甜柿，到了3月底发芽率仅约60%，农户心急如焚，电话向龚榜初求助。他利用假期早上5点从杭州富阳家里出发，先后到宣城和合肥甜柿基地，提出相应的系列解决方案，一个月后成活率达约90%，挽回直接经济损失20多万元，农户露出了满意的笑容。

2013—2015年，富阳等地一些柿园炭疽病害发生严重，明显减产。他多次实地查看，提出解决方案，使‘太秋’甜柿新品种裸根苗的造林成活率从最初的50%~70%达到了90%以上。

甜柿种植给农民带来了不错收益。被浙江省选为“一亩山万元钱”的林业产业模式，成为农民致富的摇钱树，农民纷纷前来取经。

2013年，浙江省东阳市歌山林头村金宏伟吃到了亚热带林业研究所新选育的‘太秋’甜柿，觉得很好吃。这种甜柿远看像柑橘，摘下来后咬一口像苹果一样松脆，口感像哈密瓜，水分特别多，就像新鲜的梨子。于是，金宏伟找到龚榜初买到正宗苗木。当年种植甜柿3000株，种后第三年收果2000多公斤，共收入约12万元，第4年收果3250公斤，收入20万元，亩均收入约4000元，第5年收入40多万元。

杭州市富阳区常安镇小剡村李老伯种植15亩‘太秋’甜柿新品种，2020年甜柿销售收入达123万元。类似这样的致富例子还有很多，尝到了甜头的浙江许多甜柿种植户亲切地称“要吃柿子找老龚，‘老公’柿”。

2018年冬，广东清远60多岁的山区老农潘老伯和女婿驱车1200多公里到达杭州富阳找到龚榜初时，非常激动地说：“为了种这个甜柿，我在江西、广西等地四处打听，我找你找了2个多月，准备来到富阳，一家一家来问，一个偶然机会才得知你的电话。”

在扶贫上甜柿也大显身手。为了使甜柿在贫困山区开花结果，龚榜初应江西省林业科学研究院、江西省林业技术推广总站邀请，为江西省25个贫困县的技术骨干和柿农详细讲解甜柿新品种的种植及管护技术。目前，兴国县在短短2~3年间就取得了‘太秋’甜柿结果投产的良好效果，并形成了“公司+基地+扶贫”的模式进行经营管理，使贫困户年增收2200元以上，在兴国县已建立甜柿示范林1500多亩，江西省辐射推广4000多亩，在江西全省反响强烈。

为了支持江西余江区将甜柿作为扶贫产业来发展，2020年3月上旬，疫情稍有好转，龚榜初就到实地动手示范、指导、一株一株检查甜柿栽种情况，每天和农民吃住在偏远的乡下，直到完成100多亩的示范林栽种任务，造林成活率也达到了90%以上。

为了帮助国家林业和草原局定点扶贫县广西罗城发展甜柿产业，龚榜初从选地、整地、栽种，带领团队成员蹲点工作。贫困区推广甜柿并不易，开始农户积极性不高。经过他耐心细致讲解，使农户思想观念逐步转变。目前甜柿结出的果子和初步效益，让林农种植积极性明显提高。

龚榜初（中）在富阳甜柿基地查看甜柿生长情况（摄影：吴开云）

云南省保山市是我国最大的甜柿栽培基地，但品种极为单一，由于地处偏远的边境，甜柿没有知名度，效益没有得到应有的发挥。2009 年以来，龚榜初与保山市经济作物技术推广站、隆阳区果蔬站等合作，为改变保山甜柿品种单一的现状，引进了‘太秋’‘富有’等不同熟期的优良品种，推广简化修剪、科学施肥、病虫害绿色防控等优质丰产栽培技术，提高了优质果率。他们开展技术培训，发放技术资料，组织保山当地技术人员到外地参观交流学习，在保山召开了第八届全国柿科研和生产进展研讨会，保山被评为“中国甜柿之乡”，从而迅速扩大保山甜柿在全国的影响和知名度，柿果销量和价格稳步上升。在保山建立了甜柿示范林 3000 余亩，辐射推广 5.5 万亩，示范林产量提高了 2 倍，平均亩产 1870 公斤，亩收入 1.2 万元；推广区亩均增产 600 公斤，亩均增收 3000 元，亩增利润 2200 元。

在推广柿树新品种的同时，龚榜初还在浙南、闽北开展锥栗良种选育和示范推广。锥栗发展初期，良种缺乏。20 世纪 90 年代，交通不便，条件艰苦，为了选出一个优株，经常要坐三轮车、拖拉机奔波在崎岖、陡峭的山路上。在浙南闽北跋山涉水，从早上 6 点出发，到下午 3 点才吃上中饭是常有的事。为了采集到一个优株的枝条，他常常爬树，在果实成熟期，经常连续半个多月吃住在偏远山区农户家。功夫不负有心人，历经 10 多年，选育出适合浙南闽北等地发展的 7 个锥栗良种并推广应用。在示范推广过程中，他与庆元林业管理部门一起，每年举办大量的技术培训，发放技术资料，在庆元推动锥栗从 600 亩发展到了 6 万亩。带动成立锥栗专业合作社 5 个，建立产品加工生产线 1 条，良种示范林亩产量 200~250 公斤，比一般林分增产 100 公斤以上，亩增利润 600~900 元，使锥栗发展成为浙南山区新型特色优势产业。

（撰稿：李 娜 楼暨康）

最美林草科技推广员

刘广路

男，汉族，1975年1月出生，中共党员，博士，研究员，现任国际竹藤中心竹藤资源与环境研究所副所长。曾获国家林业和草原局“最美林草科技推广员”“全国生态建设突出贡献先进个人”，先后获国家科技进步二等奖、梁希林业科学技术一等奖、二等奖等多个荣誉和奖项，带领“竹藤资源高效培育理论与技术创新”团队入选国家林业和草原局科技创新团队。致力于竹藤资源培育理论与技术的研究和推广应用，构建了毛竹生态经营和大中型丛生竹高效培育等技术体系。2010年以来主持或作为骨干参与了“十三五”重点研发、林业科技推广、农业科技成果转化等项目20多项。在核心期刊发表论文120多篇，参编专著3部，授权专利5项，获得科技成果7项，其中“竹资源高效培育关键技术研究与示范”等6项成果获得国家、省部级奖励。

竹林里寻找科技创新突破点

——记国际竹藤中心竹藤资源与环境研究所副所长刘广路

竹子，是世界上生长最快的禾本科植物之一，被誉为世界“第二大森林”和21世纪最有发展前景的植物类型。我国竹类资源丰富，约占世界种属资源的50%，是我国极具特色的优势资源。宋代文学家苏东坡曾说：“食者竹笋，庇者竹瓦，载者竹筏，炊者竹薪，衣者竹皮，书者竹纸，履者竹鞋，真可谓不可一日无此君也。”

如今竹制品已经广泛融入了中国人日常生活的方方面面，其在建筑、装饰、家居等10多个领域都有广泛的利用，而且随着社会和经济发展，人民对竹资源的需求扩展到生态功能、游憩康养等多方面，竹林培育的目标也发生了转变。我国竹资源保存、培育、利用以及竹产业发展面临着一系列的新问题：资源培育科技创新与生产结合不够紧密、经营成本上升、竹林培育的新需求不断出现……这些问题一个个切中竹资源和竹产业发展的要害，亟待解决。

有这么一位“竹痴”，潜心钻研，深耕行业，和竹子打了十多年交道，所在团队获得了竹资源高效培育关键技术、大中型材用丛生竹高效培育技术、毛竹林生态经营技术等一批实用技术成果，解决了毛竹林经济效益和生态效益难以兼顾、大中型丛生竹经营效率低等难题。其中，仅“竹资源高效培育关键技术”一项成果在福建、江西、江苏、四川等9省份推广应用面积超过250多万亩，取得显著的经济、生态和社会效益，得到科技部等部门的充分肯定和多家媒体的高度关注。他就是国际竹藤中心竹藤资源与环境研究所副所长刘广路。

自2006年始，刘广路一直潜心竹资源培育理论与技术的研究。他常说：“竹子浑身都是宝，如果经营好，就能给竹农带来可观的经济收入。”他身先士卒，在我国各主要竹资源分布省份进行示范推广，对于促进竹农增收、实现乡村振兴起到了重要的支撑作用，用实际行动践行着一个林业人的使命和担当。

身体力行 “把论文写在大地上”

殷勤问竹箸，甘苦尔先尝。刘广路通过系统调研福建、浙江、四川毛竹林生长情况，发现部分高产竹林存在着投入产出比降低、土壤质量下降、稳定性和抗逆性降低等问题。他坚信“开展经济效益和生态效益兼顾的竹林生态经营技术，是实现竹资源高效、健康、可持续发展的必然选择”。为了解决毛竹林可持续生产力降低问题，他带领团队不停奋战，经过多年野外考察，深入研究，从养分循环特征、长期单一经营措施对土壤的影响和毛竹收获制度等方面揭示了毛竹林长期生产力下降机制，建立了“劈草 + 垦复 + 施肥”作业交替应用、有机肥无机肥间隔配施、多年轮替垦复等技术模式，将综合效益提高到 41% 以上，并且将这项技术在福建、四川等省份进行了大面积推广应用。

与此同时，他所带领的团队研发出基于生态经营理念的毛竹林结构优化技术，提出了自肥能力强的 8 竹 2 阔混交林经营模式，明确了竹阔混交林中合理（毛）竹林密度为 2200~2600 株 / 公顷；通过对不同立地质量毛竹实施分类管理，通过密度调整，在不进行土壤管理的情况下，综合效益能提高 8%~21%，降低了竹林经营成本，减少了对土壤的扰动，对生态效益的改善作出了积极贡献。

我国的合轴丛生竹有 160 多种，面积 80 余万公顷。但因我国竹加工企业传统的原材料来源主要是毛竹等散生竹种，相关研究成果也主要集中在毛竹资源的高效经营管理方面，对大中型径丛生竹竹林的经营管理研究较少。为此，刘广路带领科研团队与四川农业大学、西南林业大学等高校合作，从材用大中型丛生竹种高效培育基础研究入手，针对竹子养分需求和生长规律，构建了包括合理立竹密度、母竹大小等多种因素在内的大中型丛生竹结构精准调控及丛生竹经济效益高效培育技术体系，并且在四川、云南等地推广示范面积超过 40 万亩，产生了良好的经济、生态和社会效益。

他还作为骨干专家参加了福建永安、湖北咸宁、海南三亚、安徽太平等地长期科技示范基地建设和示范推广工作，为当地竹资源的高效培育和产业发展起到了技术支撑作用。

无私奉献 传播竹林培育理论与应用技术

多年来，刘广路还积极参与竹林培育技术培训与推广，技术成果被编入 30 余部培训教材，并应用于国际竹藤组织和国际竹藤中心承办的各类国内外技术培训。

作为培训骨干教师，参加了在福建、浙江、四川等省份举办的“竹资源培育和加工利用技术”等培训班 12 期，培训各级林业部门领导、基层林业管理人员、技术人员、科研人员、林企职工和林农 1000 多人。

刘广路还经常无偿为具有竹林培育需求的单位和个人提供技术支持。湖北省宜昌市鸭子口乡楠木坪村是一个贫困村，为了提高村民收入，村支部书记通过其他人间接联系到刘广路，提出缺乏雷竹竹笋种植的相关技术。刘广路立刻对雷竹栽培管理技术进行了总结，发送了技术要点到楠木坪村，并约定如有需求可以现场进行免费指导。

不仅是楠木坪村，云南沧源、四川长宁、福建永安、顺昌、山东肥城、河南博爱……到处都留下了他进行现场指导的身影。同时，他还作为骨干参加了《云南竹产业发展规划（2014—2020）》《泸州市竹产业发展规划（2015—2025 年）》《泸州市竹种园规划》的调研和编制工作，在编制过程中随时把绿色、生态思想贯穿到产业发展设计之中，避免边建设边破坏的情况发生，为推动当地竹产业的健康发展作出了贡献。

刘广路在云南开展巨龙竹调研（摄影：刘蔚漪）

走出国门 把竹林培育技术带向世界

在国内推广示范竹林培育技术的同时，他还带着先进技术走出国门。他先后参加了“非洲国家竹资源可持续经营与利用研修班”等 6 期国际培训班，为来自 30 多个国家和地区的 300 多名高层政府官员、企业高层主管和高级技术人员提供培训。

2018 年中非合作论坛北京峰会在北京举行，会后他积极响应国家号召，赴肯尼亚及乌干达开展竹子培育及竹林可持续经营现场培训。通过调研肯尼亚和乌干达两国竹资源，发现两国竹资源普遍存在着竹林密度过大、病虫害严重等一系列问题，这些问题都直接影响到竹资源和产业发展，为此他有针对性地开展了多场室内培训和现场培训，取得十分不错的效果。

非洲的基础设施比较落后，在乌干达基索罗进行室内培训时，突遇停电，电脑课件不能使用，只好拿出粉笔在黑板上给当地官员、林（农）场主和技术人员传授竹林培育技术。天近夜晚，室内只能依靠手机的电筒照明，昏暗的灯光中最吸引目光的就是他认真传道授业解惑的脸庞。培训结束后，学员热情高涨，在微弱的灯光中，大家进行了长时间的讨论交流，言语间充满了他们对竹林培育技术的渴望。通过实地培训，改变了当地农民对竹子的认识，使他们了解了竹子的基本习性，改变错误观念与认识。同时他还通过现场示范，教会了当地竹农育苗技术和简单易行的竹林培育技术，大大提高了当地农民竹林培育管理的积极性，播下了肯尼亚、乌干达两国竹林培育的种子，也巩固了一座中国与非洲深厚情谊的桥梁。

刘广路和他的团队就像出土的竹子，奋力向上，努力冲天；就算到达凌云之处，取得了诸多成就，它也知道荣耀归于昨天，仍需继续向前。

（撰稿：李　娜　楼暨康　马千里）

最美林草科技推广员

邬玉芬

女，汉族，1981 年 11 月出生，中共党员，本科学历，浙江省宁波市宁海县林特技术推广站高级工程师，宁海县香榧专家。曾获国家林业和草原局“最美林草科技推广员”，浙江省农业科技成果转化推广奖、浙江省林业科技先进工作者，宁波市五一劳动奖章、宁波市十大杰出青年、宁波市林业创业创新人才奖，宁海县优秀创新型人才奖、宁海县科技功臣等多项荣誉和奖项。从事香榧栽培技术推广 13 年，开展技术培训近 30 次，培训榧农 2000 人次，带动全县种植香榧 2 万余亩，所指导生产的香榧产品连续多次获义乌森博会金奖、全国香榧炒制大赛银奖、生籽质量一等奖等。

为了那棵“摇钱树”

——记浙江省宁海县林特技术推广站高级工程师邬玉芬

“双峰山上无好田，有女不嫁双峰山！”这既是20年前双峰山民口中无奈的自嘲，也是附近百姓心中对双峰的真实看法。这里说的双峰，是浙江省宁海县西南部一个偏远的山区，离县城约30公里，那里山高路远，交通闭塞，经济落后，村民生活困苦，曾被喻为宁海的“小西藏”，是一个典型的被人嫌弃的穷乡僻壤。但现在，这片僻远的山区，却因为一个人、一棵树而得到了彻底的改变！这棵树就是被双峰百姓称为“摇钱树”的香榧树，而这个人则是为了这棵树而甘愿默默奉献自己10余年青春的宁海县林特技术推广站的高级工程师、宁波市香榧技术推广首席专家邬玉芬。

1999年高考时，邬玉芬选择了浙江林学院（现浙江农林大学）的名优果林专业。毕业后，她一直在宁海县林特技术推广总站工作，跟着前辈们走镇串村、上山入林，做的是营造林工作。但是2008年一个偶然的机会，却改变了邬玉芬平直的工作轨迹。那年，她也像往常一样跟着单位的前辈下乡调查造林地，目的地就是那个“小西藏”——双峰，那是她第一次去双峰，也第一次见到香榧。当地的林特站站长看她只是个初出茅庐的小姑娘，就有意调侃她说：“小邬，香榧是个好东西，可惜现在没人指导，百姓不会种，要不你来试试？”没想到站长的一句调侃话，却让邬玉芬的心头漾起层层涟漪：我是学名优果林的，专业正好对口，干嘛不来试试？于是她就满口答应了站长的提议。当时的她也许根本不会想到，她这一试，不经意间却让自己弱小的肩膀扛上了造福一方的大责任！

双峰是榧树的自然分布区，山上很多地方都能见到树龄几百年的榧树古树。20世纪90年代初，不知是什么机缘，双峰的一些百姓竟从绍兴的诸暨引来了香榧，但因为不懂栽培技术，种下的香榧树成活率很低，且投产周期长，长久未见效益，导致种植热情锐减，失管现象极为普遍，甚至于2005年，浙江省其他地方开始大力发展香榧产业时，双峰却出现了卖香榧树的热潮，把一棵棵香榧大树廉价卖给新昌、诸暨等地的企业老板。当地政府看在眼里、急在心里，但苦于不懂技术，无法帮助百姓解决难题。当邬玉芬了解情况后，心想：我也没接触过香榧栽培，怎么去指导农民？怎么办？邬玉芬这时想到了母校，想到了香榧产区诸暨。她暗下决心，自己得从零开始，再当一回学生！她请来了母校老师到现场开展技术指导，带着榧农去诸暨产区讨教经验，不辞劳苦地跑到基地蹲点观察研究，日积月累、持之以恒地学习和思考，终于让她悟出了香榧栽培的门道。在她的耐心帮助和指导下，双峰的香榧开始不断投产，产生效益，双峰的百姓也逐渐从栽培香榧中看到了希望，尝到了甜头，获得了实惠，从“卖榧树”变成了“种榧树”，从“推着种”变成了“抢着种”，而且不但百姓种，企业老板也种，村村种香榧、家家种香榧一时成为双峰山区的潮流，并且还从双峰山区种到了其他山区。

“香榧好吃树难栽”，这是当地老农对种植香榧的初步印象。香榧树生长缓慢，投产期长，一般从小苗种下到挂果需要 7~10 年时间，要形成产业效益至少需要 15 年，百姓等不及。同时，由于当时全省正在致力推进香榧南扩工程，导致市场上香榧苗木十分紧俏，高价也不一定买得到。怎么办？这时，邬玉芬想到了科技。她又去母校浙江农林大学请来了香榧团队专家，引进了“香榧良种选育及高效栽培关键技术研究与推广”等成果，并在各级政府的大力支持下，自主开展了“高产优质香榧新品种选育及快速繁殖技术中试与示范”“香榧早实丰产栽培技术的研究与推广”等课题研究，打出早实丰产栽培技术组合拳。

一是针对香榧发展新区种苗供应紧缺问题，积极引进香榧优良品种及无性系，就地建立采穗圃 20 亩和苗木繁育基地 250 余亩，可年产苗木 50 余万株，不但一举突破了苗木供应瓶颈问题，还累计为农户增加收入 3000 余万元。

二是针对造林成活率低问题，大力推行大苗造林，并亲临一线严把造林质量关，让农户栽培香榧的成活率提高至 93% 以上，一跃走到了全省前列。

三是针对投产慢、效益低问题，积极研究与推广大树高接换种和整形修剪、矮化栽培、科学配方施肥、病虫精准测控等配套栽培技术，在里天河村里大陈自然村建立的早实丰产示范基地 100 亩，造林 12 年亩产值即突破 6000 元。榧农翁桂松承包了里天河村 1996 年集体种植的 1200 多株香榧，为香榧产量偏低而发愁，后来结识了邬玉芬，在她的指导下，2017 年年底通过修剪等措施，2018 年青果摘了 10000 公斤，增产了 150%，2020 年基地产量达到了 20000 公斤，产值达 80 多万元。黄坛应家坑村章素婷在偶然的聊天中听到别人说要想产量高找邬玉芬，她于 2019 年 11 月邀请邬玉芬到她基地指导，通过 1 年多的精心培育，产量直接从

1750 公斤翻番到 7000 公斤，同时香榧林通过培育长得更健康了。

四是针对香榧雌雄异株、连年结实效果差的问题，果断推行人工辅助授粉技术，2018 年和 2019 年连续两年完成人工授粉 6000 余亩和 7000 余亩，2019 年青果增产 44.6%，2020 年增产 100%。

五是针对双峰是香榧新产区、榧农加工技术不过关的实际，她在组织榧农到诸暨等主产区学习取经的基础上，及时开展“优质椒盐香榧的加工工艺研究与推广”等技术攻关与应用，建立了适合当地实际的加工技术。宁海县代表参加全国香榧炒制比赛和省香榧炒制比赛陆续获得银奖，生籽质量比赛曾获得一等奖。

六是针对香榧林前期投入大、收益低的问题，积极引导农户在香榧林下套种黄精等中药材，建立香榧—黄精复合栽培示范基地 500 亩，推广种植 4000 余亩，香榧林下经济种植黄精亩产值可达 1 万元。

现在的双峰已是宁波及附近地区小有名气的香榧新兴产区了。目前，宁海山区的香榧种植面积已突破 2 万亩，其中双峰山区约占一半以上，投产林分 10000 余亩，也主要在双峰。宁海香榧产业从零起步到现在成为宁海四大农业特色产业之

邬玉芬（右一）指导香榧保果技术（摄影：潘盈烨）

一，双峰山区的示范与引领功不可没，更与邬玉芬的亲力亲为、执着坚守密不可分。在邬玉芬的推动下，双峰已建立香榧加工企业5家，注册香榧品牌50余个。宁海香榧青果产量已从2009年的25吨提高至目前的850吨，产值从70余万元提高至1700余万元，累计实现种植产值近7000万元。2020年加工企业产值突破3400万元，历年累计产值已超1.3亿元。随着香榧产业的持续投产，双峰的农民收入也连年增加，特别是中心产区里天河村，种植香榧年收入达500多万元，家家都是万元户，有的收入高达50多万元。香榧树已成为双峰农民名副其实的“摇钱树”“致富树”“幸福树”，香榧产业已成为双峰山区农民的“绿色银行”。因为有了香榧，双峰也不再是那个被人嫌弃的穷乡僻壤了。

为了能多去现场开展调研指导，她经常颠簸在崎岖山路上，忍受着晕车的煎熬。为了能提高工作成效，她还从丈夫的手里“抢”来了私家车，一个连在城区开车都小心翼翼的“新手”，竟然大着胆子独自开上了那狭窄而弯曲的乡间盘山公路。双峰是宁波市重要的水源涵养地，为了保护好生态环境，她苦口婆心地向广大农户宣传百草枯、草甘膦等除草剂的危害，大力推广机械割草和榧林生草栽培技术，最终促成4家企业通过绿色食品认证。为了推广香榧早实丰产技术，她因带头锯掉大树的“头”而遭遇过部分榧农的不解和责难。2017年，有榧农花高价从外地买进了劣质花粉，导致当年香榧大幅减产，造成了重大损失，为避免此类事件再次发生，从2018年开始，邬玉芬亲自参与组织花粉货源、负责质量监管，为香榧的连年丰产提供了重要保障。

因为长期在野外作业，还在爱美年龄的她愣是把自己晒成了“黑脸婆”。早出晚归、忍饥挨饿、栉风沐雨、冒严寒、顶酷暑都是“家常便饭”。但每当她想起心中的那份执念，每当她见到村民们脸上洋溢着的灿烂笑容、丰收的喜悦时，她觉得自己的所有付出都是值得的。

近年来，邬玉芬也先后获得不少重量级荣誉。面对这些来之不易的荣誉，邬玉芬依然心如止水。她说，香榧是当代种树、世代受益的长寿树，香榧产业的技术推广服务同样也只有起点，没有终点。既然选择了这份事业，就要守好初心，担好使命。

（撰稿：李　娜　楼暨康）

最美林草科技推广员

李海臣

男，汉族，1974 年 5 月出生，中共党员，本科学历，高级工程师，现任大兴安岭林业集团公司呼中林业局资源科科长。曾获全国绿化模范先进个人，国家林业和草原局“最美林草科技推广员”，黑龙江省大兴安岭地区劳动模范、优秀共产党员、绿化先进个人等荣誉称号。主持完成偃松经济林集约化经营关键技术等科技项目 20 多项，获得“一种新型便携式林业专用全自动割草机”和“一种专用林业病虫害预防与综合治理装置”2 项发明专利，发表《浅析森林经营对碳汇功能的影响及其改善措施》《大兴安岭天然偃松千生长过程分析》等多篇论文，平均每年组织技术培训 30 余次、培训人员 1600 余人次。

兴安林海的“拼命三郎”

——记大兴安岭林业集团公司呼中林业局高级工程师李海臣

25 年的时间，大兴安岭呼中广袤森林中的河谷、山脊、阴坡、阳坡，所有有代表性的林地都布满了他的足迹，施业区内林分分布情况、生长规律等情况都深深地印在他的脑海中，他被称为林区“活地图”。

25 年的时间，他深入基层对生产人员开展实用技术培训、深入作业场地结合立地条件开展技术指导和成果推广，有效提高了营林生产工作效率和作业质量。

他就是大兴安岭林业集团公司呼中林业局资源科科长李海臣。25 年的林区工作中，李海臣经历了从传统林业经营末期到全力建设生态文明的各个时期，他始终坚信科技兴林理念，从最基础的营林一线做起，坚持不懈依靠科技“保绿、护绿、育绿”，逐渐成长为一名大兴安岭地区鼎鼎有名的营林专家。

呼中林业局素有“林海腹地、兴安之巅”美誉，极寒温度达到 -52.3℃，年均无霜期仅 85 天。林业局内平均海拔高，山高坡陡，相对恶劣的环境决定了林业生产周期相对其他地区更长。由于短时期内不易出成果，很多人不愿从事森林经营基础性工作，但李海臣却抱着“择一事、终一生”的信念，伴随季节更替、选择适合本地的经营项目开展工作，辛勤地耕耘着这片绿色热土。

一年之计在于春，为解决在人力不可及火烧迹地开展生态修复时难以运输苗木的问题，李海臣积极探索推广人工直播技术进行植被恢复。但在实际操作中，一些作业人员操作不规范，影响了实际效果。为得到真实有效的结论，李海臣动员自己的妻子、朋友组成小团队，顶着春夏季节被蜱虫叮咬的风险，冒着秋冬季节的清冽寒风和冰雪，每年数次徒步前往现场进行直播造林实验，终于攻克了难题，将种子先消毒再催芽后播种的成套技术应用于生产后，极大地缩短了种子发芽时间，有效提高了出苗率。科研实验的每一环节和成效，李海臣都做好详细记录，积累可行的经验，并总结凝练技术成果，制定切实可行的标准规范，为大面积推广直播造林技术打下坚实基础。

夏季的呼中，山花烂漫、枝繁叶茂，李海臣和他的团队深入保护区及林地样地开展科研攻关、采集数据，通过对比法进行森林近自然经营研究，探索不同立地条件下、不同树种合理的森林经营密度，多年来共采集不同树种 30 米 ×30 米样地数据 900 多组，通过详实记录样方内所有林木的树高、胸径、冠幅等细节因素，开展森林纯自然生长状态和人为干预经营状态生长情况对比分析，为推广森林近自然科学经营积累了详实的科学数据。

秋日的呼中，硕果累累、黄花满山，在这收获的季节中，李海臣又奔走于局内公里以上的高山，进行特有经济树种偃松结实数据调查，研究探索偃松高质量结实经营技术。因长期缺乏科学合理经营利用，部分偃松林出现老化、病虫害侵染，结实率连年下降的退化趋势。他探索出疏伐老化偃松林木、清理病腐植株、重点培育区域施肥、在花粉飘落期间与西伯利亚红松花粉杂交、低温处理种子催芽育苗、补植补造偃松的综合经营措施。通过推广偃松林集约化高质量经营技术，偃松林地内可燃物含量明显减少，退化、老化偃松林得到有效修复，森林病虫害

李海臣开展樟子松人工造林成效监测（摄影：沙梦举）

发生概率明显降低，结实产籽率也明显提高，为此呼中林业局每年增加产值 1800 万元，林业职工平均年增收 7500 元。

寒暑易往、春华秋实。现如今，引进树种西伯利亚红松苗壮成长，大面积天然林林分状况明显好转，应用良种壮苗开展火烧迹地造林的技术也得到来访的德国专家肯定。

自己搞科研毕竟力量有限，为了更好地服务大兴安岭林区高质量发展，李海臣积极引进外来智力，努力提升科技支撑水平。他充分利用与中科院地理所、黑龙江林业科学研究院、东北林业大学等单位开展产学研合作的机会，积极参与科研攻关，汲取掌握先进实用的林业科学技术和推广经验，结合当地实际，开展了森林经营合理密度研究、森林经营对碳汇功能的影响、珍稀树种红毛柳基因异地保存技术等科学研究，并取得了丰硕的成果。

科技成果只有被推广应用，才能创造出经济价值、社会价值和生态价值。

参加工作之初，李海臣就结合林场实际情况，倡导和推广 J–30 集材拖拉机森林抚育技术，使当时呼中林业局抚育伐材下山利用率提高 50%，每年直接为企业增收 300 多万元。天然林资源保护二期工程期间，通过应用良种壮苗、引进珍稀树种、推广森林近自然经营技术，累计完成人工造林 1.6 万亩、补植补造 23.8 万亩，森林抚育 364.13 万亩，使呼中林业局部分老采伐迹地、火烧迹地得到恢复，局部相对脆弱的生态环境得到有效修复。

针对林分结构单一、经济性不高等问题，他积极推广寒温带经济林营造技术，造林西伯利亚红松 3500 亩、云杉 4000 亩、偃松 75 亩，使林分结构和树种组成得到调整，不仅增加了生物多样性，更提高了林地生产力利用率和部分林分经济价值。为发展果材兼用林，他分析同纬度地区树种分布情况，考虑当地极寒气温和生长季短的实际条件，积极选用深秋红沙棘良种进行引种扩繁，在本地培育 3 年实生苗木后，选用优良植株采穗，采用珍珠岩、细沙、黑土三合土作为培养基进行扦插无性系育苗，然后上山造林。目前沙棘造林成效良好，已经营造起本地采穗圃，为沙棘造林提供良种种源。

同时，李海臣还将寒温带绿化科技成果应用到义务植树、城镇绿化、公路绿化及林下职工自营经济中，全区累计义务植树达 39.3 万株，呼中区（局）在 2015 年度获得全国绿化模范县（区）称号，受到全国绿化委员会、国家林业局表彰。

目前，他正主持推广偃松—樟子松嫁接苗木、西伯利亚红松—樟子松嫁接苗栽植技术、偃松林集约经营技术，为呼中区森林质量精准提升提供技术保障。通过多年不懈地开展火烧迹地、采伐迹地造林，呼中林业局森林覆盖率由 2001 年年末的 89.92% 提高到现在的 96.24%，蓄积量达到 6954 万立方米，比 2014 年增长 405 万立方米，林木蓄积年增长量比大兴安岭北部其他林业局高了近 10%。

为使林业新技术在实际生产中得到充分的运用和推广，李海臣经常深入基层一线开展科技培训，平均每年组织不同形式科技培训 30 余次，培训技术人员 1600 余人次，林业局营林技术人员培训面达到 100%，极大地提高了呼中林业局营林生产质量。

莽莽兴安林海中，李海臣正以“拼命三郎”的劲头，全力将新技术、新品种、新方法等科技成果推广应用到森林经营工作中，为推动呼中林业局森林生态建设不断探索前行！

（撰稿：楼暨康）

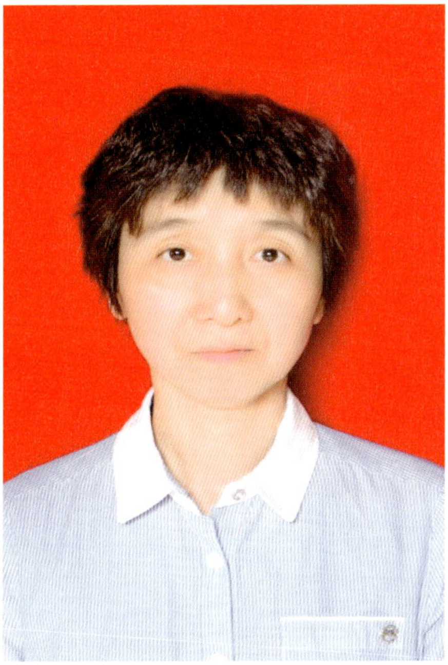

最美林草科技推广员

邹 莉

女，汉族，1966年6月出生，博士，东北林业大学林学院教授。曾获国家林业和草原局“最美林草科技推广员”，黑龙江省模范教师，省部级科技进步二等奖5项、三等奖1项等荣誉和奖项。长期从事食药用菌菌种选育、活性成分合成及调控、野生食药用菌驯化与保育及废弃食用菌菌糠再利用等方面研究及技术推广，累计培训近6000人次，培养了一大批食用菌领域土专家，主编或参编学术著作和教材8部，发表学术论文100多篇，授权发明专利8件，参与制定地方标准5项。承担的“利用农业技术优势推动产业扶贫——东北林业大学黑木耳产业扶贫项目”被列为世界减贫案例。

农民腰包鼓了，我的研究就有价值

——记东北林业大学林学院教授邹莉

她的研究看起来似乎不够高大上，但技术革新、发明专利却让木耳实现了优质高产，推动了黑龙江木耳产业发展。有些地方直接把她的技术“山寨”了，几十亿菌袋都用上了她的技术。有人曾建议她应收取一定推广费用，她却说：“科研就是要对国计民生有益，只要农民腰包鼓了，就说明我的研究有价值。”她就是黑龙江很多从事食用菌栽培者口中的“菌农贴心人”——东北林业大学教授邹莉。

从小就热爱森林和大自然的邹莉，大学毕业后到东北林业大学任教，她将教学科研方向与国家及黑龙江产业结构调整、广大农民的需求相结合，以食用菌绿色、安全及可持续发展为目标，重点开展野生食用菌驯化及栽培技术应用研究，在食用菌科研及推广方面取得一系列突破性成果。

参加工作30多年来，针对东北寒地黑木耳主要存在的栽培瓶颈与生产安全等关键技术问题，邹莉潜心研究，攻克了棚式寒地黑木耳保护地优化设计参数和栽培工艺参数等关键技术指标，实现了寒地黑木耳提质增产的目标。她选育出了适宜寒地优质高效栽培的‘DL202（黑厚圆）’等黑木耳新品种，建立了高效利用针叶树木屑、林下枯枝落叶、农业废弃物等替代原料的黑木耳栽培新模式。多年来，她参加国家和省部级科研项目近20项，获得省部级科技进步二等奖5项、三等奖1项，主持完成了黑龙江地方标准5项，授权专利8项。

邹莉并不太看重这些成绩，她更在意研究成果为群众带来多大实惠，为社会经济发展创造多少效益。她说，要把科研成果写进论文，更要将科研做在大地上，把实验室建在食用菌生产第一线，把研究成果推广到最需要的百姓当中。在食用菌生产季节，邹莉带领团队成员利用周末和假期深入田间地头，将研究成果无偿提供给食用菌栽培户和生产企业，帮助解决各种技术难题。在向企业和林农推广技术的过程中，邹莉更加了解食用菌生产过程中出现的实际问题，从而更有针对性地研发出相应的技术成果。

曾经有农户向邹莉反映采摘后的黑木耳菌棒还有“营养”，扔掉太可惜。针对这种情况，她发明了黑木耳袋顶出耳新技术，每个菌棒袋顶能产出干耳 2 钱，每袋增收近 0.6 元。看到农村地区随地丢弃废弃菌棒，严重污染环境，她研发了菌糠再利用新方法，既降低了生产成本，又减少了环境污染。

正因为科研指向的精准性，其食用菌生产技术革新、发明专利的生产转化率超过了 90%。邹莉“木耳专家”的名号在东北地区不胫而走。以前农户要么登门请教，要么写信咨询，现在则是打电话发微信咨询，她都热情接待，耐心作答。

邹莉的科研成果还帮助生态较为脆弱、沙漠化较严重的黑龙江省泰来县，走上了发展生态型农业的新道路。2017 年 1 月开始，邹莉带领食用菌团队对泰来县的食用菌产业发展现状进行了系统调研。针对原食用菌生产中存在的菌种活力差、栽培管理模式落后、技术人员专业技能不高等问题，邹莉带领团队成员从拌料、装袋、灭菌、接种到养菌、划口，全程指导黑木耳种植。一年中，她 21 次带领团队成员前往泰来县，并派出一名团队成员常驻当地开展指导，还无偿提供自己研发的适宜当地栽培的‘黑厚圆’和‘黑元帅’两个木耳新品种。

目前，邹莉已无偿提供给泰来县价值近 20 万元的木耳新品种，推广了一整套成熟技术。她选择农林废弃物加工成的颗粒状木屑和秸秆作为栽培原料，用于部分替代细木屑，在保证食用菌产量和品质的前提下，实现了生产原料的持续性供应，降低了食用菌的生产成本，也探索了秸秆的再利用。邹莉还采取现场指导、开办培训班、发放技术手册等多种方式，提高当地技术人员的专业技能和管理水平。她的团队累计培训技术人员近百人次，直接指导栽培黑木耳近百万袋，泰来县黑木耳从 2017 年的每袋平均产干耳 35 克，提高到 2018 年每袋平均产干耳 50 克。当地的黑木耳品质得到了提升，市场

邹莉在查看木耳出耳情况（摄影：许泽成）

价格自然也提高了。来自吉林和内蒙古的经销商对黑木耳质量赞不绝口，当场把7个大棚的黑木耳抢购一空，相关贫困户户均增收达3000元。

针对泰来县食用菌技术扶贫情况，邹莉还总结出了一套完整、详细、有效、实用的食用菌产业扶贫工作指南，并在黑龙江省内其他地区推广。2019年上半年，累计推广栽培黑木耳菌袋500万袋，创造经济效益750万元。

为了更好地推广科技成果，邹莉还带领团队成员经常性地在省内及周边省份下乡举办培训班，推广食用菌栽培新技术、新成果。多年来，她累计培训近6000人次。她培训过的很多农民都变成了当地的“食用菌土专家”。邹莉曾说：“每一项研究成果都很不易，凝结了团队所有成员的智慧和汗水，只要农民用这些成果脱了贫、致了富，我们就知足了。”

邹莉的研究成果不仅在东北地区结了硕果，也在西南地区开出了花。根据资源环境、气候特点和产业基础等实际情况，贵州省黔南州荔波县把以黑木耳为主的食用菌产业作为全县主导产业来谋划实施。2019年通过招商引资，引进龙头企业贵州五象实业有限公司带动全县食用菌产业做大做强。但荔波县食用菌产业底子薄、起步晚，既缺乏优势品种，又缺少栽培指导专家，产业发展大大受限。经多方考察，荔波县人民政府及五象实业尝试性地向远在东北的邹莉发出了技术支持邀请，邹莉不辞劳苦，勇担重任，多次前往荔波县实地调研，有序开展科技推广工作。

荔波县拥有茂兰国家级自然保护区，区域森林覆盖率高，食用菌种质资源十分丰富。邹莉带领团队成员深入保护区，累计采集野生食用菌28种，并成功分离获得了母种，这些宝贵的种质资源为今后荔波县食用菌产业的多样化、本土化发展提供了可能。

针对荔波县全年光照不足、阴雨天多的气候特点，邹莉无偿提供最新选育培养的黑木耳新品种，经过实地试验，该品种比当地其他品种在产量上增加了20%，且品质更好，抗逆性更强。每次来到荔波县，邹莉都要走遍全县各个黑木耳种植基地，换上长筒水鞋，下到田间地头，一步一个脚印，全面了解黑木耳的生长情况和种植户在种植管理过程中的难处，她把问题带回学校，再把解决方案带给百姓。最初，当地百姓没有任何种植经验，邹莉根据当地特色，编写了《庭院式黑木耳种植管理技术手册》，深入各村集体合作社和种植基地，先后开展了12次集中培训和17次现场指导，累计培训农民380余人次，反响热烈。邹莉说：“我有一批最特殊的学生，他们是我的门外弟子，但对我来说，他们是朋友、更是亲人，我愿意教出更多这样的学生！”

在五象实业生产基地建设期间，从基地选址、厂房设计，到设备安装调试、规划生产，邹莉都亲赴现场，全程参与，给出了科学细致的指导和很多合理化建议，避免了后续有关问题的产生。为了让工人在操作时有“规”可依，她对拌料、装袋、接种、培养等各个生产环节都制定了科学详细的技术规范。同时，她就地取材，把资源丰富却被丢弃的桑枝和废弃菌棒作为生产原料，不断摸索改良，最终实现了变废为宝，每万棒大约节省成本 1200 元。

在龙头企业带动下，荔波县 8 个乡（镇、街道）均建设有食用菌种植示范基地，2020 年全县食用菌种植规模达 5060 万棒，产量约 28078 吨，产值约 2.79 亿元，覆盖贫困户 516 户 1394 人。2021 年荔波县将优化产业布局，以科技支撑持续推进食用菌全产业链协调发展，实现种植规模超 6000 万棒，产量 35500 吨，产值 35500 万元，覆盖建档立卡农户人口达 8000 人以上，使食用菌产业成为全县群众脱贫致富的增收途径，真正实现让产业“活起来”，百姓“富起来”。

邹莉以不忘为民服务的初心、不忘带领人民群众脱贫致富的使命担当，始终把食用菌推广的责任扛在肩上，放在心头。她的努力与坚持，让高校科技成果在扶贫一线、在田间地头持续发光发热，给贫困百姓留下的不仅是财富，更是温情。

（撰稿：李　娜　楼暨康）

最美林草科技推广员

王福升

男，汉族，1962 年 5 月出生，中共党员，本科学历，南京林业大学竹类研究所副研究员。兼任中国林学会竹子分会常务理事、国家林业和草原局竹资源培育工程技术研究中心秘书长、贵州省桐梓县方竹产业发展顾问、“6 · 18”协同创新院竹产业（建瓯）分院智库专家。曾获国家林业和草原局“最美林草科技推广员”、梁希林业科学技术奖一等奖，江苏省优秀科技特派员，桐梓县“荣誉市民”等荣誉和奖项。提出“上阔下竹”复合生态系统经营与构建技术，构建竹林生态培育标准体系，获得国家发明专利 5 项，认定科技成果 4 项，累计开展竹林培育相关技术培训 220 期，培训竹产业从业人员 11000 余人，指导建设竹种园 52 个。

竹子专家走南闯北传富经

——记南京林业大学竹类研究所副研究员王福升

一晃间，南京林业大学竹类研究所副研究员王福升从事竹资源培育及竹林经营研究与推广已30余年。30多年来，他始终牢记身为一名林业人的初心和使命，奔走在祖国林业建设最需要的地方，紧密服务国家林业建设最迫切的现实需求，针对我国竹资源培育过程中存在的竹林生产力低、经济竹种单一、观赏竹种苗匮乏等问题，围绕竹子种质资源收集与推广、竹子生长发育机制与竹林培育等展开了长期深入的研究，取得了一批行之有效的研究成果，并集成最新研究成果运用于竹林资源培育生产一线，带领千万竹农从“山沟沟”里捧出“金条条”。

种下常青“生态竹”

长期以来，由于盲目毁林开垦和进行陡坡地、沙化地耕种，造成我国严重的水土流失和风沙危害，洪涝、干旱、沙尘暴等自然灾害频频发生，人民群众的生产、生活受到严重影响，国家的生态安全受到严重威胁。1999年，国家实施退耕还林试点，南京林业大学作为贵州省退耕还林科技支撑单位，王福升作为学校首批赴黔工作人员开展了退耕还林技术培训工作。

耕地没有了，农民们该怎么生活？在王福升看来，要把治理生态和拔掉穷根结合起来，寻求一条营造生态林、长出经济树的退耕还林之路，最好是能还出一片绿色，富裕一方百姓，达到用经济效益保障生态成果，用生态成果促进百姓脱贫致富的双赢目标。他走遍了贵州大大小小的村寨，在深入调查了解当地的自然资源后，他认为，“贵州山多坡陡，竹子分布广、品种多、易成活、郁闭成林快，完全可以担此大任！”此后的20余年，王福升和其所在的竹类研究所长期在贵州全域开展退耕还竹技术培训以及竹类植物丰产培育技术推广。

贵州当地虽祖祖辈辈有种竹的习惯，但更多的是“望天收”，没有太多技术含量。王福升在当地林业局技术人员的陪同下一家家的走访，从林地清理、种苗选育、留笋养竹、施肥经营等方方面面开出了一张精准改造的“药方”。“选种要选竹鞭是嫩黄色的，颜色越鲜亮越年轻；出笋不能净挑大的挖，‘留得青山在，来年不发愁’；收笋不能掰，要用锹，找到‘螺丝钉’后连根拔起……”考虑到有的竹农文化水平并不高，他就用这种形象的比喻手把手地教。“从第一次来过之后，王老师每年起码来个三四趟”，贵州省赤水市两河口镇黄连沟村方竹种植大户桂金华一直把王福升看作自家人，“那比普通亲戚走动的还勤呢。”

不止贵州，10 多年来，王福升的足迹遍布福建、安徽、湖南、江苏等地开展毛竹林丰产培育技术推广工作。他先后建立毛竹丰产培育科技示范园 5 个，辐射推广毛竹丰产林 750 万亩，开设毛竹丰产培育培训班 35 期。他提出的“上阔下竹”复合生态系统经营与构建技术，将竹林结构理论与生态培育理念应用于竹林培育，构建了竹林生态培育标准体系。在福建、湖南、江西等省开展毛竹林生态培育技术推广工作，建立毛竹生态培育示范林 1.2 万亩，辐射推广毛竹生态培育林 230 万亩，开展毛竹生态培育技术培训班 12 期。2008 年中国南方大部分地区遭受冰雪灾害，王福升第一时间赶赴受灾严重区开展竹林灾后恢复技术指导工作。“让绿水青山转化为金山银山，最终要看是否能让生态红利落到老百姓的口袋里。”在王福升看来，根根青竹就是农民们的“金饭碗”。

共育精准“富贵竹”

王福升带领竹类研究团队长期坚持科学研究服务于林业生产的理念，在我国竹子主产区开展竹林丰产培育技术的培训、示范与推广，为竹产区培养了大批竹林培育的技术骨干，竹类研究所被中国林业产业联合会评选为“全国林业产业突出贡献奖先进单位”。尤其是近年来，结合我国西部大开发、生态建设和脱贫攻坚，科研人员坚守竹林培育生产第一线，为贵州省赤水市、正安县、桐梓县等国家级贫困县竹产业的发展作出了突出贡献。

赤水市原有竹林 53 万亩，现在已经发展到 130 余万亩，成为我国竹林面积大县。在这一发展过程中，竹类研究团队从良种选育、种苗繁育、造林规划、丰产技术培训等多个方面给予了全面的科技支撑。楠竹产量由原来的 500 万支 / 年提高到 1000 万支 / 年，绵竹、硬头黄等丛生竹竹材由原来的 40 万吨 / 年提高到 80 万吨 / 年，鲜笋产量由原来的 1 万吨 / 年提高到 2 万吨 / 年，为该市竹产业的发展利用提供了的资源保障。2017 年，经国务院扶贫办核查验收，赤水市已经脱贫。其中全市 20 万人口人均占有 6 亩竹林，每人每年依靠竹原料可增加经济收入 3000 元，竹笋年产量约为 2 万吨，为竹农带来约 1 亿元的经济收入。竹产业成为赤水市产业扶贫的第一大支柱产业。

正安县是国家深度贫困县，竹类研究所团队携手“正安县顶箐方竹笋有限公司”申报国家“十二五”科技支撑项目获科技部批准。在揭示金佛山方竹生长发育规律的基础上，创新了一套金佛山方竹低产林改造技术，产量由原来的 150 斤 /（亩・年）提高到 800 斤 /（亩・年）。竹类研究所团队自 2007 年开始在桐梓县开展金佛山方竹资源调查，为桐梓县发展方竹产业出谋划策。鉴于金佛山方竹笋产业的巨大经济效益，2017 年，正安县和桐梓县分别与南京林业大学竹类研究所签订了全面合作协议，依靠科技大力发展方竹产业，助力脱贫攻坚再启航。

打造全链“科技竹”

一根竹子，到底能产生多大的价值？“按照我们目前引进的技术，能够从竹竿、竹根到竹叶，甚至竹屑进行‘全竹利用’，将每根竹子‘吃干榨尽’。”走进位于赤水市经开区的贵州新锦竹木制品有限公司展厅，小到竹砧板、竹马桶盖、竹工艺品，大到竹地板、竹家具、炭化楠竹果蔬苗木大棚等各类竹衍生品一应俱全，琳

王福升（中）指导林农种方竹（摄影：刘国华）

琅满目。新锦公司作为当地竹加工利用的龙头企业，与王福升所在的南京林业大学竹类研究所“联姻”已久。在这里，一根普通的“生态竹”，经过加工利用，可以变身为能吃、能喝、能穿、能居、能游的“科技竹”，更成为当地群众脱贫致富的新路径。

山川披绿，竹海生金。几十年来，王福升大力推广观赏竹在城市园林绿化中的应用，率先将地被竹应用至城市绿岛、交通隔离带的绿化中；在全国各地协建竹子公园、竹种园、竹博园等 52 个，参与全国各地老竹园升级改造、城市园林绿化、美丽乡村建设等近百余处。浩瀚的竹海，发展生态产业，办起乡村旅游，带动竹林客栈、旅游小商品等服务业的发展，催生了新型产业，有效推动了城市产业结构调整和农村富余劳动力转移。王福升还通过技术改良，推广耐寒竹种，在山东省指导建设耐寒竹种园 9 个，总面积 420 亩，推广耐寒竹种 60 种，在北京、河南协建耐寒竹园各 3 个，河北、天津、陕西各 1 个。自 1995 年开始，他在优良耐盐竹种筛选的基础上，指导苏北沿海建设耐盐竹种园 4 个，总面积 180 亩，推广耐盐竹种 27 种。

清风徐来，竹影婆娑，看到越来越多的老百姓真正实现了在绿山包里鼓起了腰包的美好愿景，王福升觉得这比任何荣誉都来得珍贵。“服务社会乃立所之本。”王福升一直坚守竹类所建所的初心，“带着真感情去做真学问”，在青山绿水间写就科技富农大文章。

（撰稿：方彦蘅　刘国华　巨云为）

最美林草科技推广员

辉朝茂

男，汉族，1962 年 3 月出生，中共党员，博士，二级教授，现任西南林业大学竹藤研究所所长，国家林业和草原局丛生竹工程技术研究中心主任。兼任云南省林业和草原局专家咨询委员会委员、云南省林木品种审定委员会委员兼竹藤组组长、云南省科技特派员、云南省中青年学术和技术带头人、“云南省竹藤科学研究创新团队”学术骨干。曾获国家林业和草原局“最美林草科技推广员”“有突出贡献的中青年专家”，国家科技奖进步二等奖、梁希林业科学技术奖二等奖，云南省自然科学奖一等奖等荣誉和奖项。先后主持省部级以上科研项目 30 余项，获得省部级以上科技成果奖或国家发明专利 20 余项。主编出版学术专著 9 部，发表学术论文 100 余篇。

学为报国　竹为富民

——记西南林业大学竹藤研究所所长辉朝茂

边远的阿佤山寨，巨龙竹林中有他培训农户的声音；艰苦的拉祜山乡，甜龙竹林下见到他手把手传授技术的身影。身为云南省科技特派员的西南林业大学辉朝茂教授，三十多年如一日，专一于竹子研究、执着于竹子技术推广，年年忙忙碌碌，每日脚步匆匆，行进在竹类科学研究、教学和技术推广的路上。

"学非报国枉为儒，竹不富民羞成业"，这是辉朝茂的座右铭。他长期从事竹类研究和教学工作，如今已成为中国竹类研究领域的知名专家。他认为，研究的目的在于应用，把具有重要经济价值的竹类资源变成山区群众增收致富和乡村振兴的经济优势，这才是他最大的心愿。

育苗技术解难题

云南是世界竹亚科植物的起源地和现代分布中心之一，高度富集的竹类种质资源不但在学术研究中具有重要的科学价值，更是新兴竹产业发展得天独厚的基础条件。但竹子大都分布在山区农村，当地群众缺乏必要的科学培育技术和市场推广能力，竹类资源产量和质量都没有保障，无异于端着金饭碗讨饭。

培育竹资源、发展竹产业，首先要解决苗木问题，而制约苗木供给的主要瓶颈就是育苗技术和育苗成本难题，为此他和团队的同事们作出了巨大努力。竹子开花周期较长，常见的重要丛生竹经济竹种即便零星开花，结实率也极低，因此一般难以像其他常见造林树种一样靠采集种子播种来大批量育苗。竹子传统的栽培方式是分蔸移栽，但丛生竹一般秆型都较大，一个母竹只能栽一丛，种源的特殊性使其难以在大规模造林中应用，而且从分蔸起苗、包装运输到造林地定植，整个过程下来成本较高。为了解决这一问题，他和团队针对云南主要经济竹种龙竹、甜龙竹等大型丛生竹，经过反复试验，集成和改进埋节埋秆、主枝扦插和空竹诱根等育苗技术，采用3年生以内竹竿上具有不定根和隐芽的节段进行育苗，这些不定根能发育成根系，隐芽可以发芽出土成苗。而龙竹、甜龙竹等大型丛生竹的主枝的枝蔸部分也具有类似特性，每个主枝切下来扦插育苗都能培育出一株竹苗。辉朝茂团队还发现，如果在主枝切下前先用潮湿的育苗基质包裹，先促进生根，通过空竹诱根后再切下，成活率将更高。按照原来的做法，分蔸只能移栽一棵竹子，采用这套新技术后则可以培育 20~30 株竹苗，使育苗效率显著提高，苗木成本大幅度降低。

从 1987 年开始，辉朝茂和同事们足迹踏遍云南边疆 50 多个县近百个乡镇，推广和传授这套育苗实用技术，印发了《竹子育苗和造林技术》近万份，手把手地把技术传授给产区广大群众和基层科技人员，付出了巨大的努力。有一次他在前往临沧开展技术推广途中，在云县境内遭遇连日暴雨，山洪暴发，山体滑坡，道路受阻，数次遭遇险情，还眼看着一个同行者被突如其来的洪水冲走。但辉朝茂没有放弃，经过 3 天徒步，翻越十余座人烟稀少的高山，蹚过 18 条水流湍急的河流，终于走出困境，这时的他，已经全身泥浆、面目全非。

经过不懈努力，辉朝茂和同事们逐渐改变了群众祖祖辈辈挖蔸移植的传统和

辉朝茂（左一）在鲜笋示范基地收获鲜笋（摄影：娜果）

习惯，较好地解决了营造大面积人工竹林中的种苗问题。先后指导建立种质资源保存繁育基地 5200 亩，通过技术辐射推广累计培育优质苗木 1275 万株。很多林农都感叹，辉老师让我们学会了像种甘蔗一样栽竹子。

甜笋培育助农户

对以甜龙竹为代表的大型丛生竹高效培育技术的推广，是辉朝茂团队的另一项突出贡献。甜龙竹是产区群众传统食用竹笋，因其肉质脆嫩、鲜甜可口，也是世界一流的特优笋用竹种。但当时甜龙竹存在着资源零星分散、种源良莠不齐、种苗质量较差、严重缺乏优良品种等问题，直接制约着甜龙竹产业化发展。

30 年深入实践，十余年集中攻关，辉朝茂团队坚持不懈开展甜龙竹技术研发和示范推广，在甜龙竹的生态生物学特性、笋材理化性质、优良种质资源发掘、繁殖育苗技术和高效培育技术等方面取得重要突破。特别是所发掘和选育的甜龙竹良种，平均每丛发笋量提高 15.4%，单笋鲜重提高 6.5%，单位面积产量提高 22.8%，蛋白质含量高于平均值 14.13%，粗脂肪含量低于平均值 11.82%。创立甜龙竹“结构控制”理论，集成和研发了以生物控制、环境控制和结构控制为基础的甜龙竹高效培育技术模式。累计发掘和选育甜龙竹良种 4 个，获得发明专利 2 项，实用新型专利 2 项，编写技术规程 2 项。建立种质资源保存繁育基地 5200 亩，划定优良林分 2.39 万亩；通过技术辐射推广，累计培育优质苗木 1275 万株，新增人工竹林面积 46.72 万亩，带动 3.4 万户农户增收致富。

为了把优良品种和高效培育技术真正推广到生产第一线，辉朝茂和团队不收报酬，一头扎在乡村基层，常常夜以继日、披星戴月的工作。每到三四月集中育苗季节和六七月集中造林季节，许多基层苗圃和造林地区的单位、乡镇和农户都会不断来电来人要求给予现场指导和培训，农民的事就是他们自己的事，农民的困难就是他们努力的目标，他和团队的同事们从不拒绝，有求必应。虽然工作辛苦，但每当看到农户们种出一片片翠绿的竹林、收获一筐筐鲜嫩的竹笋，看到科技推广让农民增收了、乡村变样了，一种甜蜜的欣慰和无比的满足就会在心中油然而生。乡亲们亲切地称他们为“我们的泥博士”。

巨龙竹科技放光彩

巨龙竹是目前所知世界上最大的竹子，其直径可达 30 厘米，秆高可达 30 米以上，是我国南部热带山区经济发展和生态环境建设中最具发展潜力的优良经济竹种之一。“阅尽风云筹壮志，冲天挺立性本直，笑居福地中缅界，自在深山人未识”，辉教授的这首小诗表达了他对这一珍贵资源的深厚情感。

但是，巨龙竹主要分布在滇西南边远少数民族山区，当地佤族和拉祜族都属于“直过民族”，在新中国成立前还处于原始社会末期“刀耕火种”的发展阶段，文化和科技水平都很低。虽然巨龙竹是当地特有的珍贵生物资源，但由于缺乏对巨龙竹价值的认识和培育优质资源的技术，其优越特性未能得到发掘利用。巨龙竹分枝较高、节部一般缺乏健康隐芽和不定根，所以采用传统的埋节育苗方法生根率和发芽率都较低，育苗非常困难。1999 年，辉朝茂团队开始了巨龙竹生态生物学特性和开发利用的研究，在沧源、西盟、孟连、宁洱、新平等 8 个县（市）开展了引种栽培试验，并进行了巨龙竹快速繁殖育苗试验，同时开展组织培养、优良无性系选择和遗传多样性研究，为提供生产所需优质种源打下了基础。在西盟县勐梭寨子，他和同事们冒着酷暑在地里连续干了 7 天，在土里摸爬滚打，巨龙竹埋节和扦插试验 2 万多株，结果成活率不到 5%。结果不理想，但当年的育苗季节过去了，只好第二年改进技术从头再来。他带领大家自己动手，锯竹节、切枝条，手上经常被划破流血也毫不在意，直到取得满意结果。经过反复试验，他们总结了促进竹蔸侧芽萌发、分离小竹蔸育苗的方法，大大提高了育苗效率，还集成了一套“散点栽培、集约管理、精准施肥、生态经营”巨龙竹高效培育技术。2005 年，团队取得“珍稀竹种巨龙竹生态生物学特性和开发利用基础性研究”成果，还获得云南省自然科学奖一等奖。在此基础上，项目组主持完成“优良竹种巨龙竹快速繁殖及高效培育技术研究与示范”和“特大型工业用材竹种巨龙竹集约经营技术研究与示范”等项目，编著出版《珍稀竹种巨龙竹》，选育成功 2 个巨龙竹良种，获得 2 项巨龙竹专利，编写和推广了《巨龙竹培育综合技术规程（试行）》。

为了把这些技术成果应用到生产实践中，带领产区少数民族群众通过培育和开发巨龙竹资源增收致富，辉朝茂团队长期深入第一线，和农户同吃同住同劳动，不但手把手传授巨龙竹育苗和高效培育技术，还自己掏钱做示范。在沧源县的佤族寨开展现场培训时，农户们看到他们身穿迷彩服整天在地里亲自操作示范，脚手沾满泥水，全身都是灰土，都心疼地称他们是“灰教授”。南亚热带的蚊虫、蚂蚁、旱蚂蟥对这些“灰教授”特别亲热，随时叮咬防不胜防，头脸脚手经常被叮得红肿发炎甚至流血，辉朝茂身上至今还有多处被旱蚂蟥和马鹿虱叮咬过的伤口经常发痒，但这些都阻挡不住他们服务林农的初心使命。辛勤地劳动总有喜人的收获，辉朝茂团队通过建立示范基地、举办现场培训班等形式，指导农户培育优质种苗 30 万株以上，带动 3200 多户约 1.5 万名群众增收。技术成果在小黑江、香柏河、南垒河流域等生态综合治理中得到推广应用，新增生态经济型水土保持竹林 15000 亩，增加农田林网防护面积 30000 亩以上，取得了显著的社会和生态效益。

辉朝茂专注研究竹子 30 余年，被称为“竹侠”。他将竹类研究作为自己专一的追求，学竹、爱竹、研究竹、推广竹，不但把竹子精神传授给学生，还将竹类知识传播到边远山区，带动边疆山区群众增收致富，将对竹子的执着化为了山区群众致富的欢歌。

（撰稿：江　涛）

附　件

国家林业和草原局办公室关于公布第一批“最美林草科技推广员”名单的通知

办科字〔2021〕8号

各省、自治区、直辖市、新疆生产建设兵团林业和草原主管部门，国家林业和草原局各有关直属单位、大兴安岭林业集团：

为选树一批扎根基层、服务群众的林草科技推广先进典型，弘扬他们爱岗敬业、甘于奉献精神，激发广大林草科技推广工作者的积极性、主动性和创造性，加快推进林草科技成果转移转化，助力打赢脱贫攻坚战和乡村振兴战略实施，2018年8月以来，我局启动了寻找“最美林草科技推广员”活动。经申报推荐、形式审查、专家评审和社会公示等环节，从各地申报的林草科技推广员中遴选出第一批200名“最美林草科技推广员”（详见附件），现予以公布。

希望“最美林草科技推广员”珍惜荣誉、再接再厉，充分发挥示范带动作用，在林草科技推广一线勇争一流、再创佳绩。

当前，我国林草事业正处于向高质量发展阶段转型的关键时期，推进生态保护修复和林草产业健康发展，破解科技推广“最后一公里”难题，迫切需要进一步发挥林草科技推广员的重要作用。全国广大林草科技推广工作者要以“最美林草科技推广员”为榜样，立足岗位，勇于担当，开拓创新，积极投身林草科技推广事业，为促进乡村振兴和林草事业高质量发展作出更大的贡献。

特此通知。

附件：第一批“最美林草科技推广员”名单

国家林业和草原局办公室

2021年1月15日

附件

“最美林草科技推广员”名单

序号	地区 / 单位	姓名	工作单位
1	北　京	孟丙南	北京市林业科技推广站
2		魏　琦	北京市林业科技推广站
3		周晓杰	北京京彩弘景园林工程有限公司
4		潘彦平	北京市林业保护站
5		袁启华	北京市温泉苗圃
6		吴丽娟	大兴区林业工作站
7	天　津	李广宇	宝坻区林业事务中心
8		李玉奎	蓟州区林业局
9		付新爽	宁河区苗木良种服务中心
10		张　颖	武清区林业科学技术推广中心
11		王宝龙	静海区农业发展服务中心
12	河　北	王百千	文安县自然资源和规划局
13		赵京献	河北省林业和草原科学研究院
14		刘子民	保定市林果技术推广站
15		佟景梅	青龙满族自治县林业局
16		王月霞	涉县自然资源和规划局
17		商贺利	宽城满族自治县林业和草原局
18	山　西	冯　斌	晋中市规划和自然资源局
19		牛红霞	长治市林业技术推广站
20		高晋东	山西省林业推广和经济林管理总站
21		杨　飞	山西省林业科学研究院
22		程志枫	吕梁山国有林管理局有害生物防治检疫局
23		申向飞	晋城市林业技术推广站
24	内蒙古	吴向东	达拉特旗政法委（原单位：达拉特旗绿化委员会办公室、林业局）
25		刘宏义	阿拉善左旗林业工作站

序号	地区 / 单位	姓名	工作单位
26	内蒙古	王宝侠	通辽市林业科学研究院
27		闫　锋	鄂尔多斯市森林病虫害防治检疫站
28		焦慧芬	巴彦淖尔市造林技术推广站
29		金　宇	呼伦贝尔市林业工作站
30	辽　宁	姜宗辉	朝阳市林业技术推广站
31		王云飞	建昌县自然资源事务服务中心
32		于　晶	本溪市林业发展服务中心
33		李　委	辽宁省实验林场
34	吉　林	夏守平	辉南县林业局
35		玄永男	延边林技术推广站
36		阎立波	吉林市林业技术推广站
37		韩玉生	通榆县自然资源局
38		刘玉梅	大安市林业和草原局
39	黑龙江	胡振宇	佳木斯市孟家岗林场
40		刘昭明	黑龙江省草原站
41		徐连峰	黑龙江省林业科学院齐齐哈尔分院
42		隋鹏超	七台河市林业和草原局铁山林场
43		石艳霞	黑龙江省森林植物园
44	上　海	韩玉洁	上海市林业总站
45		张岳峰	上海市林业总站
46		郁海东	上海市林业总站
47		顾旭忠	松江区林业站
48		龚洪斌	闵行区林业站
49	江　苏	戴　蔚	盐城市林业局林业工作站
50		殷云龙	江苏省中国科学院植物研究所
51		冯育青	苏州市湿地保护管理站
52		佘广美	常州市林业工作站
53		刘　彬	江苏大丰麋鹿国家级自然保护区管理处
54		黄　冰	镇江市自然资源和规划局润州分局
55	浙　江	楼　君	杭州市富阳区农业技术推广中心

序号	地区 / 单位	姓名	工作单位
56	浙　江	严邦祥	景宁畲族自治县林业技术推广中心
57		胡文翠	东阳市林业种苗管理站（东阳市香榧研究所）
58		刘　军	杭州市余杭区林业改革和产业发展中心
59		潘晓路	温州市林业发展服务中心
60	安　徽	余益胜	宁国市林业技术服务中心
61		刘若森	利辛县林业局
62		刘建中	青阳县林业技术推广服务中心
63		方明刚	广德市林业科学研究所
64		孙灿辉	太和县林业局
65		王　军	岳西县五河镇农业综合服务中心
66	福　建	林振清	建瓯市竹类科研所
67		欧建德	明溪县林业科技推广中心
68		洪永辉	龙岩市林业种苗站
69		邹跃国	华安县林业局
70	江　西	林朝楷	崇义县林木种苗站
71		刘　蕾	赣州市林业技术推广站
72		朱培林	江西省林业科学院
73		曾广腾	吉安市林业技术推广站
74		姜晓装	江西省林业科技推广总站
75		杨　军	江西婺源森林鸟类国家级自然保护区管理中心
76	山　东	宋永贵	滨州市自然资源科技教育中心
77		赵之峰	山东省经济林管理站
78		吴全宇	菏泽市林业产业发展中心
79		杨庆山	山东省林业科学研究院
80		鲁仪增	山东省林木种质资源中心
81		刘国利	无棣县小泊头镇农业综合服务中心
82	河　南	周耀伟	鲁山县林业技术推广站
83		何长敏	新乡市林业技术推广站
84		李红喜	栾川县林业技术服务站
85		王守龙	济源市林业工作站

序号	地区/单位	姓名	工作单位
86	河 南	李纪华	西峡县林业技术推广站
87		王铭敏	新密市林业局
88	湖 北	肖之炎	武汉市林业工作站
89		陈贝贝	恩施土家族苗族自治州林业科学研究院
90		徐永杰	湖北省林业科学研究院
91		高 霜	咸宁市林业科学院
92		白 涛	湖北生态工程职业技术学院
93		解志军	襄阳市林业科学技术推广站
94	湖 南	王国晖	怀化市林业科技推广站
95		刘欲晓	攸县林业局
96		龚雄夫	新化县林业科技推广站
97		和红晓	湘西自治州林业综合服务中心
98		高国宏	宁乡市林业技术推广中心
99		刘西苑	邵阳市林业技术推广站
100	广 东	梁远楠	肇庆市林业科学研究所
101		汪求来	广东省林业调查规划院
102		张梅兰	南雄市林业科学研究所
103	广 西	阳桂平	资源县资源林场
104		侯立英	三江县林业局
105		张 清	昭平县林业局
106		吴艺梅	岑溪市林业局
107		梁 运	东兰县林业局
108		龙永泰	永福县林业局
109	海 南	陈喜蓉	海南省林业科学研究院
110		钟才荣	海南省林业科学研究院
111		陈宗铸	海南省林业科学研究院
112		陈飞飞	海南省林业科学研究院
113		洪文君	三亚市林业科学研究院
114	重 庆	吕玉奎	荣昌区林业科学技术推广站
115		徐 兵	黔江区林业局

序号	地区 / 单位	姓名	工作单位
116	重　庆	李秀珍	重庆市林业科学研究院
117		高勇军	梁平区林木种苗和林业科技站
118		肖国林	江津区先锋镇农业中心（林业站）
119	四　川	何长斌	平昌县林业局
120		蒲元忠	剑阁县林业局
121		杨廷勇	甘孜州草原工作站
122		金银春	四川省林业科学研究院
123		罗　旭	通江县林业科学技术研究所
124		熊剑文	广安市广安区林业技术推广站
125	贵　州	杨承荣	黎平县营林总站
126		杨先义	毕节市林业技术推广站
127		袁昌选	天柱县林业产业发展中心
128		刘四黑	玉屏侗族自治县林业局
129		韦昌盛	贞丰县林业局
130		杜维娜	关岭自治县林业局
131	云　南	唐红燕	普洱市林业科学研究所
132		黄佳聪	保山市林业和草原技术推广站
133		熊竹兰	永胜县林业技术推广站
134		杨利华	普洱市林业技术推广站
135		楚永兴	红河哈尼族彝族自治州林业和草原科技推广站
136		梅徐海	禄劝县林业和草原局
137	西　藏	拉　顿	那曲市林草局
138		赵　俊	西藏自治区林木科学研究院
139		普　罗	西藏自治区林业调查规划研究院
140		普布昌决	工布江达县林业和草原局
141	陕　西	曹席铁	安康市林业技术推广中心
142		张治有	商洛市林业科学研究所
143		陈余朝	安康市林业技术推广中心
144		郭军成	渭南市林业工作站
145		王小亚	榆阳区林业和种苗工作站

序号	地区 / 单位	姓名	工作单位
146	陕　西	刘　毅	陕西省林业科技与国际项目管理中心（陕西省林业工作站）
147	甘　肃	魏秀红	酒泉市林果服务中心
148		姚宏渊	环县林业技术推广总站
149		辛　平	甘肃省林业科技推广总站
150		武　斌	临夏州林木种苗服务站
151		张广忠	甘肃省林业科学研究院
152	青　海	赵昌宏	互助县北山林场
153		石长宏	玛可河林业局
154		马玉寿	青海省畜牧兽医科学院
155		索南江才	澜沧江源园区国家公园管理委员会
156		贡　保	循化县拉毛太云杉种植专业合作社
157	宁　夏	韩映晶	固原市原州区林业技术推广服务中心
158		张国庆	宁夏林权服务与产业发展中心
159		史　宽	吴忠市利通区林业和草原局
160		陈克斌	彭阳县林业和草原局
161		唐希明	中卫市林业和草原局
162	新　疆	赵玉玲	精河县枸杞产业发展中心
163		哈地尔·依沙克	新疆林业科学院经济林研究所
164		刘丽媛	吐鲁番市林果业技术推广服务中心
165		张　峰	库尔勒市林草局
166		帕坦木·艾沙	阿克苏地区林业技术推广服务中心
167	新疆兵团	王春芳	第二师31团农业发展服务中心
168		张建军	第四师林业工作管理站
169		杨　雪	第九师林业工作管理站
170		何　磊	第一师12团农业发展服务中心
171	中国林业科学研究院	曾炳山	热带林业研究所
172		裴　东	林业研究所
173		龚榜初	亚热带林业研究所

序号	地区 / 单位	姓名	工作单位
174	中国林业科学研究院	杜红岩	经济林研究开发中心
175		江锡兵	亚热带林业研究所
176		卢立华	热带林业实验中心
177		谷　勇	资源昆虫研究所
178	国际竹藤中心	刘广路	竹藤资源与环境研究所
179		李　岚	产业处
180		漆良华	安徽太平试验中心
181	中国林学会	邬玉芬	浙江省宁海县林特技术推广站
182	大兴安岭林业集团	庞启亮	大兴安岭地区农林科学院
183		李晓平	塔河林业局
184		李海臣	呼中林业局
185	内蒙古森工集团	马立新	阿龙山林业局
186		杨英新	吉文林业局
187		乔　莉	阿里河林业局
188	吉林森工集团	周春艳	露水河林业局
189	北京林业大学	敖　妍	林学院
190	东北林业大学	邹　莉	林学院
191		钱　程	科学技术研究院
192	南京林业大学	周建斌	材料科学与工程学院
193		王福升	竹类研究所
194		张往祥	林学院
195		葛之葳	生物与环境学院
196	西南林业大学	董文渊	林学院
197		辉朝茂	林学院
198		李莲芳	林学院
199	中南林业科技大学	李树战	林学院
200		侯金波	林学院